DIREITO DAS STARTUPS

BRUNO FEIGELSON

Doutorando e Mestre em Direito pela Universidade do Estado do Rio de Janeiro (UERJ), sócio do escritório Lima ≡ Feigelson Advogados, CEO da LawTech Sem Processo, fundador e Diretor-presidente da AB2L (Associação Brasileira de LawTechs e LegalTechs) e Head de Futurismo da Future Law. Palestrante e autor de diversos livros e artigos.
LinkedIn: <https://www.linkedin.com/in/bruno-feigelson-b4050682/>

ERIK FONTENELE NYBØ

Advogado graduado pela Fundação Getulio Vargas (FGV Direito SP), Head de Inovação no Molina Advogados e fundador da EDEVO, escola de negócios, inovação e comportamento. Coordenador e Professor no Insper (SP). Ex-gerente jurídico global da Easy Taxi. Autor e Coordenador do livro *Direito das Startups*, primeira coletânea de artigos a tratar sobre o tema no Brasil, e coautor do livro *Regulação de Novas Tecnologias*. Vice-presidente da AB2L (Associação Brasileira de LawTechs e LegalTechs). Pesquisador pelo Centro Private Equity e Venture Capital da FGV (GVCEPE). Mentor no programa Inovativa, do Ministério do Desenvolvimento, Indústria e Comércio (MDIC). Colunista dos portais JOTA, Startupi e E-Commerce Brasil.
LinkedIn: <https://www.linkedin.com/in/erikfontenelenybo/>

VICTOR CABRAL FONSECA

Advogado da área de *Startups* e Inovação em TozziniFreire Advogados. Graduado em Direito pela Universidade de São Paulo (FDRP-USP), atualmente é Mestrando em Direito dos Negócios e Desenvolvimento Econômico e Social pela Escola de Direito da Fundação Getulio Vargas (FGV Direito SP). É Professor convidado do Insper (SP) para o curso Direito em *Startups*. Membro-fundador da Comissão de Estudos da Legislação em Empreendedorismo Criativo e *Startups* da OAB/SP – Pinheiros e cofundador do São Paulo Chapter da Legal Hackers, organização sediada em Nova York e reconhecida como referência global em pesquisa e difusão de conhecimento sobre direito e tecnologia. Colunista do Portal JOTA, escreve periodicamente sobre assuntos relacionados a Direito e *Startups*. Realiza pesquisa em Direito, Inovação, *Startups* e Empreendedorismo desde 2013.
LinkedIn: <https://www.linkedin.com/in/victor-cabral-fonseca/>

Bruno Feigelson
Erik Fontenele Nybø
Victor Cabral Fonseca

DIREITO DAS STARTUPS

2018

somos EDUCAÇÃO | saraiva jur

Av. das Nações Unidas, 7.221, 1º andar, Setor B
Pinheiros – São Paulo – SP – CEP 05425-902

SAC | 0800-0117875
De 2ª a 6ª, das 8h às 18h
www.editorasaraiva.com.br/contato

Vice-presidente Claudio Lensing
Diretora editorial Flávia Alves Bravin

Conselho editorial
Consultor acadêmico Murilo Angeli Dias dos Santos

Gerência
Planejamento e novos projetos Renata Pascual Müller
Editorial Roberto Navarro

Edição Eveline Gonçalves Denardi (coord.)
Sergio Lopes de Carvalho

Produção editorial Ana Cristina Garcia (coord.)
Luciana Cordeiro Shirakawa
Rosana Peroni Fazolari

Arte e digital Mônica Landi (coord.)
Claudirene de Moura Santos Silva
Fernanda Matajs
Guilherme H. M. Salvador
Tiago Dela Rosa
Verônica Pivisan Reis

Planejamento e processos Clarissa Boraschi Maria (coord.)
Juliana Bojczuk Fermino
Kelli Priscila Pinto
Marília Cordeiro

Fernando Penteado
Tatiana dos Santos Romão

Projeto gráfico e diagramação Claudirene de Moura Santos Silva
Revisão Albertina Piva
Comunicação e MKT Carolina Bastos
Elaine Cristina da Silva
Capa Tiago Dela Rosa
Produção gráfica Marli Rampim
Impressão e acabamento Gráfica Paym

ISBN 978-85-472-3175-0

DADOS INTERNACIONAIS DE CATALOGAÇÃO NA PUBLICAÇÃO (CIP)
ANGÉLICA ILACQUA CRB-8/7057

Feigelson, Bruno

Direito das startups / Bruno Feigelson, Erik Fontenele Nybø e Victor Cabral Fonseca. - São Paulo : Saraiva Educação, 2018.

1. Empresas novas - Legislação - Brasil 2. Pequenas e médias empresas - Legislação - Brasil I. Título II. Nybø, Erik Fontenele III. Fonseca, Victor Cabral.

18-0119 CDU 334.012.64:34

Índice para catálogo sistemático:

1. Pequenas e médias empresas - Legislação - Brasil 334.012.64:34

Data de fechamento da edição: 13-4-2018

Dúvidas? Acesse www.editorasaraiva.com.br/direito

CL 604761 CAE 625433

"I could either watch it happen, or be part of it."
– Elon Musk

Agradecimentos

Agradeço aos meus pais, Marcelo e Maggy, ao meu irmão Felipe, aos meus avós, tios e primos. À minha namorada, Nice, sempre companheira e paciente, e aos meus amigos, que também se encontram no rol do gênero família, e contra os quais cometo a injustiça de não os referenciar nominalmente neste momento.

Agradeço aos amigos do Lima ≡ Feigelson Advogados, Sem Processo, Future Law e AB2L. Juntos estamos contribuindo para tornar o universo jurídico um ambiente mais inovador e melhor.

Por fim, entrego este livro em agradecimento à Vida, que sempre me trouxe pessoas e momentos especiais. E a D'us, na sua dimensão mais profunda, estado em que nada além do altruísmo faz sentido.

(Bruno Feigelson)

Trabalhar com *startups* e negócios inovadores requer uma dose de conhecimento, porém muita crença naquilo que a pessoa se propõe a fazer. Por isso, muitas vezes a pessoa que se vê nesse mercado acaba respirando aquele ambiente e, invariavelmente, se torna monotemática porque se apaixona por todas as novidades que esse mercado proporciona. Assim, agradeço a minha esposa, família e amigos por apoiarem as decisões que tomei ao longo de minha carreira, ainda que parecesse loucura em determinados momentos.

(Erik Fontenele Nybø)

Dedico este livro à minha mãe e ao meu pai, Mara Cabral e Luciano Fonseca.

Não há conhecimento mais valioso que o difundido. Produzir esta obra em parceria com estes coautores tão brilhantes foi muito mais que uma honra – foi um gesto de gratidão. Nesses anos pesquisando e trabalhando com direito, inovação, *startups* e empreendedorismo aprendi o valor de embutir propósito em tudo o que se faz. É assim, portanto, que defino este trabalho: um ato de propósito. Eternizo nestas palavras meus sinceros agradecimentos aos meus pais, Luciano e Mara, que estiveram ao meu lado por toda minha vida, apoiando minhas decisões; à Gabriela Galdino, que a meu lado sempre soube compartilhar sacrifícios para colher conquistas; de onde ele estiver me acompanhando, ao meu amigo de hoje e de todo o sempre Raulo Ferraz, por ter me ensinado a importância do propósito; à minha eterna morada acadêmica, a Faculdade de Direito de Ribeirão Preto da Universidade de São Paulo, por ter me garantido uma formação, acima de tudo, humana; à Escola de Direito da Fundação Getulio Vargas, que abriu as portas de seu Mestrado Acadêmico para este jovem pesquisador; a orientação sempre valiosa de Juliana Domingues; a TozziniFreire Advogados, cuja grandeza de valores eu não seria capaz de colocar em poucas palavras; e ao Rodrigo Vieira, por ter acreditado em mim desde o início e me mostrado o quanto é importante um trabalho que vai além de nossas esferas individuais. É uma imensa alegria tê-los ao meu lado. Muito obrigado.

(Victor Cabral Fonseca)

Um agradecimento especial a Sergio Lopes de Carvalho, editor da Saraiva, por todo o apoio e empenho na edição deste livro.

Os autores.

Sumário

Prefácio

Rodrigo de Campos Vieira
Sócio da área de *Startups* e Inovação – TozziniFreire Advogados

Foi com muita honra que recebi o convite dos autores para escrever o prefácio desta importante obra. E, também, com um pouco de desconfiança. Tendo dedicado já alguns anos ao ambiente empreendedor, assessorando empresas iniciantes, seus fundadores, investidores-anjo, fundos de investimento e empresas interessadas em inovação aberta, fiquei com receio de que a expressão "Direito das *Startups*" estivesse defendendo a criação de uma nova área do Direito, com regulamentação própria, sendo que as questões jurídicas que envolvem o dia a dia desse ecossistema encontram, na grande maioria das vezes, sua regulamentação nas normas societárias, trabalhistas, de propriedade intelectual, tributárias, consumeristas, dentre outras, já em vigor. Não que tais normas sejam ótimas e não pudessem ser rediscutidas para favorecer a importante iniciativa empreendedora e potencializar a geração de empregos e riquezas no nosso país que atravessa um momento delicado em sua economia. Longe disso. Mas qualquer aventura legislativa neste momento merece cautela.

Entretanto, conhecendo de perto a qualidade intelectual dos autores, com quem tive a sorte de conviver de forma mais intensa no último ano, deixei a desconfiança guardada lá no fundo e debrucei-me sobre a obra.

De cara, logo no primeiro capítulo, deparei-me com uma descrição tão embasada quanto clara do ambiente empreendedor, seus atores, sua forma de se relacionar com o risco empresarial, as fases de criação de um produto ou serviço, suas fontes de financiamento e toda a forma como Direito se relaciona com esse ambiente e cria valor nesse contexto. Poucas vezes me recordo de ler um texto técnico com tanto prazer.

No capítulo seguinte, os autores desbravam as questões atinentes às formas de capitalização em maiores detalhes e de forma abrangente, clara. A menção à experiência internacional com a utilização de fontes do mercado norte-americano, onde essa indústria se desenvolveu primeiro, é uma constante e brinda o leitor com os conceitos já consagrados por lá, cujo entendimento é essencial para o desenvolvimento do nosso ambiente local.

Os próximos capítulos tratam das questões de direito brasileiro que influenciam o mundo empreendedor, com precisão e rigor técnico impecáveis, completando a tarefa dos autores de municiar os advogados e demais interessados no tema com toda a visão de que precisam para atuar de forma eficiente em favor dos agentes dessa indústria.

Por fim, cabe ressaltar o potencial dessa geração jovem que, com poucos anos de formados, já contribuem tanto para o ambiente de negócios. Bruno, Erik e Victor são excelentes advogados, atores importantes do cenário empreendedor brasileiro que juntam suas experiências profissionais e acadêmicas ao propósito de contribuir para um país melhor. O Brasil agradece.

Introdução

É preciso que os empreendedores tenham consciência de que *startups*, principalmente as que potencialmente irão se tornar grandes corporações, são tão entusiasmantes justamente porque envolvem uma energia muito grande concentrada nas mãos de um pequeno grupo de pessoas. No entanto, muitas vezes determinadas escolhas feitas ao longo da jornada relacionadas com aspectos burocráticos – e mesmo a tomada de determinadas precauções jurídicas – podem ser decisivas no futuro da empresa. É preciso que os C-levels (*CEOs, CTOs, COOs, CFOs...*) ajam como verdadeiros executivos em todas as etapas do empreendimento, ainda que em suas primeiras fases; não basta simplesmente que usem a terminologia do cargo pelo suposto *status* gerado por ele. A dimensão da empresa, assim como a cultura da mesma, tem uma ampla relação com a forma como determinados dirigentes atuam. Se a empresa quer ser grande, do ponto de vista jurídico e administrativo, deve atuar desta forma desde os primeiros momentos, sem, contudo, perder o grande valor da flexibilidade e adaptação de uma *startup*.

Startups até podem nascer a partir da mente de um indivíduo, mas na maior parte das vezes surgem como resultado da união de uma dupla ou até mais pessoas (os *founders*, ou simplesmente fundadores). Ao longo da estrada, tais empreitadas normalmente vão deixando de serem concentradas em pequenos grupos e se tornam "tribos", posteriormente "vilas" e, em alguns casos, chegam a ser verdadeiras cidades. É emocionante estar no *big bang*, sentir toda a matéria concentrada em um único ponto que vai dar origem ao universo. Porém, é preciso acima de tudo ter a consciência de todos os aspectos relevantes envolvidos na *startup*. Não é somente com mesas de *ping pong* e sinuca que se fazem as grandes empresas de tecnologia, mas principalmente com muito trabalho, inspiração, paixão, métricas, contratos, planilhas e planejamento.

Em seu *site* de apresentação, a Venture Capital Astella define o desafio de empreender como "uma jornada", ou seja, "*uma busca por um ideal, pela construção de um grande desafio. Para uns, a motivação é a recompensa financeira. Para outros, o desejo de fazer algo maior que si mesmos. Seja qual for o seu objetivo, para chegar lá você precisará de uma força de vontade sobre-humana. É preciso ter humildade e sabedoria para aprender e tomar as decisões certas, e paixão e disciplina para suportar as dores típicas de cada fase. É preciso ser um verdadeiro herói".*

Gostamos muito dessa metáfora de jornada. Apesar dos desafios naturais de empreender, que em um país como o Brasil se acentuam por diferentes razões, é interessante notar que o caminho, a jornada, é o grande sentido da empreitada. Ainda que muitos queiram mudar o mundo ou ganhar expressivas quantias, certo é que como bem escreveu o poeta Antonio Machado: "*Caminhante, são tuas pegadas o caminho e nada mais; caminhante, não há caminho, se faz caminho ao andar*".

Traçando um panorama rápido a respeito do estudo jurídico das *startups* no Brasil, uma coisa é bastante curiosa: do início da elaboração desta obra até seu fechamento, o cenário mudou bastante, e para melhor. Sem sombra de dúvidas, 2017 foi um marco para o tema: *startups* ganharam cada vez mais destaque, foram notadas no mundo jurídico e seu impacto no mercado não pôde mais ser ignorado pelo Direito. Desta forma, quando começamos a elaborar este livro, o empreendedorismo figurava como disciplina em algumas Universidades públicas e privadas no país, como a Fundação Getúlio Vargas, a Faculdade de Economia, Administração e Contabilidade de Ribeirão Preto (Universidade de São Paulo), Curso de Administração de Empresas da Universidade Presbiteriana Mackenzie e o Instituto Tecnológico de Aeronáutica (ITA-SP), por exemplo. Entretanto, era notório que, na maioria das vezes, a abordagem acadêmica a respeito do tema era restrita aos cursos de Administração de Empresas, Economia ou Contabilidade.

Naquele momento, disciplinas ou cursos que envolviam os aspectos jurídicos do empreendedorismo e *startups* ainda eram raras no Brasil, ainda que alguns exemplos pudessem ser apontados. Quando terminamos a pesquisa para esta obra, no entanto, esse cenário já havia mudado. Iniciativas acadêmicas que envolviam Direito, *startups*, inovação e empreendedorismo começaram a aparecer no país; a título de exemplo, podemos destacar trabalhos como o realizado pelo GEPI (Grupo de Ensino e Pesquisa em Inovação, da FGV Direito SP), pelo Insper, que promoveu curso especializado de Direito e *Startups* e pela FGV Rio, que ofereceu um curso de Direito, Empreendedorismo e *Startups*.

Ainda assim, o material relacionado ao tema ainda é escasso dentre as publicações brasileiras. Esta é uma situação que tende a mudar (crescendo cada vez mais), porém ainda nos encontramos numa situação de incerteza quanto a alguns institutos e fundamentos jurídicos que podem ser aplicados às *startups* de nosso país. Tal incerteza é particularmente ruim para as empresas nascentes inovadoras – como será demonstrado no decorrer da obra – pois um ambiente de insegurança já é inerente à própria atividade de uma *startup*, que tipicamente busca ganhar mercado por meio de produtos ou serviços inovadores.

Além disso, fomentar a inovação e dar condições ao surgimento de empresas que desequilibram mercados significa melhorar as condições que um país possui de crescer economicamente. Ao contrário do que se pensa, ainda, o desenvolvimento social também pode ser atingido por meio da inovação. Basta observarmos aplicações de novas tecnologias ao setor de saúde, cultura, infraestrutura, e outros tantos serviços que se tornam mais acessíveis e eficientes graças à agilidade e economia propiciados pela adoção de ferramentas inovadoras.

Retornando à incerteza generalizada que abordamos acima, esta pode se tornar inclusive incerteza jurídica. Isso acontece uma vez que: a) pouco se produz cientificamente sobre Direito e *Startups* no Brasil; e b) há uma necessidade pujante de adaptação e melhoria do sistema jurídico brasileiro diante da proeminência cada vez maior destas empresas no mercado. Assim, o trabalho a seguir visa contribuir para que seja diminuído o vácuo científico apontado no item "a" por meio de uma análise do panorama jurídico brasileiro que leva à situação descrita em "b".

Desta forma, temos que *startups*, como qualquer outra empresa, possuem necessidades jurídicas muito sérias. A importância de profissionais capacitados é fundamental para que um ecossistema empreendedor de qualidade seja formado, e empresas nascentes inovadoras dependem muito desses fatores para prosperarem. Neste texto, assim, intencionamos percorrer as principais necessidades jurídicas dos empreendedores, investidores, mentores, advogados e de todos os demais envolvidos no desenvolvimento de *startups* brasileiras.

É tarefa do empreendedor, por exemplo, compreender que os institutos jurídicos existem para sua própria proteção e não para lhe prejudicar; investidores, num outro plano, também precisa compreender que não pode injetar seu capital sem que antes haja uma avaliação de risco, por exemplo. O dinamismo das *startups*, afinal, só tem a ganhar com a proteção que a atenção aos institutos jurídicos pode oferecer. É necessário que estas empresas cresçam exponencialmente muito além de seu potencial, superando expectativas; esta força, entretanto, não pode ser desprovida de cautela - e o direito pode ajudar sobremaneira *startups* a ganharem cada vez mais mercado de forma segura.

Antes de prosseguirmos com o texto, gostaríamos de fazer uma ressalva: aqui não abordaremos vários pontos detalhados das áreas do direito exploradas, pois tentamos destacar os pontos de particular tangência com as atividades e as necessidades recorrentes em *startups*. Esta é uma razão pela qual não optamos por montar obras como "Direito Societário aplicado nas *Startups*", por exemplo, e sim consolidar em apenas uma publicação algumas diversas áreas jurídicas especialmente relacionadas com *startups* em certos pontos.

Essa obra, dessa forma, parte da premissa (que será justificada ao longo do texto) que um ambiente favorável à inovação e desenvolvimento de novas tecnologias é um ambiente propício ao crescimento. Além disso, a escolha por questões que se manifestam em momentos diferentes da história de uma *startup* decorre da consciência de que, para melhorar tal cenário, depende-se da atuação de uma pluralidade de agentes, e não apenas de um.

Assim sendo, nosso objetivo com este texto consiste em não apenas capacitar o profissional jurídico, que tem o dever de aconselhar, auxiliar e contribuir profundamente em várias etapas do desenvolvimento destas empresas, como também mostrar a empreendedores que os seus problemas jurídicos são muito importantes na jornada de sua *startup*. É uma relação de mão dupla: enquanto fundadores e administradores de *startups* devem enxergar as questões jurídicas que atingem seus negócios, os profissionais do direito devem ser capazes de compreender as particularidades de *startups*, sua linguagem e o tratamento jurídico dado a tais empresas.

Esperamos que o leitor não encontre aqui apenas respostas, mas também que se sirva deste texto para a provocação de futuros questionamentos que envolvem a relação existente entre direito, inovação, *startups* e empreendedorismo. Diante da velocidade de propagação da tecnologia e do desenvolvimento de novos institutos, este texto aparece como uma primeira proposta de consolidação de uma pesquisa cujo conteúdo envolve esta temática tão importante para a sociedade e a economia da atualidade.

Capítulo 1

Direito, *startups*, inovação e empreendedorismo: um panorama geral

1.1. Histórico e conceito; 1.2. Cronologia da startup*; 1.3. Fatores jurídicos e a impulsão de* startups*; 1.4. Ecossistema empreendedor; 1.5. Estado, Direito e ecossistema empreendedor; 1.6. Conclusões parciais.*

1.1. HISTÓRICO E CONCEITO

A partir do final do século XX e com maior intensidade no início do século XXI, um novo tipo de *player* se destacou na economia e no mundo corporativo: as empresas denominadas *startups*. Apesar de o uso do termo para definir pequenas empresas inovadoras datar aproximadamente da década de 1970[1], foi com o impetuoso desenvolvimento tecnológico e econômico vislumbrado na segunda metade da década de 1990 e no início deste século que *startups* ganharam maior notoriedade.

A evolução de *startups* passa a acompanhar, de certa forma, o surgimento e a propagação da internet. O marco histórico de origem das empresas desenvolvidas com fundamento nessa tecnologia é o ano de 1993, data de criação do navegador Mosaic. A partir de então,

---

1 O *Oxford English Dictionary* aponta como primeiro uso da palavra "startup" para definir empresas inovadoras um artigo publicado pela Forbes em 1976. Além disso, uma busca por "startup company" no Google Ngram – que busca na base de dados de livros escaneados do Google a incidência de determinadas palavras – mostra que o uso deste termo nesta acepção de fato data da década de 1970, tendo aparecido em alguns atos legislativos dos Estados Unidos de 1975 que reformavam os tributos aplicáveis a pequenos negócios. Contudo, o próprio Google Ngram mostra que o uso da palavra em publicações apenas "disparou" a partir da década de 1990, tendo seu ápice em 2002 – o que nos permite concluir que a pulverização da internet e o desenvolvimento de tecnologias de ponta tem uma relação inquestionável com a evolução de tais empresas.

sucedeu-se a fundação de diversas empresas deste tipo, algumas das quais perduram até os dias atuais. Exemplos marcantes de *startups* fundadas nesse período são a *Yahoo!* e a *Amazon*. Em dois anos contados de 1996, as empresas citadas quadruplicaram os valores de suas ações por meio de IPOs (Thiel, 2014). O *boom* das empresas chamadas "*pontocom*[2]", no entanto, ocorreu de forma intensa e curta[3]. O *crash* que o sucedeu foi igualmente repentino e avassalador, conforme se observa nas palavras do famoso *venture capitalist* Peter Thiel:

> É verdade que houve uma bolha na tecnologia. O final dos anos 1990 foi uma época de excesso de confiança: as pessoas acreditavam em ir de 0 a 1. Pouquíssimas *startups* estavam realmente chegando lá, e muitas nunca foram além de conversar a respeito. Mas as pessoas entendiam que não tínhamos escolha senão achar meios de fazermos mais com menos. A alta do mercado de março de 2000 foi obviamente um pico de insanidade. Menos óbvio, mas mais importante, foi também um pico de clareza. As pessoas previam o futuro distante, viam quanta tecnologia nova e valiosa seria necessária para chegarmos a ele com segurança e se julgavam capazes de criá-la. (Thiel, 2014).

Apesar de a bolha ter estourado logo em seguida, o que derrubou bruscamente a NASDAQ – bolsa de valores norte-americana especializada no mercado de tecnologia –, algumas lições foram aprendidas e novos *standards* estabelecidos. A principal conclusão desse período foi: "a internet havia chegado para quebrar o paradigma da velha economia" (Azevedo, 2016). Dessa forma, novas tecnologias foram responsáveis por modificar radicalmente o cotidiano dos envolvidos, sendo as responsáveis pelo surgimento, dentre outros, de novos produtos financeiros, como os *hedge funds,* os derivativos e o mercado a futuro (Thiel, 2014; Azevedo, 2016). Não é errado dizer, portanto, que as *startups* bebem da fonte do progresso tecnológico o qual, por sua vez, é característica inerente dos séculos XX e XXI. De acordo com Piscione (2014), o progresso cresce atualmente numa taxa exponencial muito mais acentuada quando comparado ao século passado.

---

2 Empresas baseadas na internet.

3 Entre setembro de 1998 e março de 2000, diz Thiel (2014), foram 18 meses de insanidade: "o dinheiro abundava, e não faltavam pessoas, muitas vezes exuberantes, para caçá-lo. Todas as semanas, dezenas de *startups* novas competiam para promover a festa de lançamento mais opulenta".

Mas o que, afinal, pode ser considerada uma *startup*? Apesar de haver uma série de tentativas no sentido de conceituar essas empresas – fala-se em *tipo* de empresa ou até mesmo *estágio* de desenvolvimento de uma –, as lições de Eric Ries (2012) são muito objetivas e completas: "uma *startup* é uma instituição humana projetada para criar novos produtos e serviços sob condições de extrema incerteza". Ries, portanto, considera a inovação como o cerne da existência desse tipo de empresa, seja ela qual for[4].

Como a intenção desta obra é elencar e descrever os principais aspectos jurídicos relacionados com as *startups*, é necessário entender suas complexidades e peculiaridades. Por essa razão, nesta parte do texto elencaremos as características típicas encontradas em *startups*, na visão dos autores deste livro.

Antes de prosseguir, contudo, é necessária uma observação do ponto de vista de legislação. Em alguns países, já existem conceitos legais para o termo "*startup*". No entanto, quando analisado referido conceito, torna-se claro que cada norma classifica o termo de uma maneira diferente, de forma que não parece haver consenso entre os conceitos adotados.

Essa primeira impressão, no entanto, é equivocada por não entender a finalidade da conceituação proposta por essas normas. Por exemplo, para ser considerada uma *startup* inovadora, a lei italiana tem como requisitos que a empresa seja constituída no máximo há cinco anos, tenha sua sede na Itália, não distribua lucro, tenha faturamento anual inferior a cinco milhões de euros, comercialize produtos ou serviços de alto valor tecnológico, e estabelece outros aspectos básicos[5]. Por outro lado, a lei da Letônia requer que a *startup*

---

4 O autor, em seu texto, valora cada parte de sua definição sintética, questionando-se sobre o uso da palavra "instituição" – e uma possível comparação com entidades burocratas – e perpassando pelo fato de que a inovação é inerente às *startups* em diferentes maneiras. Desdobra então o conceito de inovação entre "descobertas científicas originais, um novo uso para uma tecnologia existente, criação de um novo modelo de negócios que libera um valor que estava oculto, ou a simples disponibilização de um produto ou serviço num local ou para um conjunto de clientes anteriormente mal atendidos" (Ries, 2012).

5 Requisitos previstos na Lei n. 221 de 2012 da Itália, disponível em <www.rio.jrc.ec.europa.eu/en/library/law-17-december-2012-n221-innovative-start-ups>. Acesso em: 9 jul. 2017.

inovadora seja constituída no máximo há cinco anos, com faturamento nos dois primeiros anos de existência inferior a 200 mil euros, ao menos 50% dos gastos da empresa gastos em pesquisa e desenvolvimento e que pelo menos 70% dos colaboradores possuam um mestrado ou doutorado, dentre outros requisitos[6]. Em seguida, a lei francesa requer que a empresa tenha constituição em período inferior a oito anos, seja qualificada como uma microempresa ou empresa de pequeno porte conforme a lei do país, tenha na sua composição societária pelo menos 50% das quotas ou ações detidas por empreendedores ou fundos de *venture capital,* dentre outros requisitos[7]. Dessa maneira, nota-se que o conceito de *startup* para fins legislativos sofre alterações de acordo com a política pública que se deseja promover.

Portanto, nota-se que o conceito de "*startup*" pode sofrer variações de acordo com a finalidade a que a conceituação se destina. Como as *startups* têm um apelo de desenvolvimento de tecnologia importante, diversos países passaram a criar conceitos de acordo com a política pública que desejam estimular. Por outro lado, a conceituação do termo "*startup*" para fins regulatórios pode ter outro significado, estando menos sujeito aos objetivos de políticas públicas.

As características típicas das *startups* serão explicadas mais detalhadamente em capítulos próprios, sempre acompanhadas das respectivas reflexões jurídicas. No entanto, para uma compreensão prévia, passemos a analisar alguns aspectos de tais empreitadas. Dessa forma, consideramos como *startup* a empresa que possui os seguintes elementos:

i. Encontra-se em estágio inicial, sendo notadamente carente de processos internos e organização.

Startup é uma empresa em seu estágio inicial de desenvolvimento, caracterizado pela ausência de processos internos e organização, por vezes sem um modelo de negócio claro e movida pelo ímpeto

---

6 Requisitos previstos na Lei de Incentivos para Startups da Letônia, disponível em <www.labsoflatvia.com/news/latvian-startup-law-finally-translated-into-english>. Acesso em 09/07/2017.

7 Requisitos previstos nas normas tributárias da França, disponível em <www.impots.gouv.fr/portail/international-professionnel/tax-incentives#ISU>. Acesso em 09/07/2017.

de venda de uma ideia inovadora. Em muitas ocasiões, essa inovação é tão radical, como demonstraremos oportunamente, que resulta em uma ruptura da dinâmica ou *status quo* que prevalecia em um determinado mercado tecnológico antes da criação do produto e/ou serviço oferecido por determinada *startup*.

ii. Possui perfil inovador.

A ruptura na dinâmica ou práticas de um mercado, causada pelo produto e/ou serviço ofertado pela *startup*, traduz o conceito da característica disruptiva das *startups*. Essa característica é uma das mais importantes e será discutida em detalhes nas próximas páginas.

iii. Possui significativo controle de gastos e custos.

Por meio de uma prática que se cunhou como *bootstrapping* (v. Cap. 2), as *startups* procuram utilizar ao máximo as capacidades individuais e complementares de cada fundador para diminuir seus custos, focando os investimentos principalmente no desenvolvimento de seu produto e/ou serviço principal.

iv. Seu serviço ou produto é operacionalizado por meio de um produto mínimo viável.

Ainda sob a lógica de *bootstrapping*, os fundadores focam seus investimentos no desenvolvimento de um produto e/ou serviço extremamente rudimentar e simples, apenas para que seja possível verificar se realmente existe demanda e para manter os custos iniciais da *startup* baixos. Esse produto é conhecido como MVP (*Minimum Viable Product* ou simplesmente Produto Mínimo Viável, em tradução livre).

v. O produto ou ideia explorado é escalável.

Pela mesma lógica de manutenção baixa dos custos, o produto e/ou serviço geralmente é escalável (facilmente expandido para outros mercados e em diferentes níveis de capilaridade e distribuição), apesar de existirem exceções (por exemplo, *startups* focadas em mercados de nicho). Por essa razão, dificilmente *startups* criarão produtos ou prestarão serviços customizados ou do tipo *tailor made*. A ideia é alcançar uma economia de escala por meio da replicação de um mesmo produto para inúmeros clientes.

vi. Apresenta necessidade de capital de terceiros para operação inicial.

Como as *startups* almejam uma economia de escala na venda de seu produto e/ou serviço, geralmente o capital inicial aportado pelos fundadores não é suficiente para suportar o crescimento necessário ou investimentos a serem realizados para atingir esse patamar. Por essa razão, é muito comum que as *startups* busquem investidores externos para financiar o início de suas operações ou seu plano de expansão. O processo de *fundraising* (ou simplesmente levantamento de recursos financeiros, em tradução livre) será tratado com detalhes no segundo capítulo desta obra.

vii. Utiliza tecnologia para seu modelo de negócios.

Como parte do processo de inovação, as *startups* costumam utilizar a tecnologia a seu favor para desenvolver negócios escaláveis e inovadores. Frequentemente são utilizadas plataformas digitais (aplicativos e *websites*), porém, podem utilizar/desenvolver outros tipos de tecnologia como *hardwares*. Descreveremos ainda neste capítulo as diferenças entre esses tipos de empresas.

Entretanto a característica mais responsável por gerar necessidades jurídicas tão particulares decorre da chamada "extrema incerteza". *Startups* trabalham num campo de altíssimo risco, e não só mercadológico. É o que as diferencia, basicamente, das corporações tradicionais, sejam elas pequenas ou grandes. Uma padaria, por exemplo, é um modelo de negócio pequeno, mas existente há anos – consequentemente, os *players* desse mercado já sabem ou têm condições de saber como atuar. Já o oferecimento de um serviço por meio de aplicativo de mensagens instantâneas, dependendo da forma como se comporta e o que traz, é igualmente pequeno; mas completa ou parcialmente inédito, não estando inserido num contexto de conforto sob o qual repousam tais empresas comuns – o que torna o campo de atuação dos empreendedores bastante incerto.

> Há mais uma parte importante dessa definição: o contexto no qual a inovação acontece. A maiorias das empresas – grandes e pequenas – estão excluídas desses contextos. As *startups* são projetadas para enfrentar situações de extrema incerteza. Abrir uma nova empresa, que seja um clone exato de um negócio existente, copiando modelo de negócios, precificação, cliente-alvo e produto, pode até ser um investimento eco-

> nômico atraente, mas não é uma *startup*, pois seu sucesso depende somente da execução - tanto que esse sucesso pode ser modelado com grande exatidão. (Eis por que tantas pequenas empresas podem ser financiadas com simples empréstimos bancários; o nível de risco e incerteza são tão bem entendidos que um analista de crédito pode avaliar suas perspectivas futuras).
>
> A maioria das ferramentas da administração geral não são projetadas para florescer no solo adverso da extrema incerteza, no qual as *startups* vicejam. O futuro é imprevisível, os clientes testemunham um conjunto crescente de alternativas, e o ritmo da mudança está sempre aumentando. No entanto, a maioria das *startups* - tanto em garagens quanto em empresas - ainda é administrada por meio de prognósticos padrão, marcos de produtos e planos de negócios detalhados (Ries, 2012).

Nesse sentido, observa-se uma característica importantíssima inerente a essas empresas: o risco. Isso decorre de seu caráter inovador: o empreendedor de determinada *startup* muitas vezes traz algo totalmente novo para o mercado, sem saber com profundidade sua aceitação e sem um modelo pronto de gestão (Ries, 2012). Em muitas hipóteses, tal transformação poderá ser concebida como "inovação disruptiva", expressão cunhada por Clayton Christensen e Joseph Bower (1995), que preceitua que tal dinâmica oferece uma gama de atributos de performance diferente e, principalmente, caracteriza-se por entrar de uma forma muito rápida e arrebatadora no mercado, desestabilizando o que já existia. Essa teoria foi baseada essencialmente na ideia de destruição criadora de Schumpeter, que será analisada adiante. Além disso, há que se considerar que *startup* não é uma simples categoria de empresas inovadoras, mas sim um termo que designa *determinada empresa inovadora* em seu *estágio inicial de desenvolvimento* (Blank; Dorf, 2012).

Sendo o caráter inovador um importante atributo de *startups*, é fundamental tecer alguns comentários sobre esse processo, que envolve basicamente o desenvolvimento e a implantação de novas tecnologias.

Um dos maiores estudiosos da inovação foi Joseph Alois Schumpeter (1939), que descreveu o chamado processo de destruição criadora, no qual o surgimento de novas tecnologias é descrito a partir de ondas. Essas ondas são demonstradas em diferentes comprimentos e as mais notórias são as chamadas *Kondratieff*[8] que, segundo o autor, são assim exemplificadas:

---

[8] Nikolai Kondratieff foi o precursor da chamada teoria da economia cíclica que, em síntese, afirma que a economia se movimenta e desenvolve em ciclos ou

> Historicamente, o primeiro Kondratieff coberto por nossa análise significa a revolução industrial, incluindo o prolongado processo de absorção. Nós o datamos dos anos oitenta do século XVIII até 1842. O segundo cobre o que chamamos de era da máquina a vapor e do aço. Vai de 1842 a 1897. E o terceiro, O Kondratieff da eletricidade, da química e dos motores, nós o datamos de 1898 em diante (Schumpeter, 1939, tradução nossa[9]).

As ondas de *Kondratieff,* segundo Bresser-Pereira (1986), compreendem muito mais que apenas uma inovação de serviços e produtos. Seu impacto é muito maior, movimentando de maneira significativa o mercado e a forma como as corporações se organizam para adaptar-se às novas tecnologias.

> A partir das grandes ondas de inovação, novos setores industriais são implantados ou apresentam um desenvolvimento excepcional a partir da introdução de novos produtos (progresso técnico de produto), novos métodos de produção mais eficientes são introduzidos, implicando aumento da produtividade do trabalho e/ou do capital (progresso técnico de processo), novas fontes de matérias primas são colocadas em atividade, novos mercados são abertos, novas técnicas de comercialização e de diferenciação de produtos são implantadas e novas formas de estruturação do mercado são definidas geralmente tendendo para a oligopolização e cartelização de determinados setores produtivos e/ou para intervenção do Estado nesses setores (Bresser-Pereira, 1986).

Schumpeter (1939, 1997) descreve quatro momentos intrínsecos a cada onda de inovação: o *boom,* a recessão, a depressão e a recuperação. São inúmeros fatores econômicos que ocorrem entre cada fase, sendo repetitivos, no entanto. Além disso, dentro de cada fase, encontram-se ciclos e ondas menores, tais como os ciclos de Kuznets e os ciclos de Kitchin. Assim, a cada *boom* é possível afirmar que há uma ruptura do padrão tecnológico, impulsionando, dessa forma, a inovação que, num ritmo proporcional, fortalece de forma rápida

---

longas ondas (com duração média de 50 anos). Há outros tipos de ondas, maiores ou menores, segundo Schumpeter (1939).

9 Texto original: "*Historically, the first Kondratieff covered by our material means the industrial revolution, including the protracted process of its absorption. We date it from the eighties of the eighteenth century to 1842. The second stretches over what has been called the age of steam and steel. It runs its course between 1842 and 1897. And the third, the Kondratieff of electricity, chemistry, and motors, we date from 1898 on*" (Schumpeter, 1939).

novas empresas e torna as antigas obsoletas. De acordo com o economista, "o *boom* termina e a depressão começa após a passagem do tempo que deve transcorrer antes que os produtos dos novos empreendimentos possam aparecer no mercado. E um novo *boom* se sucede à depressão, quando o processo de reabsorção das inovações estiver terminado" (Schumpeter, 1997).

De certa forma, é possível afirmar que as *startups* representam as rupturas tecnológicas da atualidade. Por serem empresas em estágio inicial de desenvolvimento, flertam profundamente com a tecnologia da informação, representando as inovações disruptivas da atualidade (conforme exposto anteriormente).

É perfeitamente possível aplicar a teoria Schumpeteriana para entender o forte surgimento de novos negócios no mercado. E sobre as referidas ondas que estudou e propôs o economista, obviamente já nos encontramos num estado mais avançado de desenvolvimento do que foi disposto em seu trabalho. No entanto o que se observa é que a teoria cíclica vem se provando bastante atual. Atualizando os ciclos – ou ondas – de inovação, de Schumpeter, pode-se chegar a uma nova linha de desenvolvimento temporal, em que, atualmente, prepondera a "quinta onda" Schumpeteriana. Trata-se da onda baseada em tecnologia de informação: redes digitais, *softwares* e novas mídias.

Chiavenato (2003) atualizou, em sua obra, a linha do tempo de Schumpeter, inserindo graficamente as novas inovações surgidas nos últimos anos. Assim, segundo sua leitura, a linha do tempo com todas as ondas *Kondratieff* seria representada da seguinte forma:

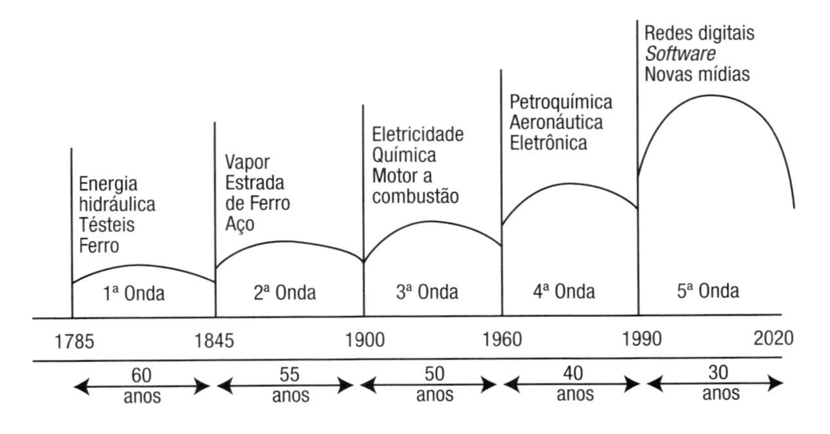

A quinta – e mais atual – onda de desenvolvimento, como se nota, é a baseada principalmente em tecnologias de ponta, como a internet. Observa-se também que, como demonstrado na imagem, há um encurtamento de cada onda de inovação, dada a atual capacidade potencializada de novas produções tecnológicas. Como atualmente as tecnologias se desenvolvem de maneira muito mais rápida, influenciadas inclusive pelas já existentes, é perfeitamente possível afirmar que as ondas de inovação serão cada vez mais curtas.

As empresas atuais, que trabalham num modelo de inovação disruptiva, surgem nesse ambiente. Redes digitais, *softwares* e novas mídias representam a maior parte das indústrias recentes que impulsionam o mercado. Além da internet, Chiavenato (2003) também considera como elemento-chave dessa quinta onda a globalização dos negócios. Ao parafrasear Schumpeter, o autor considera que:

> [...] os ciclos em que o mundo viveu no passado foram todos determinados por atividades econômicas diferentes. Cada ciclo – como qualquer ciclo de vida de produto – tem as suas fases. Só que essas ondas estão ficando cada vez mais curtas fazendo com que a economia renove a si mesma mais rapidamente para que um novo ciclo possa começar (Chiavenato, 2003).

Dessa forma, é bastante comum associar as *startups* às *tech companies*. Ainda que não se possa afirmar que todas as empresas inovadoras deste século são baseadas em tecnologia, grande parte delas o são. Façamos, porém, a distinção entre *tech companies* e *tech startups*. Payne (2012), que é ex-engenheiro do *Twitter* e *founder* do *Simple*, uma *startup* bancária, define como *tech companies* aquelas cujo produto envolve vender ou fornecer algum tipo de tecnologia. *Tech startups*, logo, são as empresas que *a*) preenchem os requisitos para serem consideradas *startups*; e *b*) vendem tecnologia de alguma forma. Assim sendo, *tech company* é um gênero e *tech startup* é uma espécie. No entanto, Payne (2012) considera que tanto um conceito quanto o outro já cresceram e se subdividiram de tal maneira que são exageradamente mal aplicados. Temos as chamadas *fintechs* (serviços financeiros), *lawtechs* (serviços jurídicos) e *insurtechs* (seguros), por exemplo, todas baseadas em tecnologias.

O que importa saber, também, é que as *startups* têm crescido de uma forma bastante significativa. Há quem considere o momento atual como uma explosão de *startups*. A organização *Startup Compass* (2015), por exemplo, em seu relatório anual de análise global a respeito dos ecossistemas de *startups* (conceito que será esmiuçado mais adiante) abordou o tema, expressando que a justificativa para a chamada "explosão" compreende diversos fatores: *a*) o investimento inicial tende a ser bem menor, sendo que uma *startup* demanda milhares, e não milhões; *b*) em consequência do item *a*, um investidor muitas vezes prefere investir menos em muitas companhias do que investir muito em uma única, o que é chamado pelo relatório de "investimento de alta resolução"; *c*) o empreendedorismo tem desenvolvido uma forma própria de gestão e administração; e *d*) o consumidor tem adotado novas tecnologias de uma forma mais rápida. Ainda, segundo o relatório, dentro do Vale do Silício as indústrias inovadoras têm crescido em ritmo muito mais acelerado que as tradicionais.

Percebe-se que conceituar o termo "*startup*" de uma forma concisa não é uma tarefa trivial. Isso porque o termo já se disseminou de forma tamanha que já não é possível delimitar seu espectro de aplicação. Conforme já manifestado em outras oportunidades, *startup* pode ser concebida mais como um estado de desenvolvimento do que um tipo de empresa propriamente dito (Nybø, 2016). Uma coisa, no entanto, é perfeitamente possível de se concluir: as *startups* não somente trazem inovações em seus produtos, mas também em seus modelos de gestão.

1.2. CRONOLOGIA DA *STARTUP*

Toda *startup* nasce de uma ideia, de uma premissa, de uma tese. Uma carência do mercado, a aposta em um novo comportamento, uma nova forma de prestar um serviço ou vender um produto. A inovação é a base do conceito de *startup*, e apesar das dificuldades inerentes em definir essa simples palavra acreditamos na clássica acepção que preceitua que *startup* é um grupo de pessoas à procura de um modelo de negócios, baseado em tecnologia, repetível e escalável, trabalhando em condições de extrema incerteza, como demonstrado anteriormente.

Vamos detalhar cada um dos aspectos mencionados e as questões legais a serem consideradas em cada etapa. Este livro parte do conceito de *startup*, discorrendo sobre os primeiros momentos de grande incerteza e flexibilidade dos modelos de negócios criados pelas tais. Assim, caso vingue, aquela ideia que pareceu ser interessante inicialmente para os fundadores poderá um dia culminar em um evento de saída para estes e seus investidores.

O evento de saída (*exit*) é um dos principais objetivos dos empreendedores. Esse evento pode ser uma venda bilionária para alguma empresa, grupo econômico já consolidado ou grupos financeiros, ou mesmo a abertura de capital na bolsa de valores por meio de um IPO - *Initial Public Offering*. Até é possível um fim intermediário, mas certamente será preciso criar um evento de saída para os investidores de risco. Por isso, existe uma diferença quanto ao beneficiário de um evento de saída. É necessário pensar em dois principais agentes: o investidor e o fundador. Geralmente os interesses desses dois agentes não são convergentes quando se trata de um evento de saída, motivo pelo qual é necessário criar mecanismos para alinhar interesses e diminuir os custos de agência.

Diante disso, expomos abaixo o que entendemos ser o cronograma de evolução da *startup*:

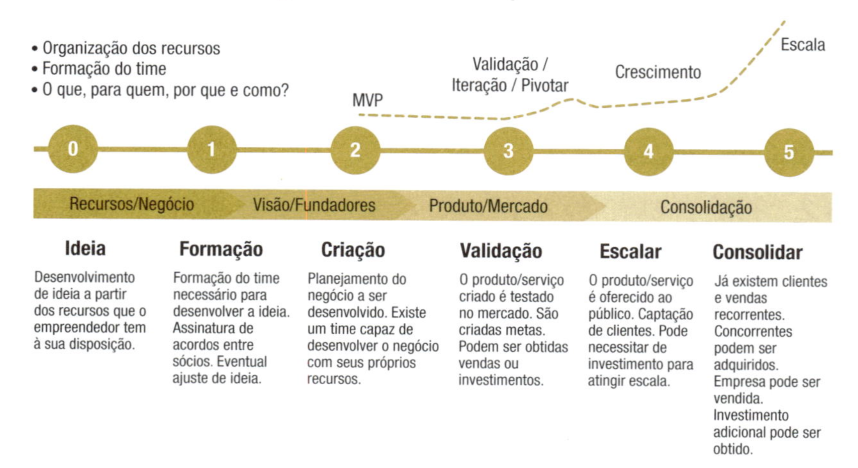

Uma questão primordial discutida no mercado de *startups* é a validação da hipótese criada pelo empreendedor, preferencialmente antes de todo mundo e com um diferencial (seja preço ou qualidade). Não adianta ter a melhor ideia do mundo se não existe uma demanda para o produto ou serviço oferecido pela *startup*. Nesse sentido, a máxima atribuída a Thomas Edison de que "a genialidade é 1% inspiração e 99% transpiração" é uma grande verdade no ecossistema das *startups*. A ideia tem um valor fundamental, mas não decisório. A verdade é que um bom time com uma hipótese que não permite maiores resultados, dificilmente resultará em uma grande empresa. No entanto, uma grande ideia nas mãos de um time com pouco rendimento também dificilmente obterá grande êxito.

Assim, em muitas *startups* os fundadores que passam a buscar um meio de proteção à sua ideia encontram um refúgio no acordo de confidencialidade (*non-disclosure agreement*). Esse tipo de documento, embora seja bastante utilizado em mercados tradicionais no momento de celebração de alianças, investimentos, dentre outros negócios que impliquem a divulgação de informações confidenciais de uma empresa a outra ou a terceiros, tem um efeito bastante contrário quando se trata do estágio inicial de determinada *startup*. Essa é uma das razões pelas quais se afirma que o mercado de *startups* possui uma dinâmica diversa de outros mercados.

Especificamente quando se trata de *startups* que envolvem a criação de *softwares*, existe um embate significativo entre o desenvolvedor e o fundador, quanto a esse tipo de contrato, caso o desenvolvedor não faça parte do time fundador do projeto e seja apenas um prestador de serviços. Na qualidade de prestador de serviço, um desenvolvedor geralmente adota uma posição de que não quer ter sua liberdade criativa (ou seu ganha-pão) tolhida por um acordo de confidencialidade, já que na maioria dos casos a ideia apresentada pelo fundador não é, em essência, algo jamais visto antes.

Além disso, muitos fundos de investimento *early stage* (*private equity* e *venture capital*) também buscam não assinar esse tipo de documento no momento em que a *startup* submete seu plano de negócios para análise, uma vez que recebem milhares de projetos e não podem restringir suas possibilidades de investimento por conta da análise de um determinado plano de negócios. Portanto o fundador ou empreendedor não deve ter medo de divulgar sua ideia, já que poucos têm a capacidade de execução. Uma ideia que ainda não foi executada com sucesso não passa de uma ideia.

A essa fase de validação da hipótese criada pelo empreendedor se dá o nome de prova de conceito (*proof of concept*). A prova de conceito pode ser feita inicialmente pelo fundador, mas, geralmente, é nesse momento que o fundador busca outros colaboradores para se associarem a ele, caso já não o tenha feito anteriormente no momento de elaboração da ideia a ser apresentada ao mercado. Esse time escolherá grupos focais para o teste antes de apresentar o produto ou serviço ao mercado em geral. Por meio desse processo, a *startup* deve orientar-se pela "iteração", um conceito derivado da ciência da computação que consiste na repetição de um processo para obter *feedbacks* e resultados que auxiliam a ajustar o produto e/ou serviço para chegar a um resultado mais satisfatório ou almejado.

Após a formação do time, é bastante comum que, ao fazer a validação das hipóteses com boas ideias, muitas *startups* notem que na realidade não há demanda para o produto ou serviço que pretendem colocar no mercado e, por isso, optem por "pivotar" o modelo de negócios ao longo dessa trajetória. O termo de origem da língua inglesa ("*to pivot*") é utilizado no ecossistema de *startups* para designar uma mudança radical em seus rumos. Caso uma premissa do negócio idealizado pela *startup* não seja validado inicialmente, é recomendável que esta arrisque mudanças bruscas, com base no aprendizado obtido ao longo da jornada e objetivando encontrar a dinâmica que efetivamente poderá tracionar o seu empreendimento.

No entanto, quando ocorre a validação da hipótese, geralmente alcança-se o *product/market fit*, termo bastante difundido por Marc Andreesen e que trata do encaixe entre a demanda do mercado e o produto. No instante em que isso ocorre, a *startup* valida a forma de obter resultados financeiros e passa a ter um negócio.

Após o triunfo, a *startup* estará pronta para apresentar e comercializar o produto ou serviço ao público em geral. Nesse sentido, a grande vantagem da *startup* frente a qualquer outro modelo de negócios tradicional diz respeito à efetiva capacidade de o produto ser "replicável" e "escalável" em virtude do uso da tecnologia. Um aplicativo, por exemplo, necessita ser criado apenas uma vez para então ser distribuído para milhões de pessoas. É um exemplo da economia de escala atingida pelas *startups*.

Ser **replicável** significa que é possível entregar o produto ou o serviço em escala de maneira potencialmente ilimitada, sem a necessidade de adaptação ou customização para cliente. Assim, se uma cafeteria de bairro encontra seu modelo de negócio, cobra pela venda de café, consegue encontrar o *product/market fit* e encaixa com a demanda da localidade, enfrentará uma limitação natural para atender potenciais clientes após certo limite. Isso porque, para a venda de cada café, terá que empregar esforço, comprar insumo, agregar um serviço e, enfim, realizar a venda. Por outro lado, uma plataforma eletrônica permitiria que incontáveis usuários comprassem seu café sem um esforço individual e aumento da estrutura de custos da empresa para atendê-los.

Ser **escalável**, por sua vez, significa que a *startup* tem capacidade para crescer cada vez mais por meio da venda de um produto ou serviço que pode ser produzido ou distribuído em grandes quantidades, resultando em uma economia de escala, sem a necessária alteração do modelo de negócios ou ampliação significativa de seus custos. É verdade que o crescimento oportuniza novas modelagens de negócio, pela própria alteração do mercado e pela melhor compreensão das demandas. No entanto, em regra, é possível crescer de maneira bastante expressiva a receita sem que tal aumento impacte os custos de operação. Tal característica resulta em lucros exponenciais, fazendo da *startup* uma empresa extremamente interessante para investidores.

A partir do momento em que há *market fit* do produto ou serviço oferecido pela *startup*, ela passa a crescer para atingir uma economia de escala. Para tanto, é bastante comum que nessa fase a *startup* busque investimentos de terceiros. O tema específico de investimentos será tratado em um capítulo posterior; mas, para que um investimento seja possível, uma das questões primordiais é garantir determinada segurança ao investidor no momento em que investe na *startup*.

1.3. FATORES JURÍDICOS E A IMPULSÃO DE *STARTUPS*

Entender a relação do Direito com as *startups* é levar em conta as necessidades gerais e peculiares de tais empresas, como exposto até então. Preliminarmente, é preciso destacar que uma *startup*, antes de ser considerada como tal, é uma empresa como qualquer outra. Ou seja, apesar de a *startup* ser, em poucas palavras, uma empresa em estágio inicial de desenvolvimento, esse negócio não está isento de responsabilidades empresariais independentemente do país em que se encontra. No Brasil, por exemplo, as *startups* não possuem privilégios em relação às demais empresas no que tange à adoção de um modelo societário, à sua constituição (CNPJ), às formalidades empresariais e ao regime tributário, por exemplo. Há modelos menos complexos, como o sistema SIMPLES de tributação, que torna o cálculo tributário mais fácil ao pequeno empresário. No entanto, o fato de a *startup* ser uma "empresa-embriã" não a exime de obrigações de tal natureza, tampouco obriga a uma escolha desses modelos simplificados.

Assim sendo, apesar de óbvio, é necessário dizer que a legislação brasileira (*in casu*) se aplica às *startups* com atividades em seu território. Logo, todas as obrigações legais devem ser observadas por tais empresas – e se há deveres legais envolvidos, há um direito que permeia essas relações e, consequentemente, a necessidade da atuação de um profissional do meio jurídico que será responsável por cuidar da regularização dessas firmas. O que acontece, na prática, é que muitas vezes a natureza dinâmica dos empreendedores modernos e de seus negócios faz com que as questões jurídicas na consolidação de suas atividades sejam ignoradas ou geridas com falta de cuidado. Isso se deve ao fato de frequentemente tais questões estarem associadas aos excessos de burocracia e aos modelos obsoletos de gestão característicos do Brasil.

Vimos que um negócio inovador, como o de *startups*, acarreta risco maior que o habitualmente assumido pelas corporações típicas, dada a incerteza mercadológica do produto ou serviço apresentado. Meira (2013) destaca a importância de uma adequação da empresa a um modelo societário que proteja tanto o empreendedor quanto o investidor que nele acredita.

> Primeiro, é bom dizer que empreender não é simples em lugar nenhum. Mas no Brasil pode ser especialmente complicado. Quer ver? Nos EUA, há um arranjo societário [a LLC, ou limited liability company] que isola, de fato e de direito, o empreendedor [e seus bens pessoais] de seu empreendimento, o que se torna especialmente crítico quando se trata de construir negócios inovadores, face ao risco que se corre. O equivalente brasileiro não oferece a mesma proteção sob vários aspectos: as pessoas físicas que participam de sociedades por quotas de responsabilidade limitada, no Brasil, têm responsabilidade quase sempre ilimitada sob muitas óticas, especialmente onde o risco é maior, o trabalhista. E o Brasil é o país mais litigioso do mundo neste aspecto, com mais de trinta vezes mais ações trabalhistas do que os EUA [que têm uma economia dez

> vezes maior; comparando por PIB, são trezentas vezes mais ações aqui do que lá]. E a tradição da nossa justiça do trabalho é de compensação social, o que leva as empresas a perderem quase sempre, seja qual for a causa (Meira, 2013).

No entanto, a preocupação do empreendedor com as questões jurídicas é ocasional. Os sócios de uma *startup* podem até se mostrar atentos às necessidades legais que possuem. Muitas vezes, no entanto, pouco agem no sentido de saná-las; isso se dá normalmente por dois fatores, que vão muito além da simples falta de preocupação: *a*) acreditarem que esses problemas são secundários e burocráticos demais, devendo dessa forma ser precedidos por questões inerentes ao desenvolvimento do produto, serviço ou modelos de gestão da empresa; ou *b*) por não acreditarem que os problemas podem ser resolvidos por pessoas capazes e competentes (um reflexo da falta de confiança que possuem em relação a pessoas externas ao dia a dia da empresa, como advogados). Conforme exposto em outra oportunidade, o empreendedor encontra-se num "limbo de incerteza jurídica" e, muitas vezes, não confia em advogados, por considerar que estes "não entendem suas necessidades" (Nybø, 2016).

Diante disso, é difícil encontrarmos uma *startup* que tenha como uma de suas preocupações iniciais a regularização de seus aspectos jurídicos. Muitos iniciam seus negócios sem nem mesmo consolidarem uma empresa; não possuindo, dessa forma, aquele escudo de proteção que a existência de uma pessoa jurídica proporciona à pessoa física que está por trás. De acordo com pesquisa do SEBRAE; IBQP; FGV (2015), que consolidou dados a respeito do empreendedorismo no Brasil, utilizando-se um conceito amplo de regularização formal, que considera registrado formalmente qualquer tipo de registro (*v.g.* em prefeituras ou Secretaria da Agricultura), ainda que não haja número de CNPJ, o índice de formalização ainda é mínimo. Segundo a pesquisa, naquele ano apenas 21% dos empreendedores iniciais possuíam qualquer tipo de regularização formal, sendo que o CNPJ foi acusado em apenas 17% do total de empresas consultadas.

Numa ótica inversa, é intrigante pensar que cerca de 79% dos empreendedores brasileiros ainda operam na informalidade. O levantamento ainda conclui que tais dados reforçam a ideia de que é necessária a ampliação de programas de formalização. A *startup*, nesse contexto, carece de auxílio legal, como qualquer outra empresa. Dessa forma, é importante destacar o papel do profissional jurídico nesse ambiente. Armitage et al. (2016) colocam num patamar de suma importância a atuação desses profissionais para a formação e o desenvolvimento corretos das *startups*. Os autores são mantenedores de um projeto na Universidade da Califórnia (*Hastings School of Law*) que integra o ecossistema de *startups* com o ensino jurídico (*Startup Legal Garage*). O projeto consiste no aconselhamento de *startups* de tecnologia e biotecnologia por estudantes de Direito da Universidade, supervisionados por professores e escritórios de advocacia parceiros. Em estudo que analisa o trabalho realizado, foi identificado que as dificuldades das *startups* são, em 90% dos casos, relacionadas à consolidação geral da companhia, aos seus contratos e propriedade intelectual. Além disso, 62% das empresas atendidas pelo programa apresentavam pelo menos um problema legal desses tipos, sendo que dentre estas, apenas 45% já haviam identificado tais questões antes de serem atendidos pela *Startup Legal Garage* (Armitage et al., 2016).

O grande cerne da questão é que muitas vezes os profissionais jurídicos, como advogados preparados para o atendimento em *startups* e novos negócios, ainda são raros no mercado. No mesmo sentido, aqueles que são especializados no tema - que une conhecimentos multidisciplinares, de Direito e Inovação – tendem a ser muito caros, elemento relevante para uma empresa nascente. Esses valores muitas vezes estão além do que pode pagar um negócio num estágio inicial de desenvolvimento (Thomas, 2009). Entretanto *startups* podem buscar auxílio profissional não somente no meio externo, mas também internamente, por meio da contratação de profissional que se envolva na realidade daquela empresa e que possa gestar soluções jurídicas adequadas ao negócio.

As diversas formas de como *startups* podem buscar serviços jurídicos são os objetos de estudo de Ibrahim (2012). Em sua pesquisa, apurou que as *startups*, como quaisquer outros empreendimentos, possuem um leque de opções quando se trata da obtenção de serviços jurídicos. A depender de seu porte, podem optar por escritórios mais simples ou verdadeiros complexos legais (*full-service*) para atenderem às suas necessidades. Porém, recentemente, grandes empresas têm optado por manter um departamento exclusivo para tratar das questões jurídicas (Ibrahim, 2012). Esse departamento é conhecido como *Legal Operations*, e é observado em gigantes da tecnologia como *Google*, *Oracle* e *Facebook*, por exemplo[10].

Ibrahim (2012) aponta que as empresas *startups* possuem uma gama de motivos para eleger tanto o auxílio de um profissional externo, quanto interno, chamados pelo autor de *in-house counsel* (conselheiro interno). Para os fins da pesquisa, não se enquadraria na pesquisa um funcionário qualquer com treinamento legal e responsável por resolver superficialmente a questão, e sim, um advogado especializado cuja função interna na empresa fosse estritamente a jurídica (Ibrahim, 2012).

Feitas as preliminares, Ibrahim concluiu que as justificativas para eleger um conselheiro externo seriam: *a*) manter um departamento interno não justifica os custos que isso envolve; *b*) advogados externos oferecem uma cobertura maior de serviços; *c*) advogados externos são mais independentes/objetivos; *d*) possuir um advogado externo contratado aprimora a reputação da companhia; e *e*) um advogado num ambiente externo pode trazer novas conexões e, consequentemente, novos investimentos. Por sua vez, o que justificaria a presença de um conselho interno seria, sinteticamente: *a*) um departamento próprio compreenderia melhor as características do negócio; *b*) as respostas do departamento seriam mais rápidas e com melhor *timing*; e *c*) de dentro, é mais fácil monitorar as atividades da empresa (Ibrahim, 2012).

Os resultados empíricos da pesquisa[11] indicam que, até sua conclusão, 71,8% das empresas ainda não haviam optado por manter um

---

[10] Nesse sentido, é curiosa uma constatação: em 2017, quando da finalização deste livro, nenhum dos *heads* desse departamento nas empresas citadas possuía formação em Direito. Isso é capaz de levantar uma outra ponderação: se entramos em uma era em que são necessários mais gestores e menos técnicos em leis – o que é priorizado na formação de um bacharel em Direito. Temos que, diante desse cenário, advogados devem cada vez mais investir em capacitação de gestão, para compreender o pensamento do administrador e serem capazes de desempenhar funções que estejam completamente de acordo com os interesses dele.

[11] Os resultados da pesquisa de Ibrahim (2012) são muito mais extensos e detalhados que os separados neste texto. No entanto, fez-se aqui uma seleção dos que seriam mais importantes para conduzir o raciocínio apresentado. O detalhamento das questões pode ser encontrado no artigo completo (v. Referências Bibliográficas deste capítulo).

advogado interno que cuidasse de suas questões legais. O curioso é que dentre tais companhias, 82,6% afirmaram possuir questões legais internas identificadas, sendo que as regulatórias, como *compliance* e patentes eram as necessidades predominantes. A grande maioria (82,6%) afirma que o que levou a empresa a não manter um advogado internamente foi justamente o fato de pensarem que o custo de manutenção de um departamento jurídico não compensaria. Quando perguntadas se contratariam um advogado interno em algum momento na companhia, 46,7% responderam que tal fato dependeria do porte que a empresa poderia alcançar. Dentre as empresas que afirmaram possuir um advogado trabalhando em seus quadros internamente, 93,8% colocam a melhor compreensão de seus negócios (por parte de alguém que opera dentro da companhia) como o motivo de elegerem tal tipo de aconselhamento legal (Ibrahim, 2012).

Ante todo o exposto, é possível concluir que as *startups* encontram – e muitas vezes, identificam – os problemas legais que as permeiam. Isto é, apesar de muitas não possuírem um departamento jurídico, ainda assim existe a compreensão da importância da assistência para esse tipo de questão, especialmente a de um profissional especializado e que compreenda a realidade das *startups*.

Uma empresa *startup*, se planejada corretamente, tende a crescer (Ibrahim, 2012). Meira (2013), inclusive, considera o potencial de crescimento como uma das bases para uma *startup*, sendo esse um de seus principais objetivos, e parte da importância desse planejamento envolve a presença de documentos legais que a salvaguardem de maiores riscos. Assim sendo, é quase unanimidade dentre tais empresas, como visto, a necessidade de contratos bem elaborados (que vão desde sua constituição formal até mesmo os recorrentes "Termos de Uso" e "Políticas de Privacidade") e adequação a questões legais propriamente ditas, como o *compliance*, a governança e a propriedade intelectual (Lerman, 2015; Severi, 2013; Armitage, 2015; dentre inúmeras outras publicações que destacam a importância da propriedade intelectual da *startup*, principalmente pela falta de ativos tangíveis). Dessa forma, para se atingir esse objetivo de crescimento, é muito importante a assistência jurídica. Apenas ressaltamos que, apesar de tais questões serem indicadas como relevantes nas pesquisas analisadas, é importante saber que as necessidades jurídicas das *startups* não se resumem a esses fatores.

Outro grande problema encontrado, por exemplo, é justamente a relação do empreendedor com seus investidores. Bhide (1992) mostra que os investidores são atraídos por certas características nas corporações, tais como o tamanho da empresa e do mercado em que ela vai operar, bem como sua estruturação e solidez.

De fato, é muito importante a figura do investidor para a *startup*, que normalmente tem seu início com custos fortemente controlados e altamente dependente de capital de terceiros. O risco inerente a esse tipo de empresa torna mais difícil a obtenção de capital pelas vias tradicionais, como financiamentos bancários, por exemplo. Surgem então várias modalidades de investimento particularmente diferenciadas para atender a essas empresas, tais como fundos de *private equity e venture capital* (Rebelo, 2013) *equity crowdfunding* (Lombardi; Trequattrini; Russo, 2016) e os investidores-anjo (Freear; Sohl; Wetzel, 2002; Rose, 2014; Garrido; Coelho, 2016). As modalidades de investimento das *startups* serão abordadas mais detalhadamente em capítulo próprio.

A *startup*, como empresa inovadora com alto potencial de crescimento que é, pode ser considerada um investimento promissor. Logo, como qualquer outro investimento, quanto mais segura for a *startup*, mais investidores poderá atrair, pois possui mais potencial para retorno financeiro dos aportes realizados. Neste ponto, o Direito também funciona como elemento atrativo para o investimento: uma proteção jurídica de qualidade, interna ou externa, auxilia na estruturação e solidez empresarial.

Nesse sentido, Heine e Weinberg (2014) são categóricos ao afirmar que a presença de um advogado-conselheiro é capaz de agregar valor a um negócio inovador e, consequentemente, atrair novos investidores. De acordo com a pesquisa dos autores, advogados podem agregar valor à *startup* quando atuarem por cinco diferentes formas: *a*) comunicando-se com o cliente de forma eficiente; *b*) compreendendo o negócio do cliente; *c*) aconselhando de maneira factível; *d*) propondo soluções, não somente gestão de risco; e *e*) oferecendo formas de pagamento flexíveis (Heine; Weinberg, 2014).

Jack Wroldsen (2016) considera os advogados uma espécie de *disruption framers*, ou seja, balizadores da disrupção. O pesquisador aponta que o papel do advogado vai muito além de um auxiliar para as transações que ocorrem em âmbito empresarial. O autor destaca o potencial dos profissionais jurídicos e do Direito a partir de quatro importantes externalidades: *a*) clínicas de atendimento jurídico; *b*) *Transaction Costs Engineers,* ou simplesmente indivíduos atuantes para a diminuição de custos de transação e mitigação de riscos; *c*) leis que encorajam o empreendedorismo; e *d*) o Direito como forma de estratégia para o empreendedor.

A pesquisa de Wrolsden (2016) apresenta cinco exemplos em que se percebeu a presença de conflitos legais que vão muito além da necessidade de um advogado para a efetivação de transações. Por meio dos casos *Tesla, Uber, Crowdfunding, Netflix* e *Napster,* o autor demonstrou que o papel dos agentes jurídicos é muito maior que uma simples atuação sumária em questões pontuais. Advogados especializados em disrupção (os *disruptive framers,* nos termos do autor) são, na realidade, responsáveis por contornar problemas e desenvolver estratégias legais para os empreendedores, no contexto da destruição criadora. Para tanto, não é necessário somente uma especialização pontual em determinadas necessidades dos empreendedores, e sim toda a compreensão de uma realidade inovadora.

É notório, entretanto, que a *startup* é um empreendimento de risco, como já demonstrado, fato que não é mitigado apenas por uma boa assessoria jurídica. Apesar da importância de um planejamento de qualidade, muitas vezes o empreendedor de *startup* só consegue ter um parâmetro de desenvolvimento através de seus próprios resultados, e não pode, pelo menos *a priori,* estabelecer previsões por meio de casos semelhantes (caso contrário, quebra-se a principal característica do que seria inovação ou "novidade" do mercado).

Outro aspecto interessante quando se relaciona o Direito ao ambiente de *startups* é a questão da regulação. Para Miller (2000), a regulação estatal é uma das características que impacta diretamente o desenvolvimento das *startups.* A existência ou não de uma legislação que regule aquele mercado ou aquele negócio é uma das vertentes analisadas pelos empreendedores para desenvolver seu negócio em determinados ambientes.

Assim, o Direito pode influenciar de forma contundente as decisões e o planejamento do empreendedor. O relatório *Doing Business,* publicado anualmente pelo World Bank, concluiu em sua edição de 2013 que a boa regulação é capaz de tornar possível o fluxo de negócios, expandindo as transações e as redes de *network*. No entanto o mesmo relatório afirma que caso a regulação não seja de qualidade, ela se torna um obstáculo ao desenvolvimento de empresas. O relatório chama a regulação que facilita a vida do empreendedor de *smart regulation for small and medium-size enterprises*. Logo, é possível afirmar que o Direito, da forma como se expressa através de legislação reguladora, pode ser um fator prejudicial ou resultar em elemento favorável ao desenvolvimento de novos negócios e tecnologias.

No entanto os principais desafios do Direito em relação às *startups* não se referem a um assunto específico, mas sim a como trabalhar com padrões de inovações tão dinâmicos e disruptivos em um país onde há uma forte cultura legalista, uma vez que no Brasil a lei é a principal fonte do Direito. É sabido que a legislação não consegue movimentar-se num mesmo ritmo que o mercado; além disso, sabe-se que o próprio perfil do empreendedor é muito mais dinâmico do que os ambientes burocratas brasileiros, quando se trata das obrigações comerciais legais.

De acordo com o relatório mais atualizado[12] do World Bank (2017), a média para a abertura de empresas no Brasil é de 79,5 dias (enquanto em alguns países a média é de 5 dias) e será necessário pagar diversas taxas públicas. Além disso, para contratar funcionários, o dono da empresa deverá cumprir todas as determinações da lei (especialmente da CLT) e do Ministério do Trabalho, o que chega a dobrar o custo por funcionário em virtude dos encargos trabalhistas aplicáveis, aproximadamente. No mais, deverá cumprir todas as obrigações tributárias – tanto o recolhimento do tributo, quanto a prestação de todas as informações necessárias à Receita, as chamadas obrigações acessórias. Dependendo do objeto da empresa, será necessário o cumprimento de outras obrigatoriedades, por exemplo, no caso de setores regulados.

> Esses e outros custos, além dos inerentes à transação, geram uma barreira de entrada a novos empreendedores no mercado. Apesar do Brasil ser um país genuinamente empreendedor, a taxa de insucesso das empresas é alta, e uma das razões mais apontadas é o alto custo de abertura e manutenção de uma empresa [...]. Todavia, o excesso de burocracia no país vai contra a tendência dos negócios no século XX, marcados pela inovação e dinamismo (Azevedo, 2016).

12 Até o fechamento da presente obra.

Conclui-se, portanto, que não somente é necessário que o empreendedor aceite a ideia de preocupar-se com as questões legais de sua empresa, mas também é preciso que haja uma adaptação de todo um sistema jurídico para este novo modelo de mercado e preparo adequado dos profissionais jurídicos à nova realidade corporativa.

Alguns sistemas jurídicos, como o estadunidense, assistem às *startups* de uma maneira mais completa em suas necessidades - um grande exemplo, dentre inúmeras outras situações, segundo Azevedo (2016), é a aceitação completa dos chamados Contratos Incompletos. Segundo o autor, a teoria dos Contratos Incompletos nasce em meados do século XX em universidades norte-americanas. A teoria propõe que, em acordos de longo termo, não é necessário que se observem todas as relações jurídicas ao longo de todo o período de vigência, uma vez que os contratos são incapazes de prever todas as relações jurídicas referentes à obrigação contratual que podem vir a aparecer com o decorrer do tempo.

Para o autor, que cita Sztjan (2010), o fato de o Brasil ser um país legalista, baseado em *Civil Law*, impede que essa teoria seja aplicada de forma efetiva no país, uma vez que sempre que surge uma relação não abarcada pelo contrato, recorre-se à lei para solução do conflito. Assim, "quando faltam disposições positivadas para o contrato típico, recorre-se às normas supletivas; se evento futuro, imprevisto ou imprevisível altera o sinalagma genético, o remédio é a aplicação da cláusula da imprevisão (*rebus sic stantibus*)" (Sztjan, 2010). Este é só um exemplo de como é imprescindível que se enxerguem as questões jurídicas aplicadas no exterior, para que entendamos melhor as necessidades empreendedoras e para que se possam alterar algumas práticas a fim de tornar mais viável o surgimento de novos negócios e o fomento à inovação.

A relação do empreendedorismo com o ambiente em que se performa depende de um estudo do conceito "ecossistema empreendedor". Provaremos que o Direito é parte desse conceito, que explica principalmente como existem algumas regiões do planeta que apresentam maior viabilidade e concentração de *startups* e desenvolvimento tecnológico. A presença de alguns fatores intimamente relacionados com questões legais é fundamental para que determinado ambiente seja de fato capaz de favorecer a proliferação e, o mais importante, o desenvolvimento e o amadurecimento de empresas que promovem a inovação. Este será o tema de trabalho do próximo item.

1.4. ECOSSISTEMA EMPREENDEDOR

Para que haja plena compreensão do que se pode aprender com os ecossistemas de países estrangeiros, é essencial entender o conceito de "ecossistema de *startups*" e como a alta concentração de serviços de qualidade, facilidades burocráticas, incentivos governamentais e a presença de universidades de ponta tem por resultado grande florescimento de empresas inovadoras em determinados ambientes. Estudar por que determinado "ecossistema" é melhor que outro é justamente identificar os pontos críticos que fomentam o empreendedorismo em nível global, para que, por fim, seja possível analisar se o Brasil tem ou não potencial para se tornar referência mundial em empreendedorismo e produção de tecnologia inovativa.

A fim de compreender as questões que dizem respeito à viabilidade de *startups* em determinados ambientes[13] é necessário que se analise, preliminarmente, o conceito de "ecossistema de *startups*", ou "ecossistema empreendedor", termo amplamente utilizado para enumerar as características que certos espaços possuem e que os tornam mais atrativos para empreendedores interessados em pôr em prática suas ideias inovadoras.

Antes de mais nada, é importante destacar que **ecossistema empreendedor** ou **ecossistema de *startups*** não é um conceito fechado. Logo, definir um ambiente de proliferação de novas empresas é algo tão complexo que foi preciso importar um termo da biologia – "ecossistema" – para o feito. O dicionário Michaelis considera como ecossistema "o conjunto de uma comunidade de organismos e seu meio ambiente funcionando como uma unidade ecológica na natureza". Logo, biologicamente, o conceito ecossistema é utilizado para designar o ambiente em si, como também os seres que nele habitam.

Da mesma forma que no âmbito das ciências biológicas, ecossistema, no contexto das *startups*, é o termo aplicado para caracterizar

---

[13] No caso, "ambientes" refere-se a qualquer espaço físico limitado ou limitável: países, estados, províncias, cidades, distritos ou até mesmo regiões específicas dentro de cidades.

determinado espaço físico onde há uma gama de serviços, tecnologia, contatos, conhecimento e fomento e, justamente por isso, observa-se grande incentivo e grande atração de empreendedores dispostos a desenvolver ali suas tecnologias e ideias.

Para Duane e Fisher (2016), dentro de um ecossistema de *startups* há diversos fatores que incentivam o empreendedorismo naquela área: mentores, provedores de serviços, universidades, governo local, eventos da comunidade, investidores e companhias já desenvolvidas. Segundo os autores, esses fatores dividem-se em grandes grupos: políticas públicas, cultura, apoio financeiro, apoio, mercado e capital humano. No centro do ecossistema, há a figura do empreendedor, apoiado por aquilo que Duane e Fisher denominam de "*ecosystem feeders*", ou seja, o que alimenta o espírito empreendedor. Os autores ainda afirmam que cada espaço (seja ele cidade, bairro, estado e até país) oferece esses "*feeders*" em diferentes níveis, sendo certo que em ecossistemas de sucesso tais fornecimentos ocorrem em grande escala. Em conclusão, é possível afirmar que ecossistema atrativo é aquele que oferece maior suporte geral ao empreendedor, em áreas variadas, tornando possível seu sucesso.

Bell-Masterson e Stangler (2015) afirmam que os ecossistemas podem ser medidos pela densidade de empreendedores que abrigam, pela conectividade que permitem, por sua diversidade econômica e fluidez/fluxo de pessoas e empresas. É importante o papel dos fluxos na visão de Meira (2013), que considera que lugares puros e simples não produzem bons negócios inovadores, mas sim os lugares conectados, cheios de interações e fluxos.

É importante destacar também que não só do setor privado advêm os fatores qualificadores de ecossistemas empreendedores. Há também de se considerar o setor público como responsável por políticas de incentivo, legislação e investimentos diretos na inovação e no empreendedorismo. O cuidado a ser tomado, no entanto, é não olhar para o setor público de forma superficial, pois ele é imensamente responsável por impactar de forma profunda o desenvolvimento de novos negócios, positiva ou negativamente. Mazzucato (2015) defende que não se pode ignorar o papel do Estado na inovação, sendo que, muitas vezes, o próprio setor privado se apropria de recursos públicos de forma perversa. Para a autora, determinado ecossistema muitas vezes pode deixar de ser simbiótico e se tornar parasitário.

> Atualmente, costuma-se falar dos "sistemas" de inovação como "ecossistemas". Na verdade, esse termo parece estar na ponta da língua de muitos formuladores de políticas e de especialistas em inovação. Mas como podemos ter certeza de que o ecossistema de inovação resultará em uma relação *simbiótica* entre o setor público e o privado, e não em uma relação *parasitária*? Isto é, o aumento dos investimentos por parte do Estado no ecossistema de inovação fará com que o setor privado invista menos, usando os lucros acumulados para financiar ganhos imediatos (através de práticas como a "recompra de ações"), ou mais, em áreas mais arriscadas como formação de capital e P&D, para promover o crescimento no longo prazo? (Mazzucato, 2015).

Nota-se, pelo trecho, que é importante a percepção de que o Estado pode atuar de forma significativa no desenvolvimento de ecossistemas de inovação, uma vez que pode, inclusive, realizar investimentos difíceis de serem obtidos no setor privado, segundo a autora; não somente por falta de dinheiro, mas até mesmo por falta de coragem. Mazzucato ainda compara o *keynesianismo* com os investimentos privados e afirma, categoricamente, que sem os investimentos estatais, grande parte da inovação não teria ocorrido. Para a autora, "o Estado empreendedor investe em áreas nas quais o setor privado não investiria mesmo que tivesse os recursos" (Mazzucato, 2015).

Assim, conclui-se que os ecossistemas de *startups* são compostos por inúmeros fatores, públicos ou privados, elencáveis ou não, que tornam as atividades empreendedoras mais viáveis. Algumas áreas, dessa forma, buscaram se especializar em abrigar o empreendedorismo de forma bastante acolhedora, tornando-se verdadeiros ímãs de empreendedores.

Existem diversas regiões notoriamente promissoras ao empreendedorismo, como, por exemplo, o *Silicon Wadi,* em Israel, que é conhecida como a "Nação *Startup*", ou "Nação Empreendedora" (Senor; Singer, 2011) e a cidade de Londres, no Reino Unido (Azevedo, 2016), que vem apresentando impressionantes índices de financiamento por meio de fundos e *venture capital*. São regiões que se destacam por oferecerem condições – através dos fatores que compõem um ecossistema, como anteriormente exposto – especialmente vantajosas ao empreendedor, para que seu negócio seja desenvolvido, novas tecnologias sejam exploradas e a inovação floresça de forma considerável.

O Brasil possui alguns embriões de regiões semelhantes, como o Porto Digital, em Recife (Meira, 2013) e São Paulo (Startup Genome, 2017). Entretanto, o país, por razões gerais que vão desde a maturidade do sistema, o volume de capital investido e inclusive a segurança jurídica – ou melhor, a falta dela –, ainda é um lugar não muito vantajoso para a iniciação de novas empreitadas. Nesse sentido, o relatório do World Bank (2017) posiciona o Brasil na 123ª posição quando se trata de começar novo negócio, imediatamente atrás de países notoriamente menos expressivos economicamente, como Gana, Namíbia e Honduras, por exemplo.

Contudo, quando se trata de ecossistemas de *startups* de sucesso, há um determinado espaço que se destaca em âmbito global. Conhecido como *Silicon Valley* – Vale do Silício – é a área localizada na porção sul da Baía de São Francisco, na Califórnia (EUA). Algumas das cidades que nela estão localizadas são Palo Alto, Santa Clara, San Mateo e San Jose. Cabe mencionar que a região comporta sedes de grande parte das empresas de alta tecnologia, como, por exemplo, Google e Apple, além de abrigar milhares de outras *startups*. O termo "Vale do Silício" deriva do elemento amplamente utilizado na fabricação de chips e componentes eletrônicos, o silício. Não sem motivos, diversos empreendedores de todo o planeta almejam levar suas empresas a esse ambiente, e isso se deve justamente pelo poder de suporte que a área oferece às empresas que nela se localizam. Sobre a região, Piscione (2014) afirma que:

> Somente no Vale do Silício a cultura da ciência e da inovação flui de forma tão livre que as pessoas podem estudar e experimentar as ideias mesmo que os resultados estejam a anos ou até mesmo décadas de distância, inclusive os financeiros. Mas o que torna esta época ainda mais significativa do que qualquer era anterior na história humana é a forma superlativa pela qual as tecnologias do Vale do Silício impactam as ideias mais básicas do mundo sobre trabalho, aprendizagem e estilo de vida. [...] a região não apenas é responsável por criar as tecnologias inovadoras e revolucionárias sem as quais não podemos viver, mas também por inspirar modelos de negócios menos exigentes ao nível de capital (Piscione, 2014).

É inegável, portanto, a importância do Vale do Silício para empreendedores de *startup*. A autora ainda considera que o ambiente é composto por forte cultura colaborativa, não estigmatizando os negócios que não prosperam.

> [...] um ecossistema vibrante de visionários, inovadores, investidores e gestão destruidora [...] cuja cultura e capital humano e colaborativo é orientado por relacionamentos e as recompensas ocorrem segundo a meritocracia. O Vale do Silício é o principal lugar onde embarcar em uma aventura empreendedora, graças à sua abertura, estímulo e tolerância ao alto risco e ao fracasso (Piscione, 2014).

O sucesso do Vale Silício se justifica, primordialmente, pela capacidade do ecossistema de se reinventar (Piscione, 2014). De acordo com essa tese, todos os fatores que compreendem o Vale do Silício foram ágeis em se *adaptar a novas ideias e formas de fazer as coisas.* A importância do Vale é tanta que muitos não o consideram mais um mero ecossistema, e sim um *habitat,* como o fazem Miller (2000) e Lee et al. (2000). Para o primeiro, o que torna possível considerá-lo como tal é justamente o fato de o local não ter simplesmente atraído empresas – e sim criado suas próprias companhias.

> [...] O Vale do Silício se desenvolveu de forma orgânica. O Vale não começou atraindo companhias grandes, já estabelecidas (como por exemplo, General Electric, RCA, ou General Motors) para que se realocassem ou instalassem atividades no local. Ao contrário, o Vale do Silício gerou suas próprias companhias, e isso permanece como uma de suas maiores características (Miller, 2000, tradução nossa[14]).

Undheim (2002) considera o Vale um local de constante *place making.* Isso significa que é um ambiente que abarca processos passivos e ativos de inclusão de determinado indivíduo ao local. Tal ponto justifica o fato de uma localidade realizar papel importante no desenvolvimento de negócios, uma vez que ela é a responsável por determinar suas influências, quem você conhece e qual o imaginário social que se cria.

[14] Texto original: *"Over the past one hundred years, Silicon Valley has developed in an organic way. The Valley did not start by attracting large, established companies (such as General Electric, RCA, or General Motors) to relocate, or to establish business activities in its back yard. Rather, Silicon Valley grew its own companies, and this remains one of its most characteristic features."*

O Vale do Silício, assim, comporta-se como parte integrante do próprio ambiente, podendo ser equiparado ao "trabalhador do conhecimento" que nele habita. A tecnologia, as organizações, o território e o próprio conhecimento fizeram com que esse tipo de trabalhador fosse considerado "normal" no Vale do Silício, sendo mais "fácil" desenvolver-se nesse âmbito ali. Undheim (2002) ainda afirma que essa facilidade não decorre de ausência de competição – porque, de fato, há –, e sim, diante do fato de que os arranjos institucionais já estão preparados para receber os "trabalhadores do conhecimento".

O que, afinal, o Direito tem a ver com o ecossistema? Ele faz parte desse conceito? Caso faça, é um elemento importante?

Voltemos ao Vale do Silício. Segundo Anupam Chander (2014), o Direito foi primordial para que a região se tornasse referência global em empreendedorismo e inovação. Em artigo intitulado *How Law Made the Silicon Valley*, as reformas legais inovadoras observadas a partir da década de 1990 foram fundamentais para alavancar o ecossistema do Vale do Silício até o patamar em que se encontra atualmente. Tais reformas foram compostas por uma tríade básica que envolvia: *a*) a responsabilização de empreendedores/investidores; *b*) a proteção à privacidade; e *c*) as garantias relativas à propriedade intelectual das empresas.

O autor ainda aponta que essas questões legais não se reproduzem em lugar algum do planeta, sendo que em países europeus, por exemplo, há diversos problemas relacionados às violações de propriedade intelectual, enquanto na Ásia há controvérsias concernentes aos três aspectos jurídicos (Chander, 2014). Logo, a estrutura legal que a região oferece é parte essencial dentre as razões que fazem da área a principal referência para o empreendedorismo global. Diante de tal conclusão, o estudo da estrutura legal em questão não somente se presta aos interesses históricos, mas pode servir de espelho para os demais países ao redor do planeta que desejam incubar seu próprio *Silicon Valley* (Chander, 2014).

Thomas (2009) ainda destaca a importância dos escritórios jurídicos atuantes no Vale, cabendo mencionar que na região existem determinadas firmas especializadas em atender exclusivamente *startups* ali fundadas ou estabelecidas.

Assim, pode-se chegar a três importantes conclusões: *a*) o empreendedor encontra em determinados ambientes fatores que são incentivadores e favorecem-no em sua atividade de inovação, o que gera uma aglomeração empreendedora em determinados espaços e um hiperdesenvolvimento destes; *b*) alguns ambientes, por inúmeros fatores, inclusive suas estruturas legais, como exposto acima, desenvolvem-se extraordinariamente, podendo ser considerados polos de atração de empreendedores e de negócios com grande potencial de desenvolvimento; e *c*) no Vale do Silício, pelo menos, o Direito foi especialmente relevante em seu desenvolvimento.

Partindo, então, da premissa de que aspectos legais de determinada região fazem parte de seu conceito de ecossistema e representam importante aspecto nos ambientes em que o empreendedorismo encontrou prosperidade, estudemos o Direito como fator de impulsão do ecossistema empreendedor no próximo item.

1.5. ESTADO, DIREITO E ECOSSISTEMA EMPREENDEDOR

Até o presente momento, foram analisados os fatores que podem levar determinado ambiente a se tornar grande centro de fomento ao empreendedorismo – ou seja, ambiente que abarca ecossistemas de qualidade, que atrai os agentes e torna viável seus negócios disruptivos. Entretanto é necessário destacar, nesta obra, como o Direito atua nessa área. O objeto deste item é justamente entender qual o papel das instituições jurídicas diante da realidade do empreendedorismo e da inovação.

Primeiramente, cumpre destacar que se está diante, neste momento, da seara do setor público. O Direito é emanado em caráter público, por ser a expressão máxima da vontade popular. Nesse sentido, importante é saber que não é possível desvincular instituições jurídicas do poder estatal. Rousseau (2003), em livro publicado em 1762, já tratava do poder da vontade popular na formação do Estado, expressando que este nada mais é do que o contrato social com seus cidadãos, que elegem seus representantes legitimamente. De maneira relativamente semelhante, as lições de Hobbes (2003), publicadas em 1671 – de maneira sintética – afirmavam que um Estado tem força quando formado pelo povo que o representa. Montesquieu (1987) também destaca o poder do povo para o Estado, e, consequentemente, seus governos.

Salienta-se que, para tecer maiores considerações a respeito da importância dos cidadãos para a formação do Estado, fundamental seria a elaboração de estudo próprio. No entanto, mesmo sem maior detalhamento da questão, é possível concluir que o Direito se vincula ao povo de forma indissociável, preceito este inclusive expresso na Constituição da República Federativa do Brasil[15]. Logo, objetivando analisar os temas relacionados com o presente item, qual seja a importância do Direito para o empreendedorismo, é preciso expor que não é possível concluir coisa alguma sem antes entender o papel do Estado no que tange à inovação.

Feitas essas considerações, resta essencial a busca pelas respostas para a seguinte questão: Quais são os motivos que o Estado teria para promover o empreendedorismo? Sinteticamente, é possível dizer que o empreendedorismo beneficia o país por meio da inovação e da concorrência mercadológica que gera (Barros e Pereira, 2009). Entretanto o desenvolvimento de novos negócios em determinado país pode gerar melhora muito mais significativa, que perpassa pela melhora nas taxas de desemprego (Barros e Pereira, 2008) e impacta diretamente o crescimento econômico. Para Robert Cooter (2005), o desenvolvimento de novas tecnologias é um dos fatores que determinam a riqueza de uma nação, sendo certo que o processo da inovação é importante inclusive para que países ultrapassem a situação de pobreza – o Direito, como demonstrado pelo autor e como descreveremos mais adiante, tem papel importante nesse sentido.

O estudo de Wenneckers e Thurik (1999) parte da criação de condições para o empreendedorismo, que, por sua vez, é ligado ao crescimento econômico por meio de conexões intermediárias, como o surgimento de inovações e, consequentemente, a concorrência. Demonstram, em extenso artigo intitulado *Linking Entrepreneurship and Economic Growth*, como o empreendedorismo atua firmemente para o crescimento econômico e quanto o papel do empreendedor depende de condições favoráveis. Seu trabalho é bastante detalhado: conceitua empreendedorismo, crescimento econômico, trata das

---

15 Art. 1º A República Federativa do Brasil, formada pela união indissolúvel dos Estados e Municípios e do Distrito Federal, constitui-se em Estado Democrático de Direito e tem como fundamentos: [...] Parágrafo único. Todo o poder emana do povo, que o exerce por meio de representantes eleitos ou diretamente, nos termos desta Constituição (Brasil, 1988).

condições favoráveis a esse processo e ainda prova, por meio das *intermediate linkages*, que o fomento ao empreendedorismo traz benefícios econômicos a um país. Nesse sentido, Baumol e Strom (2007), no mesmo contexto, tratam da importância do indivíduo empreendedor em todo esse processo.

É plausível afirmar, com muito fundamento teórico e empírico, que países que fomentam inovação e empreendedorismo podem obter proveitos valorosos desse processo. Tal papel não é desempenhado apenas pelo setor privado, *startups* e empreendedores. Há que se reiterar que todos esses *players* estão inseridos em contexto mais amplo, revestido pelo Estado. Logo, o papel do poder público é de suma importância para o desenvolvimento de novas tecnologias e, consequentemente, promovendo o crescimento do país.

Mazzucato (2015) faz importante estudo a respeito do papel do Estado no desenvolvimento tecnológico e na inovação. Para a autora, o Estado possui papel fundamental quando se trata de incentivo ao empreendedorismo e no surgimento de novas tecnologias, sendo que este não se resume a meros atos isolados de incentivo.

> O papel do Estado não se limita à criação de conhecimento por meio de universidades e laboratórios nacionais, mas envolve também a mobilização de recursos que permitam a difusão do conhecimento e da inovação por todos os setores da economia. E faz isso mobilizando as redes de inovação existentes ou facilitando o desenvolvimento de novas, que reúnam um grupo diverso de partes interessadas. Entretanto, não basta ter um sistema nacional de inovação que seja rico em redes horizontais e verticais. O Estado precisa também comandar o processo de desenvolvimento industrial, criando estratégias para o avanço tecnológico em áreas prioritárias (Mazzucato, 2015).

Nota-se pelo excerto que é atribuído, pela autora, imenso poder ao Estado como parte da inovação. Talvez seja importante contraponto às concepções de Schumpeter (1997), que atribui ao próprio empreendedor a característica de força motriz da inovação.

Mazzucato (2015) defende que em diversas hipóteses o empreendedor é responsável, de fato, pela inovação, ou por aplicar no campo fático o desenvolvimento tecnológico, por meio de produtos e serviços. Porém o setor privado aplica tecnologias que, de certa forma e em determinado momento, foram fruto de pesquisas financiadas pelo

Estado. Em sua obra, a autora defende a intensa importância estatal nos investimentos relacionados com P&D (Pesquisa e Desenvolvimento), o que se fundamenta inclusive no relato das experiências do Estado Empreendedor dos Estados Unidos, ao criar institutos diretamente ligados ao incentivo à inovação. Para Mazzucato (2015), as pesquisas financiadas pelo Estado foram definitivamente importantes para o desenvolvimento dos produtos de uma das maiores empresas tecnológicas globais, a Apple. A autora é categórica: sem o apoio prévio estatal, a Apple não seria o que é hoje. Tecnologias fundamentais para os produtos da gigante norte-americana foram obtidas por meio de pesquisas financiadas pelo governo estadunidense: as telas multitoques, os semicondutores de silício e os sensores capacitivos são exemplos dessa atuação estatal[16].

Além do fato de financiar pesquisas, ainda afirma que o governo estadunidense atua fortemente nos setores de proteção à propriedade intelectual, garantindo à Apple segurança contra violações comerciais. Segundo Prestowitz (2012), citado pela autora, o governo é fundamental à empresa para que esta tenha vantagens competitivas globais, sendo seu importante parceiro, tais como incentivos tributários e políticas de contratos públicos também foram praticadas em favor da empresa. A Apple, dessa forma, teria se beneficiado do governo estadunidense, tendo estabelecido, todavia, relações comerciais e empregatícias no exterior – notoriamente, na Ásia.

Importante também é destacar que o Estado pode – e deve – inovar a si mesmo. Os serviços públicos podem beneficiar-se da inovação, garantindo melhor prestação e qualidade à população.

> [...] as instituições de serviço público tornaram-se demasiadamente importantes e demasiadamente grandes nos países desenvolvidos. O setor de serviços públicos, tanto governamentais como os privados sem fins lucrativos, cresceu mais rapidamente neste século que o setor privado [...]. Instituições de serviços públicos precisarão aprender a serem inovadoras, e se administrarem empreendedorialmente. Para conseguir isso, as instituições de serviço público precisarão aprender a ver as mu-

[16] Mazzucato (2015) considera o lançamento do iPod como o grande ápice da trajetória da Apple, e tais tecnologias tornaram possível o desenvolvimento deste produto.

danças sociais, tecnológicas, econômicas e demográficas como oportunidades em período de rápida mudança em todas essas áreas. Caso contrário, elas se tornarão obstáculos (Drucker, 1986).

A visão de Peter Drucker, considerado um dos mais importantes teóricos da inovação, permite a constatação de que a inovação não beneficia somente o setor privado. Ela pode estar presente inclusive nos serviços públicos, cuja prestação se torna mais eficiente com o aparecimento de novas tecnologias. Nesse sentido, o serviço público que não se moderniza torna-se obsoleto e contrário ao interesse público.

> As instituições de serviço público se tornarão cada vez mais incapazes de desempenhar sua missão à medida que se mantêm fiéis a programas e projetos que não podem funcionar em um meio ambiente em mudança, e, ainda assim, sem serem capazes ou estarem dispostas a abandonar as missões que não podem mais desempenhar. Cada vez mais, elas virão a se parecer aos barões feudais depois que perderam toda a sua função social: como parasitas, sem funções, sem nada restar a não ser o poder de obstruir e de explorar. Elas se tornarão autojustificadas embora perdendo crescentemente a sua legitimação (Drucker, 1986).

Fica claro que as decisões e políticas estatais têm relação íntima com as necessidades e o desenvolvimento de empreendedores. Conjugar os pensamentos de Mazzucato (2015) e Drucker (1986) é entender que um Estado eficiente é aquele que expressa os incentivos possíveis ao empreendedorismo, mas que também deve ser beneficiado pela inovação. Silvio Meira (2013), nesta seara, concorda com Drucker (1986): para aquele, políticas públicas têm muita relação com a inovação, mas para que deem resultado, necessitam ser elas mesmas inovadoras. Além disso, as políticas públicas são muitas vezes aquelas que tornam possíveis o estudo e o desenvolvimento de novos negócios e da própria inovação (Lester; Piori apud Meira, 2013). Neste ponto, o autor expõe reflexões em consonância com os ensinamentos de Mazzucato (2015), que expressam o papel do Estado como grande propulsor da inovação. Entretanto, segundo Meira (2013), é necessário diferenciar políticas públicas de qualidade em relação à complexidade estatal. Ou seja, ter mais ministérios, órgãos etc. não significa possuir melhores políticas públicas de fomento à inovação.

As políticas públicas de qualidade, dessa forma, devem ser responsáveis por externar a participação do Estado de forma eficiente, e mais importante, limitada. O estudo de Meira (2013) a respeito da participação do Estado/governo no processo da inovação se dá de forma muito mais detalhada. Para o autor, o Estado deve ter três atitudes, que ocorrem sucessivamente: educar, criar oportunidades e sair da frente.

O primeiro papel atribuído ao Estado pelo autor é de educador. Deve o Estado, por intermédio de seu governo, promover educação de qualidade, moderna e atenta às necessidades globais contemporâneas. Não pode a educação ser somente oferecida: ela deve ser oferecida em ótimas condições. O autor afirma que o principal ponto de falha da educação brasileira diz respeito justamente à tecnologia: as escolas atuais ignoram, em sua maior parte, a necessidade de formar profissionais preparados para o desenvolvimento de novas tecnologias, como o *software*, por exemplo (Meira, 2013).

Além da Educação, o Estado também pode agir criando oportunidades. A criação de oportunidades envolve tornar o empreendedor apto a ingressar no mercado e, mais importante, manter seu negócio. As regras para se criar, fazer manter e evoluir negócios devem ser reescritas, de forma simplificada e apta a apoiar o espírito empreendedor do indivíduo-cidadão (Meira, 2013).

Por fim, o último papel do Estado é "sair da frente". E isso significa legislar menos sobre absolutamente tudo, para que não se crie um sistema desorganizado de normas e regras. Além disso, deve reduzir e simplificar o aparato burocrático, para que este seja mais eficiente. Sair da frente, no entanto, segundo o autor, não é simplesmente deixar os agentes econômicos atuarem a seu bel-prazer, mas, sim, estabelecer limites, direitos e deveres, e depois cobrar (Meira, 2013).

Por fim, Meira (2013) ainda considera que o papel Estatal envolve inúmeros fatores: liberdade fiscal, tamanho do governo, liberdade de comércio, erradicação da corrupção, direitos da propriedade, entre inúmeros outros. Todos esses fatores são diretamente relacionados ao Estado e dependem das políticas públicas elaboradas por seus governos. Assim, como todos os outros fatores, estes impactam diretamente o empreendedorismo. Dessa forma, resta clara a conclusão de que o Estado é, por si só, em sua função típica, capaz de modificar drasticamente seu cenário empreendedor.

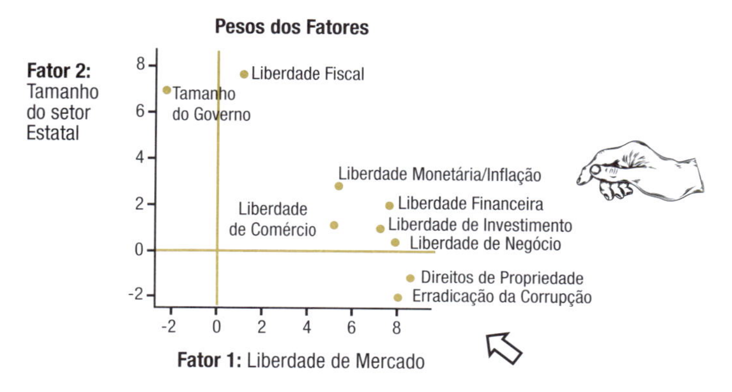

Fonte: Meira (2013)

Não há que se dizer, portanto, que o Estado não desempenha papel importante na construção de um ecossistema de empreendedorismo. Uma vez que a legislação aplicável a novas empresas está diretamente ligada a ele, diante do fato de que a regulação é feita por ele e, levando-se em consideração que o próprio negócio será desenvolvido fisicamente dentro de seu território, o Estado é profundamente responsável por alterar o cenário de desenvolvimento do empreendedorismo naquele ecossistema.

Dessa forma, é possível chegar à seguinte conclusão: o Direito influencia diretamente a qualidade de um ecossistema empreendedor, e é possível dizer que isso se dá de duas grandes formas: *a*) primordialmente, pelos institutos jurídicos – e aqui nos referimos a qualquer instituto que seja revestido de caráter jurídico: legislação, políticas públicas de fomento à pesquisa e inovação, nível de regulação de mercado, dentre outros – existentes e vigentes em um determinado ambiente; e *b*) pela existência e qualidade de profissionais jurídicos que atuam naquela área.

A primeira relaciona-se diretamente com os padrões de interferência estatal anteriormente expostos: Estado que atua com qualidade no ambiente empreendedor é aquele que gera institutos jurídicos capazes de encorajar o ato de empreender. E a grande questão que surge é justamente como fazer com que institutos jurídicos, naturalmente rígidos, sejam flexíveis e adaptáveis ao dinamismo do empreendedor. Krecké (2002) afirma que a inovação do sistema legal pode inclusive ser obtida com a institucionalização de práticas realizadas pelo setor privado. Em síntese, mudanças legais podem ser propulsionadas por forças empreendedoras que atuem internamente no sistema jurídico (como juízes, legisladores e advogados) e externamente (por meio do mercado). Dessa forma, o mercado empreendedor pode agir demandando mudanças legais – e, ocasionalmente, práticas privadas podem inspirar tais mudanças, uma vez que na ausência de institutos jurídicos aplicáveis ao caso concreto, o empreendedor busca formas alternativas e inovadoras para resolver seus conflitos e problemas.

Azevedo (2016) considera que a flexibilidade significa capacidade de adaptar-se a novos modelos de negócio. Além disso, também entende que as *startups* possuem características próprias por serem empresas inovadoras, enxutas e disruptivas, de modo que essas características influenciam a forma como os instrumentos jurídicos são utilizados. Em outras palavras, é possível dizer que, para atender às necessidades de *startups*, os instrumentos jurídicos dos países devem ser tão dinâmicos quanto elas.

Trata-se aqui de analisar dois grandes momentos de expressão dos institutos jurídicos de um país: a legislação e a regulação. Ecossistemas de *startups* vitoriosos são aqueles que possuem legislações compreensivas e adaptáveis ao dinamismo típico desse segmento – o que, de maneira objetiva, pode ser compreendido como práticas menos burocráticas e mais facilitadoras.

Quanto à regulação, trata-se da intervenção estatal na atividade econômica. Salomão Filho (2008) considera importante a regulação estatal que garanta a concorrência de acordo com o surgimento de novas tecnologias. Já Azevedo (2016) reveste a regulação de caráter *fiscalizatório,* e, justamente por isso, ela deve ser praticada com cautela. A regulação, portanto, depende do mercado em que o serviço ou produto será proliferado, enquanto a legislação é universal, aplicável a qualquer cidadão que esteja sob a jurisdição brasileira. Ou seja, empreendedores são impactados pela interferência do Estado em dois grandes momentos: *a priori,* quando desejam iniciar novo negócio, ensejando a necessidade de verificação da legislação aplicável a esse ato; e, *a posteriori*, devem atentar às características peculiares de seu negócio para atenderem aos requisitos para sua atuação, caso seja esse um mercado regulado.

Um ecossistema de *startups* de qualidade deve ser bom em ambos os aspectos: deve, em síntese, desburocratizar o surgimento de novos negócios e a regularização jurídica destes; além disso, deve também criar um ambiente em que a regulação torne viável determinado mercado, protegendo a concorrência, mas sem minar a livre iniciativa. É o que Richard Posner (1998) chama de *create a legal framework for economic development*[17]. E isso significa que:

> A reforma legal é uma parte importante da modernização de países pobres, mas o foco de reforma deve ser a criação de regras de contrato e propriedade eficientes substancialmente e procedimentalmente, em vez da criação de um judiciário de primeira classe ou um extenso sistema de liberdades civis (Posner, 1998, tradução nossa[18]).

Dessa forma, Posner entende que a reforma deve se dar de modo a permitir o desenvolvimento econômico por meio do controle estatal prévio, e não posterior. A reforma legal e a criação de institutos jurídicos que sejam capazes de viabilizar novos negócios deve ser prioritariamente uma reforma que melhore a qualidade da legislação e não aumento na regulação ou no controle jurisdicional. O grande desafio é viabilizar legislações dinâmicas em países que adotam sistemas jurídicos baseado em leis de difícil modificação, como o Brasil, por exemplo.

No entanto a questão não é tão complexa quanto parece. Normas existentes podem e devem ser interpretadas e praticadas de diferentes formas. Desse modo a lei só necessita ser ampla e atenta à realidade temporal de sua vigência. O trabalho de Robert Cooter (2005), ao analisar o papel do Direito que fortaleça a inovação, é muito importante neste contexto. Em artigo intitulado *Innovation, Information, and the Poverty of Nations*, o professor da Universidade da Califórnia, Berkeley

---

17 "Criar um quadro legal para desenvolvimento econômico", em tradução livre.

18 Texto original: "*Legal reform is an important part of the modernization process of poor countries, but the focus of such reform should be on creating substantive and procedurally efficient rules of contract and property rather than on creating a first-class judiciary or an extensive system of civil liberties*" (Posner, 1998).

estuda o valor da inovação para o desenvolvimento de uma nação. Seu trabalho, que considera a inovação como a descoberta de algo novo, determina que o Direito atue garantindo a proteção à informação decorrente desse processo e incentivando, dessa forma, a atividade inventiva. Nesse sentido, o papel da lei é, fundamentalmente, agir para melhorar a relação de confiança existente entre o inovador e seu respectivo investidor. Tal tarefa pode ser desempenhada, segundo Cooter, de duas formas: *a*) leis de propriedade; e *b*) leis contratuais.

Sobre o item *a*, Cooter considera que o indivíduo tem duas formas de possuir algo: criando ou tirando de quem criou. Leis de propriedade garantem que o inventor será o dono do que criou, desestimulando o indivíduo, dessa forma, a tirar de outra pessoa. Assim, leis de propriedade aumentariam a segurança nas relações comerciais e fortaleceriam as relações de investimento na inovação.

Já o item *b* trata das leis contratuais. Em relação regida por contrato, é necessário que as partes se comprometam com aquilo que está no papel e foi assinado. Leis que garantem a validade dos contratos e seu *enforcement* melhoram a relação entre os envolvidos, uma vez que estes estariam obrigados a cumprir com o que foi acordado.

Para o autor, todos esses aspectos são vistos com mais frequência em países desenvolvidos. Cita diversos exemplos práticos de como a ausência de segurança jurídica – especialmente em países menos desenvolvidos – mina o crescimento da inovação. O estudo de Cooter, assim, permite concluir que é fundamental a existência de *framework* jurídico adequado para o fortalecimento de ecossistema empreendedor – e ajuda também a explicar a distinção fática de atratividade existente entre diferentes ecossistemas. Para Cooter, enfim, uma política de crescimento por meio da inovação consiste em um arcabouço legal que permite o desenvolvimento das relações entre particulares.

Outro aspecto relacionado ao Direito que pode ser analisado em ecossistemas empreendedores é justamente a existência, naquele ambiente, de profissionais jurídicos qualificados para tal tarefa. O empreendedor de *startups*, como já visto, possui características bastante peculiares, que tornam seu negócio único e dinâmico. Pode-se dizer que o operador do Direito habituado à realização de tarefas tradicionais não está completamente apto a entender as necessidades dos empreendedores contemporâneos e a pôr em prática tais necessidades. Um bom ecossistema de *startups* deve possuir advogados e operadores do Direito preparados e que entendam as peculiaridades desse tipo de negócio.

E isso significa não só trabalhar, mas desenvolver novos modelos jurídicos que atendam ao empreendedor moderno. Krecké (2002) considera as mudanças legais que podem ocorrer como verdadeiras evoluções. Essa evolução pode advir de fatores intrínsecos e extrínsecos ao sistema legal, uma vez que o surgimento de novos institutos jurídicos pode ser feito tanto pelas necessidades de determinado mercado empreendedor, quanto pelos próprios operadores do Direito (e neste rol incluem-se os advogados).

Assim, para atuar junto ao empreendedor, o advogado de *startups* deve ser capaz de compreender suas filosofias, entender seu dinamismo e, principalmente, pensar como empreendedor.

Nesse sentido, é possível dizer que as mudanças legais profundas que impactam o empreendedorismo podem ser fruto de espécie de *intraempreendedorismo* dos operadores do Direito. Juízes, advogados e legisladores, por exemplo, podem, em suas atuações inovadoras, impulsionar mudanças nos institutos legais e na forma como são interpretados, criando novos padrões e modelos jurídicos que sirvam melhor às necessidades do empreendedor moderno. O conceito de *intraempreendedorismo* foi bem abordado por Ries (2012) e consiste sinteticamente no funcionário que busca a inovação dentro da própria empresa em que trabalha. Analogicamente, o *intraempreendedorismo legal* é o ato de operadores que trabalham diretamente na seara jurídica e promovem, por esforço próprio, as mudanças nos institutos legais. Essa ideia análoga, trazida pelos autores desta obra, é uma tradução prática das teorias apresentadas por Krecké (2012).

A existência de advogados preparados é uma das características primordiais de ecossistema de sucesso, de acordo com inúmeros autores (Duane; Fisher, 2016; Thomas, 2009; Ibrahim, 2012; dentre outros). E o advogado preparado para essa tarefa deve ser capaz de compreender e praticar novas formas de expressão jurídicas, ou adaptar as tradicionais ao empreendedorismo moderno.

A esfera de atuação do advogado especializado influencia vários momentos de tomada de decisão por parte das *startups*. Bom exemplo, que ajuda a ilustrar o ponto, diz respeito à escolha de tipo societário da empresa, o que costuma ser importante dúvida do empreendedor. Segundo Duening, Hisrich e Lechter (2015), a escolha de tipo societário pode afetar profundamente o negócio a ser desenvolvido, uma vez que envolve o risco de participantes, o potencial de crescimento do negócio, a disponibilidade de benefícios, questões tributárias e, principalmente, a capacidade de saída de algum sócio. Afinal, envolve o conceito de responsabilidade dos sócios, protegida por alguns tipos de sociedade, mas não por todas.

Além disso, como exemplos de institutos tradicionais que carecem de evolução e/ou institutos completamente inovadores, citamos: memorandos de pré-constituição/*term sheet* (Nybø, 2016); contratos de *Vesting* (Nybø; Judice, 2016); contratos de investimento e de transferência de tecnologia (Dias; Garnica, 2013; Vicentin; Souza, 2013), dentre vários outros, todos aplicáveis, peculiarmente, ao negócio do empreendedor. As grandes necessidades do empreendedor são institutos que o protejam (e que, em adição, protejam sua propriedade intelectual e investidores) e que sejam desburocratizados. A tarefa não é fácil. É a razão pela qual se considera a qualidade do microssistema jurídico como fator dos mais importantes para a criação de um ecossistema favorável ao empreendedorismo.

1.6. CONCLUSÕES PARCIAIS

A análise dos diferente aspectos tratados no presente capítulo permite a exposição das seguintes conclusões preliminares: *a*) a inovação, o empreendedorismo e o surgimento de novas tecnologias são fatores que impulsionam o desenvolvimento de um país; *b*) para tanto, é importante que se desenvolva bom ecossistema empreendedor, que dê condições favoráveis ao surgimento de *startups* inovadoras; *c*) o Estado e o Direito desempenham papéis relevantes no ecossistema empreendedor, uma vez que as relações jurídicas, sejam legais ou contratuais, influenciam diretamente o desempenho desses negócios e, consequentemente, impactam os benefícios que eles trazem.

Abordou-se, dessa forma, especificamente o papel do direito nesse sistema. A criação e a manutenção de instituições sólidas, que reforçam relações de confiança no setor privado são partes dessa atividade. Além disso, políticas de fomento também são importantes, visto que impulsionam o surgimento de novos negócios.

Nesse sentido, a boa prática do Direito tem ampla relação com o sucesso das *startups*, e isso não significa apenas defender instituições jurídicas fortes. Profissionais legais capacitados agregam valor às *startups*, aconselhando essas empresas de forma precisa e segura. Para tanto, devem agir como verdadeiros estrategistas e compreenderem que *startups*, por essência, são estruturas constantemente expostas ao risco. A atuação despreparada, nesse contexto, pode minar o sonho e os investimentos do empreendedor.

Feitas essas considerações, salienta-se que o objetivo principal desta obra é: por meio do estudo preciso dos aspectos jurídicos das *startups*, capacitar profissionais para que saibam os pontos que merecem maior atenção nessas empresas. Trata-se de tarefa árdua, uma vez que enfrentamos situações de grande incerteza jurídica no Brasil. No entanto, acreditamos que o ecossistema brasileiro tem potencial para se desenvolver cada vez mais e se tornar - esperamos e batalhamos para que não demore - referência global para o empreendedorismo.

Referências do Capítulo

ARMITAGE, A.; FRONDORF, E.; WILLIAMS, C.; FELDMAN, R. *Startups And Unmet Legal Needs. Utah Law Review*. v. 2016, n. 4, 2016, p. 575-593.

AZEVEDO, J. C. R. Inovação, *startups* e o direito. In: NYBØ, E. F.; JÚDICE, L. P. (Orgs.). *Direito das Startups*. São Paulo: Juruá, 2016. p. 13.

BARROS, A. A.; PEREIRA, C. M. M. A. Empreendedorismo e Crescimento Econômico: uma Análise Empírica. *Revista de Administração Contemporânea*, Curitiba, v. 12, n. 4, out./dez., 2008, p. 975-993.

BAUMOL, W. J.; STROM, R. J. *Entrepreneurship and Economic Growth. Strategic Entrepreneurship Journal*, Chicago, v. 1, 2007, p. 233-237.

BHIDE, A. *Bootstrap finance:* The art of start-ups. *Harvard Business Review*, Nov./Dec., 1992, p. 109-117.

BRESSER-PEREIRA, L. C. *Lucro, Acumulação e Crise*. São Paulo: Brasiliense, 1986.

CHANDER, A. *How Law Made Silicon Valley. Emory Law Journal*, v. 63, 2014, p. 639-694.

CHIAVENATO, I. *Introdução à Teoria Geral da Administração*. 7. ed. Rio de Janeiro: Elsevier, 2003.

CHRISTENSEN, C.; BOWER, J. *Disruptive Technologies:* Catching the Wave. *Harvard Business Review*, v. 73, n. 1, January-February, 1995, p. 43-53.

COOTER, R. *Innovation, Information and The Poverty of Nations. Florida State University Law Review,* v. 33, 2005, p. 373-394.

DIAS, A. A.; GARNICA, L. A. O processo de transferência de tecnologia. In: PORTO, Geciane Silveira (Org.). *Gestão da inovação e empreendedorismo.* Rio de Janeiro: Elsevier, 2013. p. 207.

DRUCKER, Peter F. *Inovação e Espírito Empreendedor.* Prática e Princípios. São Paulo: Pioneira, 1986.

DUANE, J.; FISHER, S. *The Startup Equation:* A visual guidebook to Building Your Startup. New York: McGraw-Hill Education, 2016.

DUENING, T. N.; HISRICH, R. D.; LECHTER, M. A. *Technology Entrepreneurship:* Taking Innovation to the Marketplace. Oxford: Elsevier, 2015.

FREEAR, J.; SOHL, J. E.; WETZEL, W. E. *Angels and Non-Angels:* Are there differences? *Journal of Business Venturing,* v. 9, 1994, p. 109-123.

GARRIDO, L. G.; COELHO, G. T. A estruturação do investimento entre aceleradoras e startups no Brasil. In: JÚDICE, Lucas Pimenta; NYBØ, Erik Fontenele (Orgs.). *Direito das Startups.* São Paulo: Juruá, 2016. p. 131.

HEINE, J. A.; WEINBERG, A. R. *Counseling the Startup:* How Attorneys Can Add Value to Startup Clients' Businesses. *Journal of Business & Securities Law,* v. 15, Fall, 2014, p. 39-62.

HOBBES, T. *Leviatã.* São Paulo: Martins Fontes, 2003.

IBRAHIM, D. *How Do Start-ups Obtain Their Legal Services. Wisconsin Law Review,* v. 2012, Issue 2, 2012, p. 333-358.

KRECKÉ, E. *The role of Entrepreneurship in Shaping Legal Evolution. Journal des Economistes et des Etudes Humaines,* v. 12, n. 2/3, Jun./Set., 2002, p. 241-256.

LEE, C. M.; MILLER, W. F.; HANCOCK, M. G.; ROWEN, H. S. *The Silicon Valley Edge:* A Habitat for Innovation and Entrepreneurship. Palo Alto: Stanford University Books, 2000.

LERMAN, C. Patent Strategies of Technology Startups: An Empirical Study. 2015. Disponível em: <http://ssrn.com/abstract=2610433>. Acesso em: 1º maio 2017.

LOMBARDI, R.; TREQUATTRINI, R.; RUSSO, G. *Innovative Start-ups and Equity Crowdfunding. International Journal of Risk Assessment and Management,* v. 19, Nov. 1/2, 2016, p. 68-83.

MAZZUCATO, M. *O Estado Empreendedor:* Desmascarando o Mito do Setor Público vs. Setor Privado. São Paulo: Companhia das Letras, 2014.

MEIRA, S. L. *Novos negócios inovadores de crescimento empreendedor no Brasil.* 1. ed. Rio de Janeiro: Casa da Palavra, 2013.

MILLER, W. F. *The "Habitat" for Entrepreneurship.* Julho/2000. Tese – Stanford University. 2000.

MONTESQUIEU, C. L. S. *O Espírito das leis.* São Paulo: Ediouro, 1987.

NYBØ, E. F. Memorando de entendimentos para pré-constituicão de uma startup. In: ________.; JÚDICE, L. P. (Orgs.). *Direito das Startups.* São Paulo: Juruá, 2016.

NYBØ, E. F.; JÚDICE, L. P. Natureza jurídica do *Vesting:* Como uma Tradução Errada Pode Acabar com o Futuro Tributário e Trabalhista de uma *Startup.* In: ________. (Orgs.). *Direito das Startups.* São Paulo: Juruá, 2016.

PAYNE, A. *What Is and Is Not A Technology Company.* Disponível em: <https://al3x.net/2012/05/08/what-is-and-is-not-a-technology-company.html>. Acesso em: 3 jun. 2016.

PISCIONE, D. P. *Os Segredos do Vale do Silício* – o que você pode aprender com a capital mundial da inovação. São Paulo: HSM do Brasil, 2014.

POSNER, R. A. *Creating a Legal Framework for Economic Development. World Bank Research Observer,* Oxford, v. 13, n. 1, 1998, p. 1-11.

PRESTOWITZ, C. *Apple Makes Good Products But Flawes Arguments. Foreign Policy.* 2012. Disponível em: <http://foreignpolicy.com/2012/01/23/apple-makes-good-products-but-flawed-arguments/>. Acesso em: 10 jan. 2016.

REBELO, N. S. *A Sociedade Empresária e a Captação de Recursos de Private Equity e Venture Capital:* Estudo Interdisciplinar do Financiamento Empresarial. Porto Alegre: Buqui, 2013. Kindle Version.

RIES, E. *A startup enxuta.* São Paulo: Leya, 2012.

ROSE, D. S. *Angel Investing:* The Gust Guide to Making Money and Having Fun Investing in Startups. Hoboken: Wiley, 2014.

ROUSSEAU, J. J. *Do Contrato Social.* São Paulo: Martin Claret, 2003.

SALOMÃO FILHO, C. *Regulação da atividade econômica:* Princípios e Fundamentos Jurídicos. 2. ed. São Paulo: Malheiros, 2008.

SCHUMPETER, J. A. *Business Cycles:* A Theoretical, Historical and Statistical Analysis of the Capitalist Process. New York, Toronto, London: McGraw-Hill Book Company, 1939.

SCHUMPETER, J. A. *Teoria do Desenvolvimento Econômico:* uma investigação sobre lucro, capital, crédito, juros e o Ciclo Econômico. São Paulo: Nova Cultural, 1997.

SEBRAE; IPBQ; FGV. *Empreendedorismo no Brasil:* 2015 – Relatório Executivo. Curitiba: IBQP, 2015.

SENOR, D.; SINGER, S. *Nação Empreendedora:* o milagre econômico de Israel e o que ele nos ensina. São Paulo: Évora, 2011.

STANGLER, D.; BELL-MASTERSON, J. *Measuring an Entrepreneurial Ecosystem.* Kansas City: Ewing Marion Kauffman Foundation, 2015.

STARTUP COMPASS, Inc. 2015 *Global Startup Ecosystem Ranking.* San Francisco, 2015.

STARTUP GENOME. *Global Startup Ecosystem Report 2017.* San Francisco, 2017.

THIEL, P. *Do Zero ao Um:* o que aprender sobre empreendedorismo com o vale do silício. Rio de Janeiro: Objetiva, 2014

THOMAS, J. *The Legal Spark. UMKC Law Review,* Lexington, v. 78, n. 2, 2009, p. 455-472.

UNDHEIM, T. A. *What The Net Can Do:* The Everyday Practice of Internet, Globalization, and Mobility. 2002. Tese – Norges teknisk-naturvitenskapelige universitet. Trondheim, 2002.

VICENTIN, F. O. P.; SOUZA, M. A. Elaboração e negociação de contratos de transferência de tecnologia. In: PORTO, Geciane Silveira (Org.). *Gestão da inovação e empreendedorismo.* Rio de Janeiro: Elsevier, 2013. p. 229.

WENNEKERS, Sander; THURIK, Roy. *Linking Entrepreneurship and Economic Growth. Small Business Economics,* New York, v. 13, n. 1, Aug., 1999, p. 27-55.

WORLD BANK. *Doing Business 2013:* Smarter Regulation for Small and Medium-Size Enterprises. Washington, 2013.

WORLD BANK. *Doing Business 2015:* Going Beyond Efficiency. Washington, 2014.

WORLD BANK. *Doing Business 2016:* Measuring Regulatory Quality and Efficiency. Washington, 2015.

WORLD BANK. *Doing Business 2017:* Equal Opportunity for All. Washington, 2016.

WORLD BANK. *Doing Business 2018*: Reforming to Create Jobs. Washington, 2017.

WROLSDEN, J. *Creative Destructive Legal Conflict:* Lawyers As Disruption Framers In Entrepreneurship. *University of Pennsylvania Journal of Business Law,* v. 18, Issue 3, 2016, p. 733-787.

Capítulo 2

Abordagem jurídica do investimento em *startups*

2.1. Considerações preliminares; 2.1.1. A estrutura de capital: Debt vs. Equity*; 2.2. O financiamento inicial com capital próprio; 2.2.1. O* bootstrapping*; 2.3. Tipos de financiamento externo; 2.3.1. Evolução das rodadas/séries de investimento; 2.3.2. Modalidades de financiamento externo; 2.3.2.1. FFF:* Friends, Family and Fools*; 2.3.2.2. Investimento-anjo; 2.3.2.3. Fundos de investimento:* Private Equity/Venture Capital*; 2.3.2.4. A bolsa de valores; 2.3.2.5. As plataformas de* Equity Crowdfunding*; 2.4. Investimento em* startups*: passo a passo e documentos jurídicos; 2.4.1. Negociações preliminares:* Term Sheet *e Confidencialidade (NDA); 2.4.2.* Due Diligence*; 2.4.3. Formas de contratação; 2.4.3.1. A SCP – Sociedade em Conta de Participação; 2.4.3.2. O mútuo conversível/opção de compra; 2.4.3.3. Contrato de Participação: a Lei Complementar n. 155/2016 (Lei do Investimento-Anjo); 2.4.3.4. Cláusulas típicas de contratos de investimento em* startups.

2.1. CONSIDERAÇÕES PRELIMINARES

Os aspectos relacionados ao *fundraising* (captação de investimentos) de *startups* se diferenciam de outras modalidades de investimento por conta das particularidades típicas desse mercado. Diante de tal constatação, uma análise conceitual de tais "empresas" mostra-se fundamental para a compreensão dos temas que serão abordados no presente capítulo. Assim, será necessário ter em mente o conceito de *startup* mencionado no primeiro capítulo deste livro. Referido conceito prioriza os aspectos relacionados à inovação e, fundamentalmente, aos ambientes em que tais inserções de produtos ou serviços ocorrerão.

Os efeitos da extrema incerteza – característica inerente ao conceito de *startup* – ensejam diversos reflexos. Para os fins que se pretende abordar no presente capítulo, certamente a consequência mais drástica para empreendedores diz respeito à maior dificuldade de obter recursos financeiros em um ambiente de grande insegurança e risco. A necessidade de financiamento a novos empreendimentos inovadores não é tema novo (Schumpeter, 1939). Muito pelo contrário, o que se observa é uma recorrência em tais análises, fato que se explica na compreensão de que o desenvolvimento da inovação e a estruturação de um novo negócio demandam capital. No âmbito das empresas que têm na alta tecnologia o seu negócio principal, as quantias podem ser vultosas (Goldfard, Kirsch e Shen, 2012).

Além do fato de as *startups* operarem em ambientes de notória incerteza, em muitas hipóteses tais empresas podem ser consideradas "opacas" em termos de informações (Cassar, 2002). Isso significa que elas inicialmente recorrerão a um financiamento interno inicial e, ao longo de sua vida, poderão buscar alternativas de financiamento externo que dependerão de seu grau de assimetria informacional, escala, necessidade de investimento e estruturação de seus ativos (Cassar, 2002). Um problema imediatamente derivado dessas características é o endividamento precoce de empresas que, em situação desesperada, recorrem a bancos para financiarem suas ideias por meio de empréstimos com juros altos decorrentes do risco envolvido na operação. Em algumas hipóteses – especialmente em ambientes de dificuldade de obtenção de crédito, como é o caso do Brasil – tais endividamentos podem ser assumidos pelos fundadores na pessoa física, gerando um risco ao empreendedor.

Assim, na maior parte das vezes, uma ideia precisa de capital, externo ou interno, para ser colocada em prática. Nesse sentido, trata-se não somente dos custos para o desenvolvimento de produtos ou serviços, visto que a própria estruturação de uma empresa, na verdade, envolve custos de naturezas distintas[1]. Tradicionalmente, se há objetivo de lucro empresarial num primeiro momento, é necessário que a empresa supere seus custos (Schumpeter, 1997) para que possa prosperar. A esse conceito dá-se o nome de "ponto de equilíbrio" (*breakeven point*) – o ponto em que os custos se igualam à receita, de forma que o negócio consiga se manter com as próprias receitas. Mas, para cobrir tais custos e obter lucro, uma empresa precisa possuir o capital necessário para desenvolver suas atividades.

No âmbito das *startups*, no entanto, tais conceitos são em certa medida diferentes. Como muitas delas obtêm financiamento de *ven-*

---

1 Os custos para a implantação de um negócio são muitos: adquirir imóveis, estruturar um escritório, deslocamento de colaboradores, salários etc. Aqui, falamos de todos esses custos, e não apenas dos que envolvem diretamente o desenvolvimento de um produto ou serviço.

ture capitals, o foco inicial muitas vezes é a expansão a qualquer custo, sem a preocupação em atingir o *breakeven point*. A inexpressiva barreira de entrada em determinados segmentos e a velocidade das mudanças tecnológicas justificam o financiamento dessas expansões abruptas de mercado. A título de exemplo, a Uber obteve mais US$ 4 bilhões em captações com investidores no ano de 2016[2]. A empresa foi fundada em 2009 e hoje está presente em mais de 70 países, mas amargurou um prejuízo de quase US$ 3 bilhões no final do exercício fiscal de 2016[3]. Ou seja, após sete anos de existência, a empresa ainda continua funcionando financiada por investidores e não atingiu o *breakeven point*.

Diante disso, cabe o seguinte questionamento: por que uma empresa precisa de financiamento externo se o objetivo dela é cobrir seus custos com as próprias receitas e gerar lucro?

Logicamente, a empresa somente conseguirá gerar receita a partir do momento em que lançar seu produto ou serviço. Principalmente, quando conseguir conquistar parte do mercado que oportunize margens de lucros. É importante levar em consideração que, quando tratamos de iniciativas muito inovadoras, essa expansão e crescimento de representatividade no mercado pode não ser célere. Além disso, muitas vezes a dimensão do mercado é tão grande que a expansão passa a ser uma realidade a longo prazo. Normalmente, até que isso aconteça, a empresa precisa se financiar. Por essa razão, trataremos a seguir da clássica dicotomia que divide em dois grandes grupos as principais formas de financiamento empresarial.

2.1.1. A estrutura de capital: *Debt vs. Equity*

As teorias clássicas de financiamento de firmas partem do famoso binômio dívida ou participação *(debt versus equity)*, que compõem a chamada "estrutura de capital" de uma firma. Enquanto na dívida

---

2 Dados sobre as rodadas de investimento realizadas pela Uber podem ser obtidos no site CrunchBase, especializado no mercado de *startups*: <www.crunchbase.com/organization/uber/funding-rounds>. Acesso em: 26 maio 2017.

3 Apesar de não ser obrigada a divulgar suas informações financeiras, a Uber revelou à Bloomberg alguns dados financeiros referentes ao ano de 2016. As informações estão disponíveis na Bloomberg: <www.bloomberg.com/news/articles/2017-04-14/embattled-uber-reports-strong-sales-growth-as-losses-continue>. Acesso em: 26 maio 2017.

(*debt*) a empresa é financiada por meio de títulos que podem ser cobrados por um credor, no capital (*equity*) os recursos são aportados em troca de participação na empresa, por meio da emissão e distribuição de ações ou quotas, por exemplo (LaPorta et al., 1998).

Primeiramente, a teoria clássica de Modigliani e Miller (1958) atribui ao fluxo de caixa a possibilidade de restituição financeira a um investidor (*securities*). Dessa forma, enquanto no *debt* o credor lucra com os juros no momento do recebimento futuro de seu empréstimo, o *equity* garante o recebimento futuro de dividendos - obviamente, vinculados ao sucesso da empresa.

A decisão pela obtenção de investimentos em instrumentos de dívida ou participação é uma estratégia importante para a empresa. O trabalho de Myers (1984) demonstra que existem basicamente duas formas para a tomada dessa decisão: a *static trade-off* e a *pecking order theory*. Na primeira, há uma previsão de uma proporção ideal para que a empresa a estabeleça como meta e possa estruturar seu capital dessa forma; na segunda, não há uma proporção ideal, sendo que aqui se consideram os custos de cada uma das origens de capital. Cria-se, dessa forma, uma ordem hierárquica de preferência. Nesse sentido, em condições gerais uma empresa deve primeiro se financiar internamente, depois optar por *debt* e, por fim, por *equity*. Há algumas dúvidas (Paul; Whittam; Wyper, 2007) sobre a aplicabilidade da *pecking order theory* em *startups*, pois o valor agregado de determinado tipo de investimento poderia influenciar para diminuir seus custos[4]. Contudo, em regras gerais, é possível hierarquizar os investimentos e entender que a tomada de decisões a respeito da origem do capital é um tema relevante e de extrema importância para *startups*.

Além disso, nem todas as *startups* são capazes de gerar dividendos. Segundo o modelo de análise estratégica de mercado abaixo, criado em 1970 por Bruce Doolin Henderson, fundador da Boston Consulting Group, uma empresa pode ter um portfólio diversificado de produtos de acordo com sua participação de mercado e crescimento, sendo que dentre as possibilidades do modelo, um produto pode ter a característica do que se denomina de *cash cow*. Uma empresa com esse tipo de produto, em

---

4 Por exemplo, um investimento via *equity* que traga capital intelectual além do dinheiro pode ser, em determinadas situações, mais valioso que um investimento via *debt* que somente envolva capital monetário.

essência, é capaz de gerar grandes volumes de lucro que não necessita ser reinvestido, pois ela possui relevante fatia de mercado (*market share*), e o crescimento desse mercado é lento (Henderson, 1970).

Assim, algumas *startups* podem ser *cash cows* e dessa forma possibilitarem a distribuição de dividendos para seus investidores, enquanto outras são mais adequadas aos outros tipos de mercado. Apesar disso, como há inovações constantes no mercado de tecnologia, as *cash cows* são menos frequentes e tendem a durar menos tempo do que se esperava na década de 1970. Por conta disso, o eixo horizontal (que representa a fatia de mercado) tem menos importância na atualidade, devendo ser substituído pela capacidade de uma empresa se adaptar à inovação[5] (Reese; Moose; Venema, 2014).

Como *startups* são inovadoras em seus produtos/serviços, geralmente, seus produtos podem ser classificados como estando no quadrante do ponto de interrogação, provavelmente vindo a tornar-se *cash cows* ou cachorros posteriormente, de acordo com seu desempenho. Por fim, uma estrela (um produto com alto *market share* e crescimento constante) tende a tornar-se uma *cash cow* com o decorrer do tempo, caso consiga manter sua liderança de mercado.

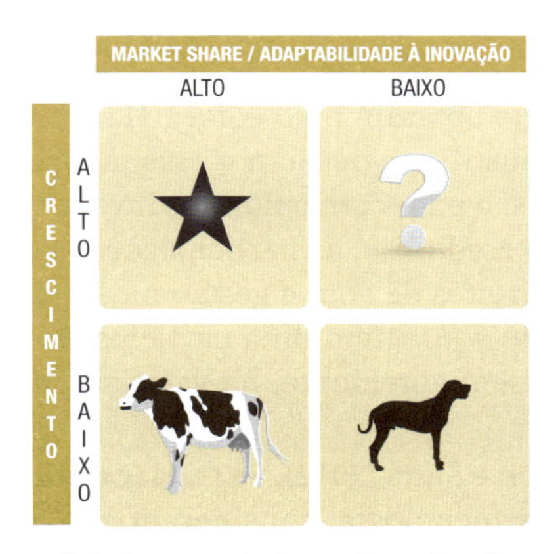

Matriz de crescimento e fatia de mercado (*growth market share matrix).*

---

5 Referida análise foi realizada pela própria Boston Consulting Group no artigo "*BCG Classics Revisited: the growth share matrix*", por meio do qual Martin Reeves, Sandy Moose e Thijs Venema analisam o modelo proposto pelo fundador da empresa e sua aplicabilidade no cenário atual da economia.

A conclusão desse modelo de tomada de decisões com base na classificação dos produtos de uma empresa é que os produtos do tipo *cash cow* geram receitas que podem ser reinvestidas nos produtos do tipo estrela ou ponto de interrogação, sendo que os produtos do tipo cachorro devem ser encerrados ou vendidos[6] pois requerem investimentos maiores para manutenção de sua baixa fatia de mercado. De acordo com a própria Boston Consulting Group, ao analisar o modelo no cenário atual da economia, uma empresa deve aumentar o número de produtos do tipo ponto de interrogação para ser competitiva, o que requer uma cultura de tomada de risco e tolerância a erros. Apenas por meio de produtos dessa categoria as empresas serão capazes de inovar. Por conta disso, os testes devem ser rápidos para limitar as perdas em caso de falha. Caso efetivamente haja uma falha na experimentação, o método de experimentação deve ser ajustado de acordo com o aprendizado obtido, sendo que a estratégia de saída ou venda desse tipo de produto deve ser feita de forma rápida para aproveitar o mínimo valor que pode restar. Por fim, as empresas devem otimizar os lucros das *cash cows* por meio da inovação incremental e otimização de sua operação (Reeves; Moose; Venema, 2014). *Cash cows* também podem ser aproveitadas para financiar a criação de pontos de interrogação.

Verificado esse aspecto das empresas que podem gerar dividendos aos investidores que optaram pelo *equity,* Hart (1995) adiciona uma característica que justifica a opção por essa modalidade no financiamento de empresas: o poder atribuído aos investidores. Enquanto no *debt* há um direito creditório, as participações (*shares*) asseguram a possibilidade de direitos de voto e gestão na empresa. Assim, quem investe por meio de *equity* tem uma participação maior no sucesso da empresa e, consequentemente, na valorização a longo prazo do capital aportado.

Goldfard, Kirsch e Shen (2012), ao tratarem do financiamento de novas empresas de tecnologia, consideram que o *debt* é um mecanismo inferior ao *equity* pelas seguintes razões: falta de credibilidade dos bancos em relação a novas tecnologias (Leland; Pyle, 1977);

6 Essa conclusão é sugerida pelo *The Economist* em seu artigo “Growth Share Matrix”, disponível em: <www.economist.com/node/14299055>. Acesso em: 28 maio 2017.

garantias baseadas em ativos intangíveis (Williamson, 1985); altos juros de empréstimos, pelo alto potencial de mortalidade da empresa, o que inclusive limitaria seu próprio crescimento (Gompers, 1995). De qualquer maneira, Goldfarb, Kirsch e Shen (2012) ainda afirmam que, mesmo sendo uma operação de financiamento de pior qualidade no contexto das *startups*, alguns bancos[7] (principalmente no Vale do Silício) têm se especializado em promover empréstimos a essas empresas.

Gompers e Lerner (1999) atribuem ao *equity* um importante papel no financiamento de novas indústrias. De acordo com os autores, esta é a principal atividade de fundos de *Venture Capital* ou "capital empreendedor": a compra de participação nas empresas. De fato, a presença do investidor como um quotista ou acionista de uma empresa significa afirmar que este ainda poderá auxiliar na gestão, para seu próprio crescimento (Armour, 2003).

Esse conhecimento agregado que o investidor pode trazer para uma *startup* ao investir nela é conhecido como *smart money*. Sørensen (2007) afirma que investidores experientes podem agregar valor em uma empresa de muitas formas: *a*) auxiliando no monitoramento e gestão da empresa; *b*) permitindo acesso a uma rede de contatos (*network*) maior, o que amplia e torna mais eficaz a busca por fornecedores, clientes e administradores; e *c*) agregando um valor de mercado à empresa, por meio de sua própria reputação. Neste sentido, Sørensen apresentou dados que comprovam empiricamente a maior probabilidade de uma empresa investida por um capitalista experiente realizar uma oferta pública inicial de suas ações na bolsa de valores. Esse efeito, segundo o autor, é ainda mais relevante quando se trata de um investimento em empresa nascente[8].

---

7 São exemplos, na atualidade, o City National Bank e o Silicon Valley Bank. Informação disponível em: <www.bloomberg.com/news/articles/2016-12-19/u-s-startups-are-piling-on-debt >. Acesso em: 28 maio 2017.

8 "*Viewed in a classical regression framework, the investor's experience becomes endogenous when sorting causes experienced investors to invest in companies that are better along a number of dimensions that are unobserved in the data. Companies with better unobserved characteristics, as captured by the error term in the regression, match with more experienced investors. The error term becomes positively correlated with experience, and the estimated coefficient is biased*

Na prática, a maioria dos investimentos externos típicos de *startups* se operam por meio de instrumentos híbridos, que misturam direitos típicos de *equity* com alguns de *debt* – como os contratos conversíveis, por exemplo. Veremos mais adiante que os mecanismos de investimento-anjo no Brasil consistem basicamente em compras (principalmente futuras) de participações em empresas investidas. Além disso, parcela considerável da indústria de *Private Equity* e *Venture Capital* brasileira opera por meio de Fundos de Investimentos em Participações (FIPs), fundos que basicamente têm a obrigação de adquirir títulos e valores mobiliários conversíveis ou permutáveis em ações ou quotas de emissão de empresas, devendo ainda participar do processo decisório da sociedade investida, com efetiva influência na definição de sua política estratégica e na sua gestão[9].

Contudo o grande problema no financiamento de *startups* é justamente a incapacidade de garantir ou ao menos estimar um retorno para o investidor. Tanto no modelo de *debt* como no de *equity,* investidores injetam capital em um negócio estimando um retorno futuro: no primeiro caso, em forma de pagamento de dívida; no segundo, em forma de um lucro obtido por meio do valor crescente que uma empresa vai adquirindo através do tempo, se prosperar. Por tal razão, a utilização de instrumentos conversíveis se justifica: investidores com conhecimento de *startups* sabem que a maior chance de obterem um retorno não é cobrando o valor da dívida no futuro, e sim convertendo-a em participação e ganhando capital com algum procedimento de desinvestimento. Nesse cenário, é importante ter em mente que 25% das *startups* brasileiras "morrem" em menos de um ano[10].

Diante desse cenário, a obtenção de capital externo por determinada *startup* nem sempre é uma tarefa fácil. Para Bhide (1992), essas

upwards relative to the investors' actual influence. A simple example illustrating this bias is given below. This problem is particularly severe for entrepreneurial companies. Entrepreneurial companies have short operating and financial histories" (Sørensen, 2007).

9 A definição pode ser verificada no Art. 5º da Instrução CVM n. 578, de 30 de agosto de 2016.

10 A Fundação Dom Cabral conduziu, no ano de 2014, uma pesquisa sobre a mortalidade de *startups* no Brasil. O relatório final da pesquisa encontra-se consolidado e pode ser acessado em: <www.fdc.org.br/blogespacodialogo/Documents/2014/causas_mortalidade_startups_brasileiras.pdf>. Acesso em: 28 maio 2017.

empresas não atendem, em grande parte das vezes, aos critérios que atraem investidores: porte, vantagens competitivas, planos bem definidos e fundadores de renome. A conclusão é muito simples: além do mercado em que esta opera, a própria estrutura da *startup* pode acabar por afastar investidores. Questões como assimetria informacional (quando há uma relação entre dois ou mais agentes e nem todas as partes possuem informações privilegiadas em detrimento de outras envolvidas nessa relação de desequilíbrio) e problemas de agência[11] (conflitos entre principais e agentes na delegação de competências decisórias e relações comerciais) são questões importantes que incrementam o caráter de incerteza da *startup* e afastam investidores potenciais (Cassar, 2002; Cumming e Johan, 2009; Davila; Foster; Gupta, 2001).

A árdua tarefa de *fundraising* pode ser explicada pela teoria dos custos de transação. Diferentes tipos e portes de transações demandam uma atuação mais complexa dos envolvidos em uma empresa, o que pode fazer com que os custos de transação de uma empresa se elevem ou diminuam, influenciando e sendo influenciados diretamente de acordo com a estrutura de governança adotada na empresa (Williamson, 1981). No contexto das *startups* – empresas tipicamente inovadoras e em estágio de desenvolvimento – a questão se torna bem complexa. Empresas menores tendem a oferecer um grau organizacional e comportamental melhor, mas são menos vantajosas em termos de custos de transação, uma vez que apresentam graus de incerteza mais acentuados que empresas de grande porte (Noote-

---

[11] O problema do custo de agência é uma teoria clássica da Economia, sendo objeto de estudo também do Direito, principalmente quando se trata de direito societário. Basicamente, quase toda relação contratual em que uma parte (o "Agente") promete fazer algo para outra (o "Principal") está sujeita a um problema de agência. A principal dificuldade é que o Agente costuma ter mais informações do que o Principal sobre os fatos relevantes daquela relação contratual. Assim, o Principal não consegue ter certeza de que as ações desempenhadas pelo Agente são exatamente aquilo que lhe foi prometido. Consequentemente, o Agente tem um incentivo a agir de forma oportunista, diminuindo a qualidade de sua performance ou divergindo daquilo que lhe foi atribuído e assumido como tarefa. Isso significa que o valor da performance do Agente para o Principal diminuirá, pois este terá custos de monitoramento das atividades desempenhadas pelo Agente para garantir que ele está agindo no interesse do Principal (Armour, Hansmann e Kraakman, 2009).

boom, 1993). Ainda é possível afirmar que essas empresas estão mais vulneráveis ao oportunismo e correm um grande risco de descontinuarem em sua jornada (Nooteboom, 1993). Os custos de transação dessas empresas, categoria em que se enquadram as *startups*, são, consequentemente, mais altos do que das demais, já que o investidor deve estar mais atento ao monitoramento das ações tomadas pela gestão, o que é um dos obstáculos à obtenção de recursos no mercado (Williamson, 1981; Nooteboom, 1993).

São duas as consequências dessa dificuldade de obtenção de financiamento externo: *a*) a busca de capital em terrenos conhecidos – familiares e amigos, por exemplo, ao que se denomina de FFFs (*Friends, Family and Fools*); e *b*) a maximização de recursos próprios do empreendedor (sejam estes intelectuais ou monetários), a fim de diminuir a necessidade de capital externo para cobrir seus gastos (chamado de *bootstrapping*).

Assim, o financiamento de *startups* pode ser dividido em dois grandes grupos: o capital interno, autossuficiente, e que maximiza habilidades intelectuais ou o uso de capital próprio dos sócios para minimizar os custos iniciais – representados pelo *bootstrapping*; e o capital externo, que sempre será necessário para o desenvolvimento desses negócios (operacionalizado, por exemplo, por meio de investimentos-anjo, fundos de *venture capital*, em alguns casos fundos de *private equity*, dentre outros).

Feitas essas considerações, cabe aqui expormos o seguinte questionamento: qual a necessidade de analisar as questões jurídicas do processo de financiamento de *startups*?

Primeiramente, o caráter contratual dos investimentos justifica a análise sob a ótica jurídica (Armour, 2003). Investimentos são operacionalizados por meio de contratos que preveem aportes de capitais em empresas, e, portanto, a proteção jurídica dos envolvidos deve ser levada em consideração. Em um segundo plano, devemos considerar o reconhecimento jurídico dos processos de investimento em empresas nascentes. Este é um problema bastante recorrente: novas formas de investimento em empresas nascentes surgem com mais rapidez do que o Direito é capaz de acompanhar. Os perigos que revestem operações de investimento atípicas são muitos, variando desde a falta de proteção informacional de acionistas e empreendedores, perpassando pela insegurança em limitação de responsabilidade e resultando em questões tributárias e trabalhistas. Dessa forma, a falta de previsão normativa específica sobre essas operações pode dificultar ainda mais o *fundraising*.

A relação do Direito com os processos de investimentos em *startups* é responsável pela gestação e propagação de inúmeras consequências no campo prático, que tem forçado advogados e operadores do Direito a criar e adaptar mecanismos para operacionalizar os aportes de capital em empresas nascentes inovadoras. O objetivo deste capítulo é traçar um panorama das principais formas de financiamento de *startups*, apresentando as soluções jurídicas presentes no sistema brasileiro até então e, ainda, expor os desafios que os agentes de financiamento de *startups* enfrentam no cotidiano das operações.

2.2. O FINANCIAMENTO INICIAL COM CAPITAL PRÓPRIO

Em um momento inicial da *startup* é muito comum notarmos que grande parte dos empreendedores financia a fase de criação da ideia e prova de conceito com capital próprio. Ao longo dessa trajetória alguns encontram investidores-anjo que ajudam a colocar o produto/serviço da *startup* no mercado e, em seguida, a *startup* está pronta para receber aportes maiores de agentes de financiamento mais relevantes.

Apesar de a lógica de investimento descrita acima ser bastante comum, muitos empreendedores ainda acreditam que podem conseguir aportes milionários com apenas uma ideia. Contudo, por conta do amadurecimento do ecossistema e, principalmente, de seus agentes, o financiamento de *startups* tem se tornado cada vez mais seletivo. Além disso, investimentos na fase de criação da ideia são geralmente realizados por investidores-anjo que possuem uma afinidade com o produto/serviço que pretende ser explorado por esse empreendedor e, por isso, podem financiar a *startup* em um período tão precoce.

Apesar disso, os valores investidos por investidores-anjo geralmente consistem em valores menores. Investimentos vultosos em ideias dificilmente ocorrem quando o empreendedor ainda não provou ser um executor – investidores costumam aportar montantes altos em ideias apenas quando o empreendedor já provou sua capacidade de execução em empreendimentos anteriores.

Diante disso, para iniciar sua jornada o empreendedor geralmente deve custear seu projeto até alcançar a fase de prova de conceito e, para isso, vale-se de alguns mecanismos como o *bootstrapping*.

2.2.1 O *bootstrapping*

O conceito de *bootstrapping*, intimamente relacionado com o espírito do empreendedorismo, consiste em buscar formas de reduzir os custos iniciais de uma empresa ao maximizar o potencial dos empreendedores. No âmbito do ecossistema das *startups*, este peculiar termo da língua inglesa – que originalmente significa "o ato de amarrar ou prender a bota" – é utilizado para designar a prática por meio da qual os empreendedores usam recursos próprios para criar uma empresa, buscando sempre reduzir ao máximo os custos da empresa aproveitando as capacidades dos próprios colaboradores da *startup*.

O *bootstrapping* pode ser uma interessante alternativa até a efetiva validação da hipótese ou pode ser um método contínuo de operação da *startup*. Diversas empresas, após a primeira rodada de investimento, continuam desenvolvendo o negócio apenas com recursos próprios, aproveitando e reinvestindo a receita obtida com os primeiros clientes. Tal estratégia, por consequência, torna o processo de crescimento mais lento, o que pode ser devastador em determinados mercados. Por essa razão, o uso dessa metodologia de gestão da empresa deve ser calculado e adotado apenas nos casos em que realmente haverá ganho com sua implementação.

Para Van Auken (2005), o *bootstrapping* pode ser uma alternativa para as empresas pequenas com menor acesso às formas tradicionais de financiamento de um empreendimento. Ainda segundo o autor, as técnicas se expressam de formas diversas, podendo variar desde a utilização de cartão de crédito próprio até o compartilhamento de recursos humanos e equipamentos com outras empresas, por exemplo (Van Auken, 2005). A utilização dessa forma de financiamento é bastante simples, pois não requer um *business plan* (Van Auken, 2005), uma vez que não há muita previsibilidade de gastos e normalmente se trata de uma situação transitória.

Winborg e Landström (2000) afirmam que esse fenômeno tem origem em dois fatos relacionados ao empreendedor: primeiramente, os empreendedores têm dificuldade em organizar as ideias de forma detalhada e apresentá-las para terceiros (investidores). Em segundo lugar, também não desejam fazê-lo, a fim de evitar o vazamento de informações no mercado e comprometer o impacto inovador de seu negócio. Logo, esses agentes retêm o máximo de informações para si, aproveitando as habilidades que possuem para desempenhar funções essenciais à empresa. Van Auken (2005) considera ainda que o risco também é responsável por incentivar o empreendedor a arcar com os investimentos iniciais, e tal fator é inversamente proporcional à quantidade de alternativas de investimento que o agente possui.

O alto risco representado pelas *startups* e sua costumeira desorganização resultam em características que normalmente afastam os investidores e incentivam os empreendedores a aproveitarem ao máximo suas próprias habilidades no período inicial, evitando recorrer à busca por capital externo (Bhide, 1992). Assim, o *bootstrapping,* faz com que os empreendedores tenham uma imersão maior no negócio, prestando mais atenção a possíveis erros[12] e testem seus mercados sem as pressões dos investidores externos que almejam retorno financeiro em um prazo aproximado de três a cinco anos como padrão de mercado.

O *bootstrapping,* no entanto, não é uma solução que pode ser aplicada a todos os casos. Em mercados muito dinâmicos e competitivos, aguardar demais para se capitalizar pode significar a perda da chance de se tornar um *first-mover.* Essa situação ocorre principalmente nos mercados do tipo *winner-takes-all*: trata-se daquele mercado em que é possível que um agente obtenha grande fatia do mercado, e o que resta para os demais não é suficiente para mantê-los funcionando. Apesar disso, em alguns casos, operar por meio de *bootstrapping* pode não ser uma escolha, pois em muitas situações o empreendedor realmente não possui meios ou condições financeiras para se sustentar sem financiamento externo.

---

12 *Bootstrapping* em uma *startup* é similar ao estoque em sistemas *just-in-time*: ele revela problemas ocultos e força a empresa a resolvê-los. "'*If we had had money,' said Tom Davis of Modular Instruments, manufacturers of medical and research equipment, 'we would have made more mistakes. This way, I wrote all the checks. I knew where the money was going*'" (Bhide, 1992).

Vanacker et al. (2011) pesquisaram empiricamente os efeitos negativos que podem advir da adoção do *bootstrapping*. Após uma coleta de dados, concluíram que a adoção dessa metodologia pode impactar negativa ou positivamente o crescimento de uma empresa, a depender da natureza da técnica utilizada. Além disso, a pesquisa demonstrou que a utilização de empréstimos pessoais dos empreendedores, o emprego de estudantes ou estagiários e a minimização de estoques não se mostraram efetivos para impulsão de uma *startup* (Vanacker et al., 2011). Vale ressaltar que, por vezes, a adoção de um *bootstrapping* extremo leva as *startups* a criarem uma falsa ilusão de sua estrutura de custos, de forma que dificulta o planejamento de seu próprio crescimento, pois caso isso ocorra implicaria o aumento significativo de gastos pela impossibilidade de manter a metodologia de *bootstrapping*. Apesar disso, uma coisa é certa: o *bootstrapping* diminui a necessidade de investimento de terceiros, de forma que o empreendedor consiga garantir a retenção de participação societária, evitando assim ceder participação para sócios de capital. Por essa razão, esse *modus operandi* geralmente é defendido por empreendedores (Vanacker et al., 2011; Sapienza et al., 2003).

Quando adotada essa estratégia, é essencial evitar a confusão entre os papéis de investidor e empreendedor que, por vezes, acaba assumindo ao mesmo tempo. Quando se trata do estágio inicial de uma *startup*, via de regra, o capital inicial para o negócio é aportado pelo empreendedor. Isso é positivo para uma futura captação de recursos pois o empreendedor demonstra que arriscou seu próprio capital e que acredita na própria ideia (*skin in the game*). No entanto, pode ser que nem todos os colaboradores do projeto inicial aportem recursos na ideia a ser desenvolvida. Essa distinção entre aqueles que aportam efetivamente recursos e aqueles que apenas contribuem intelectualmente com o projeto é relevante diante de algumas considerações nos acordos de quotistas e na hipótese de um dos sócios desistir em prosseguir com o negócio.

As implicações jurídicas da utilização de técnicas de *bootstrapping* por parte de empreendedores não decorrem diretamente deste método, mas do risco que o negócio inovador propõe. O elevado envolvimento pessoal e financeiro do próprio empreendedor faz com que, peculiarmente, o empresário de uma *startup* necessite de instrumentos jurídicos capazes de minimizar os riscos de perda que seu negócio apresenta (Nybø, 2016).

Ainda podemos destacar que o *bootstrapping* pode também figurar como uma mera "fase" da empresa, na qual o empreendedor ainda está em fase muito prototipal de seu negócio e coloca capital próprio - monetário ou intelectual - para desenvolvê-lo. Quando atinge determinado patamar (que pode ser uma estrutura mínima ou o lançamento de um MVP, por exemplo) vai ao mercado buscar capital e deixa de operar via *bootstrapping*.

A experiência demonstra que, apesar de o entusiasmo inicial contagiar a todos, a imprevisibilidade característica de uma *startup* pode contribuir para que alguns fundadores acabem por "abandonar o barco". Tais hipóteses devem ser muito bem refletidas nos acordos de sócios, sob pena de ameaçarem a sobrevivência da *startup*. Uma eventual disputa societária pode ser fatal a uma *startup* e não são raros os casos em que isso ocorre.

Assim, o empreendedor deve precaver-se contratualmente para evitar disputas ao utilizar um acordo de sócios, um memorando de pré-constituição ou instrumentos de *vesting* que determinem de fato a participação de cada sócio no negócio a ser desenvolvido, inclusive considerando suas contribuições intelectuais, prevendo a hipótese de desistência de alguns colaboradores do projeto e a futura entrada de investidores na sociedade.

Portanto, diferentemente do caso das *startups* que captam recursos por meio de terceiros, as peculiaridades jurídicas que envolvem o *bootstrapping* exigem a mitigação dos riscos entre os próprios fundadores, sem uma preocupação tão acentuada quanto a investidores. Compreender o *bootstrapping* é necessário principalmente para que se perceba que o negócio de uma *startup* é de altíssimo risco e, quanto maior o nível de proteção judicial que blinda o empreendedor, menor será sua perda inicial. Feitas tais considerações a respeito da ausência de financiamento externo e adoção do *bootstrapping*, destaquemos o papel do investidor exógeno em uma *startup* recém-fundada.

2.3. TIPOS DE FINANCIAMENTO EXTERNO

O financiamento externo de uma *startup* é fundamental para seu desenvolvimento, sendo uma de suas principais características

(Seghers; Manigart; Vanacker, 2012). Entretanto, muitas vezes, esse processo não obedece aos padrões tradicionais de obtenção de capital, principalmente por conta do grau de incerteza e assimetria informacional, de acordo com a teoria dos custos de transação, já abordada anteriormente no início deste capítulo (Williamson, 1981; Nooteboom, 1993). Em virtude da mencionada incerteza, o risco envolvido nesse tipo de investimento deve fazer com que o investidor esteja preparado para a falha (Nanda e Rhodes-Kropf, 2013). Além disso, o financiamento de inovações radicais demanda mais do que somente capital financeiro, pois geralmente as equipes que desenvolvem o projeto necessitam de auxílio externo para obter escala ou acelerar seu crescimento, necessitam de pessoas que saibam lidar com gestão, *networking*, dentre outras facilidades.

Isso porque o capital humano – aquele representado pelo conhecimento agregado pelos indivíduos envolvidos em um negócio – cumpre papel significativo no desempenho da *startup*, principalmente quando tal capital possui formação específica[13] (Seghers; Manigart; Vanacker, 2012). É o que conhecemos como *smart money*, também já abordado anteriormente, o que agrega importante valor a uma *startup*.

Partindo do pressuposto de que as fundações de firmas inovadoras e seus investimentos são tipicamente cíclicos (Gompers et al., 2007), companhias fundadas em *hot times*[14] tendem a apresentar maior índice de falhas, mas quando bem-sucedidas, trazem maior valor agregado (Nanda e Rhodes-Kropf, 2013). Isso tem relação direta com o comportamento de investidores nesse mercado: os *hot times* fazem com que investidores realizem aportes de capitais em negócios mais arriscados. Apesar de ser algo bom em termos de estímulo ao mercado de *venture capital* e crescimento das *startups*, pode ter um efeito nocivo. Nos anos de 2015 e 2016, em virtude de uma série de investimentos arriscados realizados por diversos investidores, hou-

---

13 Para os autores, educação em administração de negócios e finanças contribuem para o bom desempenho do negócio, por apresentarem maiores condições a uma *startup* para que esta lide com métodos alternativos e mais eficientes de obtenção de capital (Seghers; Manigart; Vanacker, 2012).

14 Expressão que designa períodos em que há a explosão no surgimento de novas empresas tecnológicas, os famosos "*boom*".

ve certa retração do apetite de investimento, pois os investidores provavelmente não estavam preparados para o número de falhas que ocorreram com os investimentos realizados[15]. Fazem parte desse grupo a Homejoy, que captou cerca de US$ 39 milhões; Sprig, que captou cerca de US$ 56 milhões; Guvera, que captou cerca de US$ 185 milhões; Tripda, que captou cerca de US$ 11 milhões; Yik Yak que captou cerca de US$ 73 milhões; Beepi que captou cerca de US$ 150 milhões; Airu, Kaymu, Vendomo, Spaceways, Shopkin e EatFirst, todas investidas da Rocket Internet e que, de acordo com o relatório da investidora fecharam suas operações[16], tendo obtido em conjunto mais de US$ 10 milhões investidos[17].

Outro ponto importante a ser destacado é o fato de investimento em *startups* acontecer em rodadas (*rounds*). Essa estratégia faz parte de um contexto conhecido como *staging* de capital, típico de *venture capitals* mas utilizado de forma bastante ampla no ciclo de vida de uma *startup*. Neste sentido, os investimentos são periodizados, o que permite aos investidores um monitoramento do uso do capital e do desempenho da *startup* entre cada infusão (Gompers, 1995).

Davila, Foster e Gupta (2001) consideram que os *rounds* não são meramente uma simples transferência de recursos, uma vez que envolvem inclusive mudanças estruturais na própria empresa. Os *rounds* podem ser divididos em dois grandes grupos: *early rounds of financing*, que acontecem num primeiro momento do projeto, e *later rounds*, que ocorrem em momento posterior na vida da *startup* (Davila; Foster; Gupta, 2001). Ainda segundo os autores, cada *round* é responsável por fazer com que investidores e organizações de fundos de investimento injetem mais capital na empresa.

---

15 A consultoria CB Insights, focada no mercado de *startups*, listou 232 *startups* que fecharam suas operações e falharam entre os anos de 2014 e 2017. Disponível em: <www.cbinsights.com/blog/startup-failure-post-mortem/>. Acesso em: 18 jun. 2017.

16 O relatório da Rocket Internet referente ao exercício de 2015 menciona referidas *startups*, além da venda de operações de outras. O relatório está disponível em: <https://www.rocket-internet.com/sites/default/files/investors/Rocket%20 Internet%20Annual%20Report%202015.pdf >. Acesso em: 18 jun. 2017.

17 Os valores são provenientes do portal Crunchbase, disponível em: <www. crunchbase.com>. Acesso em: 19 jun. 2017.

Num primeiro momento, os *early rounds* são compostos do que se chama de capital-semente (*seed capital)* e primeiro *round* (também conhecido como Series A). Esses *rounds* de investimento desdobram-se em sucessivas *séries (B, C, D...)*, que ocorrem conforme a empresa cresce (Ehrenberg, 2013).

2.3.1. Evolução das rodadas/séries de investimento

Investimentos em *startups* geralmente são divididos em rodadas de investimento denominadas "séries", sendo a primeira rodada denominada de "Série A", a segunda rodada de "Série B" e assim em diante (Hall; Woodward, 2007). São rodadas de investimento que podem ter objetivos específicos. Dessa maneira, em princípio, cada rodada de investimento corresponderia a um financiamento com um determinado objetivo.

i. FFFs, Investimento-anjo e capital semente (*seed*)

As primeiras rodadas de investimento em uma *startup* são compostas por três importantes agentes: FFFs (*Family, Friends and Fools*), investidores-anjo e fundos semente (*seed*). Em virtude desse perfil de investidor, os investimentos costumam ser mais baixos, e o investidor, menos qualificado. Essa rodada tem o objetivo de sustentar a ideia do empreendedor para que ela possa sair do papel (Bussgang, 2014). Por conta disso, pode ser vista como a rodada de investimento na qual o investidor assume mais risco.

É comum que nesse estágio esses investidores optem por contratos como mútuo conversível ou opção de compra para diminuir seu risco, já que por meio desses contratos o investidor não se torna sócio do negócio imediatamente, podendo exercer a opção de vir a integrar o quadro societário da *startup* ou não. A vantagem dessa estratégia é que o investidor não assume os riscos inerentes a se tornar um sócio (ou seja, riscos patrimoniais decorrentes de eventos de desconsideração da pessoa jurídica, por exemplo). Além disso, especificamente no caso do mútuo conversível, o investidor possui maior facilidade na devolução do seu investimento em caso de falência da *startup*, uma vez que ele é caracterizado como credor e não sócio (Lobo; Potenza, 2016). Trataremos especificamente das particularidades jurídicas de cada um desses tipos de investimento em itens específicos, mais adiante.

ii. Série A

Após as rodadas preliminares, temos a Série A. Geralmente é utilizada com o objetivo de melhorar o produto ou serviço, remunerar seu time e de adquirir uma base de clientes disposta a pagar por seu produto ou serviço (Bussgang, 2014). Como esses objetivos geralmente requerem investimentos maiores, as rodadas tendem a envolver valores maiores, o que leva à participação de fundos de investimento (*venture capital*) neste estágio.

iii. Série B

A Série B é o investimento voltado para expansão de mercado. Uma vez que a *startup* já demonstrou que ampliou sua base e tem um negócio promissor, após o *market fit* (Bussgang, 2014), essa *startup* necessitará de um time composto por bons colaboradores, de investimento em vendas, time administrativo etc. Geralmente, nesta fase, ocorrem os "*follow-on*", ou seja, os investidores atuais decidem realizar um novo investimento para suportar o crescimento esperado pela *startup*. Apesar disso, também é comum surgirem novos investidores para auxiliar na rodada de investimentos.

iv. Série C

A Série C tem o objetivo de consolidar a *startup*. Dessa maneira, é necessário escalar o produto e adquirir concorrentes. Essa é a série em que a *startup* passa a se internacionalizar – caso ainda não o tenha feito – e passa a adquirir concorrentes ou empresas que podem auxiliar na sua estratégia de dominar o mercado.

v. Série D

Por fim, a Série D e as seguintes são utilizadas quando a Série C não surtiu o resultado desejado ou quando as rodadas anteriores não supriram a necessidade de capital da *startup*. Então podem ser necessárias novas rodadas para adquirir mais concorrentes, se firmar no mercado, lançar novos produtos ou alcançar novos mercados.

É interessante perceber que o investimento em *startups* se desenvolve de forma escalonada, crescendo de acordo com o porte da empresa. Além disso, também varia em montante investido. Ou seja, conforme uma empresa cresce, mais dinheiro ela irá receber. O gráfico a seguir demonstra os estágios de investimento em uma *startup*, inspirado no gráfico proposto por Cumming e Johan (2009):

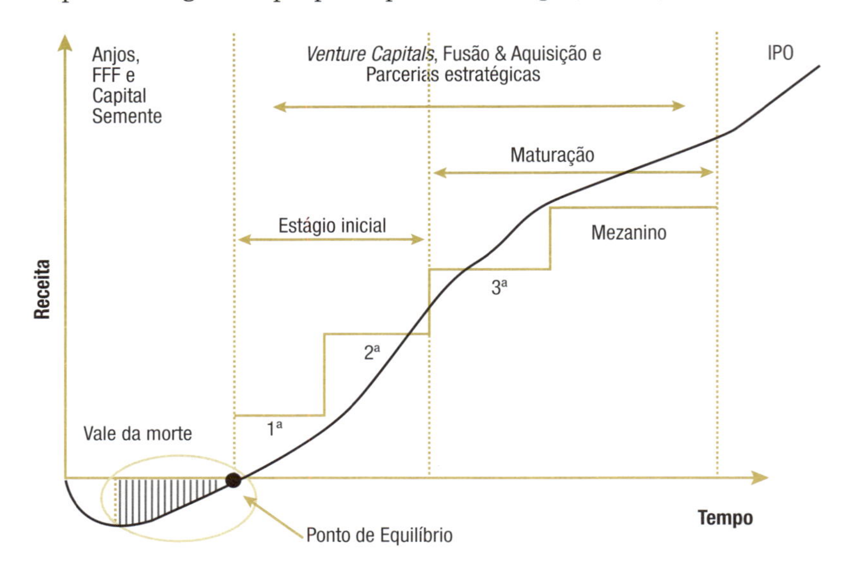

O gráfico é uma demonstração genérica das formas usuais de financiamento de uma *startup* ao longo de seu desenvolvimento, relacionando os estágios com o lucro obtido pela empresa. Note que geralmente uma *startup* opera com déficit durante quase todo o processo de financiamento inicial, até o momento em que atinge o ponto de equilíbrio (*breakeven*), quando começa a auferir lucro e chamar a atenção de fundos mais estruturados (*venture capitals* e *private equity*) que farão aportes em formato de *rounds* de investimento.

Durante o período denominado "vale da morte" (*valley of death*) no gráfico onde a maior parte das *startups* costumam fracassar - motivo do nome atribuído a essa parte do gráfico. Na travessia pelo "vale da morte", ela deve buscar sempre crescimento, ao mesmo tempo que opera em regime de *bootstrapping*, para que assim possa alcançar o ponto de equilíbrio. Geralmente, essa travessia do "vale" dura entre 3-5 anos, já que a partir desse prazo o investidor que investiu na rodada *seed* ou Series A pretende cobrar algum retorno do investimento realizado.

Caso, ao final desse prazo, a *startup* não tenha conseguido atingir o *breakeven*, os investidores atuais normalmente se recusam a fazer novas rodadas (*follow-on*) e, assim, a *startup* encerra suas operações por não ter capacidade de manter suas despesas, se não conseguir obter novo financiamento junto a terceiros. Esse foi o caso de algumas das *startups* mencionadas anteriormente que arrecadaram milhões em investimento, porém falharam já que não conseguiram financiamento posterior para continuidade do projeto.

Inspirado no diagrama acima e tendo em mente a explicação relativa às séries de investimento, Cássio Spina (2015) criou outra maneira de representação das rodadas de investimento com base na evolução das séries. Em seu gráfico, a quantidade de capital e a complexidade do investimento cresce acompanhando o volume de vendas de uma empresa. De acordo com o autor, uma *startup* inicialmente costuma receber investimentos da família, dos próprios fundadores e de amigos (*FFFs*), podendo culminar na obtenção de "saída" por meio da bolsa de valores ao realizar um IPO (*Initial Public Offering*). Graficamente, a chamada "Escada do Crescimento" é assim disposta:

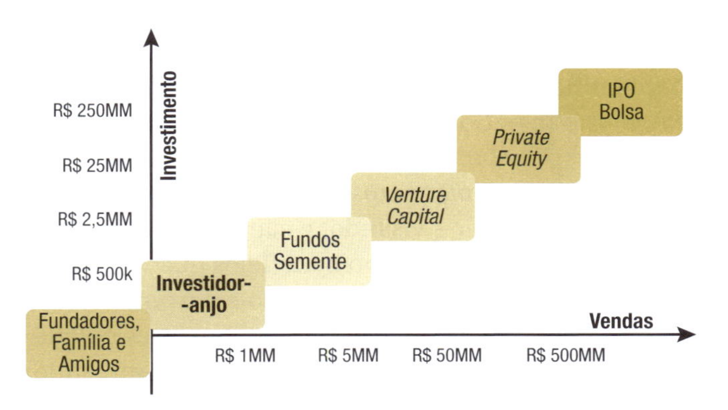

Fonte: Spina (2015)

Trataremos com mais detalhes cada tipo de investimento, ainda neste capítulo. Contudo, de maneira sucinta, percorreremos nos próximos parágrafos cada etapa demonstrada nos gráficos.

Primeiramente, temos o investimento realizado pelos FFFs, ou 3Fs, que geralmente não costuma exigir um retorno de capital agressivo. É realizado por pessoas próximas ao empreendedor, que querem seu sucesso, acreditam no projeto ou têm uma relação próxima com o mercado explorado. Esses investidores acabam por assumir o maior risco do ciclo de financiamento de uma *startup* em virtude do estágio em que entram no processo, costumeiramente durante a fase de criação da ideia ou prova de conceito do projeto que está para ser desenvolvido.

Esse tipo de investimento se refere a valores menores quando comparado com aquele realizado por outros *players* no decorrer do processo de financiamento da *startup*, não envolve profissionalmente os investidores com os empreendedores, e o retorno muitas vezes consegue apenas equiparar-se ao valor investido, sem muitos ganhos (Spina, 2015). Juridicamente este momento é pouco preocupante, por não envolver, normalmente, uma relação comercial propriamente dita – muito menos contratual. Ressalta-se que, no entanto, os FFFs têm à sua disposição instrumentos jurídicos para resguardar o investimento realizado. Apesar disso, são considerados simples em termos de exigências contratuais, uma vez que os valores aportados costumam ser baixos.

Logo após esse estágio, surge a primeira figura de investimento externo que estabelecerá uma relação mais profunda com o empreendedor: o investidor-anjo. Esse agente efetua investimentos de "valor agregado", pois o investidor-anjo atua não somente realizando aportes de capital, mas também aconselha o empreendedor e utiliza-se de sua experiência e relacionamentos pessoais (*networking*) para ajudar a *startup* a se desenvolver – visando, é claro, maiores retornos. Esse tipo de investidor que traz consigo benefícios que vão além do valor financeiro costuma ser denominado como *smart money*. Nessa modalidade, os investimentos são ligeiramente maiores do que aqueles realizados pelos FFFs, principalmente quando os investidores-anjo se organizam em grupos para realizar um investimento, ao que se denomina "sindicato".

O investimento-anjo foi reconhecido pela legislação brasileira em 2016 por meio da Lei Complementar n. 155/2016, que buscou diminuir os riscos atrelados a esse tipo de investimento. Em virtude do amplo envolvimento pessoal do investidor-anjo, há uma preocupação desse tipo de agente quanto à eventual caracterização de vínculo trabalhista com a equipe que colabora com o projeto da *startup*. Além disso, pelo fato de grande parte dos investimentos nesse período ser operacionalizada por meio de um mútuo conversível em vez da efetiva entrada do investidor-anjo no quadro social da *startup* (para evitar riscos de responsabilização pelas atividades desenvolvidas por essa empresa nascente), referida lei criou a possibilidade de o investimento realizado por esse tipo de agente não integrar o capital social.

A terceira etapa no processo de financiamento de *startups* é o capital-semente (*seed capital*). Este é normalmente estruturado por fundos de investimento, mas que buscam investir no estágio inicial da empresa (por essa razão, são denominados *early stage funds*). Rea (1989) afirma que as dificuldades de uma *startup* nessa fase são: a definição de seus mercados, a análise de produtos competitivos e o desenvolvimento de planos de marketing. Assim, o estágio *seed* costuma corresponder a uma fase ainda pré-operacional (Agência Brasileira de Desenvolvimento Industrial, 2011). Segundo Spina (2015), organizam-se por meio de gestoras de fundos advindos de recursos de terceiros, injetando seu capital em *startups* consideradas promissoras pelos analistas de investimento desses fundos. Por assumirem o risco no investimento em empresas em fase inicial, pode-se afirmar que a partir desta etapa os fundos que investem nessas *startups* podem ser classificados como *venture capitalists* (VCs). Trata-se do capital aventureiro, empreendedor, por fomentar projetos em fase inicial. De qualquer maneira, é possível afirmar que a negociação com VCs costuma ser um pouco mais complexa do que a com os anjos, com exigências um pouco mais firmes dos investidores.

As três primeiras etapas mencionadas ocorrem, principalmente, em uma fase pré-estrutural da *startup*. As subsequentes começam a aparecer quando já temos a existência de um modelo de negócio levemente mais consolidado.

O estágio seguinte na cadeia de financiamento consiste na figura do *Private Equity*[18]. Diferentemente do *venture capital* e de forma

---

[18] A razão desse equívoco reside na acepção do termo *Private Equity*. Enquanto resta claro que este é o investimento realizado em empresas mais estruturadas e o *Venture Capital* em empresas iniciais, os dois tipos de investimento se organizam por meio da distribuição de participações em empresas sem que haja uma

complementar a essa figura, o *Private Equity* ocorre quando a *startup* já possui produtos e marcas consolidados, sendo que o aporte de capital realizado é destinado primordialmente à expansão, capital de giro (Agência Brasileira de Desenvolvimento Industrial, 2011; Cumming, 2012) e profissionalização do negócio por meio de um time de gestão para viabilizar futuras etapas de investimento e saídas aos investidores. Sobre a diferença entre as duas figuras, Nikolai Sosa Rebelo (2013) afirma que:

> [...] ambos são modalidades de investimento de risco, mas a fase do investimento determina quando será chamado de *private equity* ou de *venture capital*. Os investimentos realizados em fases iniciais da vida de um empreendimento caracterizam o *venture capital*. O *private equity*, por sua vez, ocorre em estágios mais avançados da companhia, por exemplo, no estágio prévio à abertura de capital. O objetivo da Sociedade Empresária ao captar recursos em *private equity* é a maturidade do empreendimento, e no *venture capital* é viabilizar economicamente a atividade nos seus primeiros anos (Rebelo, 2013).

Estruturalmente, no entanto, ambos possuem algumas similaridades. A indústria de *Private Equity* e *Venture Capital* no Brasil compreende quatro agentes principais: as organizações gestoras, os veículos de investimento (a forma como o investimento será realizado), os investidores e as empresas investidas. Como traz o 2º Censo Brasileiro da Indústria de *Private Equity* e *Venture Capital:*

> As organizações gestoras administram veículos de investimento (chamados de veículos de investimentos de PE/VC, FIPs, FIEEs, FICs, no Brasil, ou veículos de investimento). Os investidores (fonte dos recursos comprometidos com investimentos nos veículos) fazem aporte de capital nos veículos de investimento à medida que lhes seja solicitado pelas organizações gestoras. Os recursos desses veículos, por sua vez, são aplicados nas empresas investidas (ou empresas do portfólio) Agência Brasileira de Desenvolvimento Industrial, 2011).

Em virtude da pluralidade de agentes, o alto volume de capital investido, o risco do negócio, a forma de estruturação do investimen-

---

abertura de capital (tradução literal do termo *Private Equity*). Na prática, entretanto, se diferenciam pelo momento em que o investimento ocorre, apesar de se organizarem de formas semelhantes, sob uma mesma indústria (Agência Brasileira de Desenvolvimento Industrial, 2011).

to e a supervisão das atividades dos fundos por uma agência reguladora (a Comissão de Valores Mobiliários – CVM), esta etapa envolve uma maior complexidade jurídica.

Apesar das similaridades citadas, o *venture capital* e o *private equity* diferem em duas questões principais. A primeira, como já mencionado, seria o estágio em que o investimento é realizado. A segunda, por sua vez, seria o objetivo do investimento realizado. De qualquer forma, é comum que, quando uma *startup* alcança o estágio de financiamento por meio de uma *Venture Capital,* a participação do empreendedor (fundador) possa cair para valores inferiores a 50% (Spina, 2015), de forma que este pode vir a perder o poder de controle sobre a sua empresa. Muitas vezes, empreendedores se surpreendem com a quantidade de participação que acaba por ser cedida a investidores (Rea, 1989).

De acordo com Nikolai Sosa Rebelo, essa é uma das características principais de um investimento de risco, e ele explica o mecanismo, sinteticamente, da seguinte forma:

> [...] o investidor disponibiliza um valor determinado (normalmente pela criação de um fundo) para aplicar em empreendimentos com a característica de ter uma expectativa de alto crescimento no médio e longo prazo. Contrata-se um gestor e administrador de fundos, que fica encarregado de selecionar os empreendimentos que atendam às expectativas do investidor. Após escolhido, são estabelecidas as condições do investimento; realizado, os investidores entram na sociedade em que investiram, ou seja, tornam-se sócios e, normalmente, por meio do administrador do fundo, participam na gestão operacional, controlando normalmente a parte de gestão financeira da companhia. Ao final de alguns anos, o investidor usa mecanismos de desinvestimento, ou seja, retira o seu capital da sociedade e, se tudo correu dentro do esperado, obtém lucros que superam as taxas de retorno de investimentos de menor risco (Rebelo, 2013).

A permanência do investidor na *startup* muitas vezes é temporária, ou seja, ele permanece nos quadros sociais até obter o retorno pretendido. Apesar de tal inserção do investidor como sócio parecer assustadora ao empreendedor num primeiro momento, ela também oferece vantagens.

> Percebe-se, então, que outra característica marcante é o ingresso do investidor na sociedade. A vantagem para as sociedades que recebem recursos dessa forma está em que o capital investido fica imobilizado, portanto, não se submete aos prazos de pagamentos dos recursos obtidos por empréstimos. Tal obtenção de recursos se enquadra no conceito financeiro de capital próprio, pois o investidor se torna sócio da sociedade em que investiu. A grande diferença é que esse novo sócio é, na verdade, um capitalista, que tem, sim, expectativa de obter lucros altos com sua aplicação financeira na sociedade em que investiu, e não de permanecer nela indeterminadamente, como ocorre quando se constitui uma sociedade com finalidade empreendedora (Rebelo, 2013).

No ano de 2016, o panorama do investimento em *Private Equity/ Venture Capital* no Brasil alterou-se drasticamente – principalmente por conta de questões jurídicas. Referida mudança se deve à introdução das Instruções da CVM de n. 578 e 579, responsáveis por alterar a forma pela qual esses investimentos são organizados. Referidas mudanças serão abordadas ao longo deste capítulo.

Após as melhorias de gestão e expansão do negócio promovido pela empresa objeto do investimento em *private equity*, as opções para financiamento acabam se diferenciando. Basicamente, após o *private equity* a empresa pode optar pelas operações de mezanino, que são as operações de financiamento estruturadas por meio de dívidas com agências de fomento (no Brasil, um exemplo seria o Banco Nacional de Desenvolvimento – BNDES) ou instituições financeiras (dívidas emitidas por bancos). Apesar disso, esses instrumentos constituem-se basicamente como dívidas e costumam ter juros e cláusulas bastante onerosas às empresas e, por isso, nem sempre são uma boa opção quando não há subsídio governamental. No mercado, esse tipo de dívida geralmente é operacionalizado por instrumentos como a Cédula de Crédito Bancário, *Credit Agreement*, emissão de notas promissórias, emissão de debêntures conversíveis ou outros modelos híbridos, dentre outros instrumentos de dívida.

Neste momento, cabe reacender a discussão sobre financiamento por meio de dívida (*debt*) ou disponibilização de participação societária (*equity*). Segundo Rebelo (2013), é melhor a obtenção de investimentos externos feitos por terceiros ao oferecer participação societária do que o endividamento, uma vez que o investidor que se torna sócio da empresa investida pode não fixar taxas ou prazos tão agressivos quanto aqueles constantes em instrumentos de dívida para o retorno de capital investido – ele permanece na sociedade até obter seu lucro e existe um alinhamento entre o fundador e o investidor já que ambos são sócios.

Em seguida, na escala de financiamento externo, a empresa tem a possibilidade de realizar uma oferta pública inicial de ações (IPO – *Initial Public Offering*), que consiste em emitir suas ações na bolsa de valores, passando assim a ser uma empresa de capital aberto. Após o IPO, ainda é possível optar pelo PIPE – *Private Investment in Public Equity*, por meio do qual se operacionaliza a aquisição de participação acionária relevante em empresas listadas em bolsa, mas que normalmente possuem baixa liquidez (Agência Brasileira de Desenvolvimento Industrial, 2011).

Além das hipóteses de financiamento apresentadas no gráfico acima, pode-se mencionar também uma ferramenta recentemente criada denominada *equity crowdfunding*. Esse processo consiste em disponibilizar uma oferta a diversos investidores por meio de plataformas virtuais, oferecendo-lhes pequenas participações societárias em troca de pequenos aportes de capital (Ibrahim, 2015). No Brasil, essa modalidade de investimento está em franco crescimento e, por isso, a CVM optou por regular a atividade, após realização de audiência pública. A Instrução CVM n. 588/2017, então, disciplina a realização da operação no Brasil. Trataremos dela, de forma aprofundada, mais adiante.

Percebe-se, portanto, que se tratando de investimentos em *startups*, algumas modalidades são bem peculiares. Por isso, nos subitens seguintes apresentaremos algumas das características jurídicas do financiamento por meio de FFFs, do investimento-anjo, do *Private Equity*, *Venture Capital* e *Equity Crowdfunding*, modalidades que estão em voga no ecossistema empreendedor brasileiro e que merecem maior atenção deste trabalho, dadas suas diferenças em relação às formas de investimento tradicionais.

2.3.2. Modalidades de financiamento externo

2.3.2.1. *FFF: Friends, Family and Fools*

Diversas são as *startups* que iniciam sua operação captando recursos financeiros com membros da família dos fundadores, amigos ou eventuais pessoas desavisadas, que acabam por investir sem saber exatamente o que estão fazendo. A sigla "FFF", atribuída a este grupo de investidores, significa "*Friends, Family and Fools*" (amigos, família e tolos).

A dinâmica célere que envolve a formação de uma *startup* e a proximidade que o empreendedor possui com esses primeiros investidores redunda muitas vezes na falta de formalidade na relação jurídica celebrada entre esses investidores e a *startup* ou o empreendedor. É comum, inclusive, que tais recursos sejam aportados mesmo antes da celebração de um contrato social formal.

Apesar de referida prática, a celebração de contratos formais deve ocorrer o mais breve possível. Ter regras claras sobre o aporte financeiro inviabiliza futuros questionamentos que possam redundar em potenciais litígios e que, dependendo da etapa da *startup*, podem ser fatais. Os primeiros investidores, ainda que oriundos de grupos que contam com grande intimidade com os fundadores, são uma oportunidade para que práticas de governança comecem a ser estabelecidas. O primeiro passo para tanto é a formulação de contratos adequados. Uma questão primordial nessa fase é garantir que o empreendedor tenha a liberdade para pivotar seu negócio caso necessário e consiga a flexibilidade exigida para chegar ao *market fit*. Além disso, é importante evitar que o *cap table*[19] da *startup* esteja comprometido com muitos sócios, uma vez que o FFF é apenas o primeiro estágio de in-

---

[19] *Cap table* é uma consolidação da participação societária de cada sócio, que pode também incluir a previsão de futuros sócios (no caso de dívidas conversíveis ainda não convertidas, por exemplo). É, portanto, um instrumento bastante utilizado por *startups* para controlar a participação societária oferecida a investidores, fundadores e colaboradores. Nesse item podem constar a participação societária outorgada a cada um, opções de compra, a separação da participação societária destinada a um programa de incentivo a funcionários (plano de outorga de quotas ou ações a funcionários), preferências na liquidez, dentre outros pontos relevantes.

vestimento, sendo certo que deve restar *equity* suficiente para ser distribuído em futuras rodadas de investimento.

2.3.2.2 *Investimento-anjo*

Para entender como o investimento-anjo ocorre no Brasil, é necessário primeiramente definirmos o termo "investidor-anjo". Freear, Sohl e Wetzel (1994) conceituam essa figura como o indivíduo possuidor de um *high net worth* (valor líquido elevado), disposto a investir parte de seus ativos em empreendimentos de alto risco que apresentam um grande potencial para retorno. Eles não investem somente seu próprio capital, mas também sua experiência, normalmente desempenhando papéis fundamentais na formação de uma empresa em estágio inicial de desenvolvimento (OECD, 2006). Em resumo, a figura do investidor-anjo geralmente possui experiência anterior com a gestão de empresas e normalmente aparece após o empreendedor ter esgotado os recursos disponibilizados por sua família e seus amigos, mas antes de buscar investidores maiores (Prowse, 1998).

Uma diferença encontrada entre o investidor tradicional e o investidor-anjo é o grau de relacionamento que estes possuem com as empresas investidas e os próprios empreendedores: enquanto o primeiro relaciona-se com o investido de maneira exclusivamente financeira, o segundo possui um papel de orientador e apoiador do negócio, que extrapola o parâmetro de simples auxílio financeiro (Spina, 2015). Dessa forma, o investidor-anjo acaba por participar do negócio, oferecendo monitoramento na performance de seu investimento, bem como em decisões importantes como preços e estruturação (Freear; Sohl; Wetzel, 1994). Assim, é possível afirmar que o investidor-anjo é uma espécie de mentor da empresa investida, por não simplesmente injetar capital, mas participar ativamente do desempenho do negócio. Esses investidores-anjo podem ser divididos em dois grupos: (i) investidores esporádicos; ou (ii) investidores mais experientes que efetuaram diversos investimentos.

Ainda que o investimento-anjo opere em valores inferiores aos fundos, sua importância para o mercado é inegável. Temos aqui a primeira figura externa à empresa que realmente acredita em seu potencial de desenvolvimento, contribuindo não somente com capital financeiro, mas com experiências, mentoria e *networking*. Por tal razão, é fundamental reconhecer que essas figuras são peças-chave no desenvolvimento da inovação.

Assim, é possível dizer que os objetivos de investidores-anjo vão muito além do retorno financeiro. Freear, Sohl e Wetzel (2002) consideram que o retorno financeiro é algo importante, mas não é a expectativa primária desses investidores, que são, na realidade, geralmente motivados por fatores diferenciados, tais como o desafio do envolvimento com negócios inovadores, a criação de empregos decorrente e a possibilidade de contribuírem para a disseminação dos benefícios gerados pelas empresas investidas. É uma ideia equivocada, portanto, considerar que investidores-anjo primam pelo recebimento de "dividendos" ou um resgate de capital sobrecarregado de juros.

Nesse sentido, o termo "anjo" é utilizado pelo fato de não ser um investidor exclusivamente financeiro que fornece apenas o capital necessário para o negócio, mas por servir como um mentor ou apoio do empreendedor, uma vez que aplica seus conhecimentos, experiência e rede de relacionamento para orientá-lo e aumentar suas chances de sucesso. Dessa forma, é comum que investidores-anjo invistam em setores em que possuem conhecimento de mercado, experiência ou relacionamento com empresas e executivos do setor (Festel; Wuermseher; Cattaneo, 2013).

Sobre isso, é importante tecer considerações sobre os direitos garantidos no contrato de investimento-anjo, independente de sua natureza (se contrato de participação, mútuo conversível ou outro, como trataremos a seguir). De acordo com o trabalho de Wong, Bhatia e Freeman (2009) e Shane (2012), há utilização de mecanismos de compensação do risco, como a convertibilidade dos contratos e a sindicalização dos investimentos, por exemplo. No entanto, esses direitos são muito menos rígidos do que nos contratos de fundos de investimento. Um bom exemplo de mecanismo bastante requisitado por fundos mas pouco utilizado por anjos é a concessão de um assento em *boards:* muitas vezes, grupos de anjos elegem um indivíduo para representá-los na gestão da empresa, vetando ou aprovando operações, enquanto cada fundo normalmente solicita que tenha uma participação mais afirmativa no negócio. Isso não quer dizer, no entanto, que o risco pouco importa para esses *players*, tanto que mudanças legislativas que garantam maior segurança são sempre bem-vindas; a questão é que o investimento-anjo é muito menos exigente do que os mais volumosos, como *venture capitals*.

Algumas organizações no país buscam congregar esse grupo de indivíduos para organizar e fomentar o ecossistema de investimento. Alguns exemplos são o Endeavor Brasil[20], a Anjos do Brasil[21], Harvard Business School Angels Alumni Association, Gávea Angels e Curitiba Angels. Temos até mesmo iniciativas governamentais, como a Financiadora de Estudos e Projetos – FINEP, ligada ao Ministério de Ciência e Tecnologia.

A presença de investidores-anjo em uma *startup* tende a oferecer maior segurança e confiabilidade no processo de tomada de decisões, de forma a ser mais atrativo para o mercado (novos investidores e até mesmo clientes) quando aquela *startup* está apoiada por um investidor-anjo que seja um indivíduo de renome. Logo, a sua importância para o ecossistema de *startups* é inegável. Trata-se de uma figura responsável por viabilizar financeiramente o início de uma *startup*, mas que também auxilia com seu conhecimento prévio, reduzindo a taxa de mortalidade e consolidando cada vez mais a inovação produzida por essas empresas.

Diante da importância do investimento-anjo, essa modalidade foi regulada pela a Lei Complementar n. 155/2016, que a reconheceu juridicamente e criou um instrumento especial para sua formalização, chamado de contrato de participação. Trataremos especificamente da referida lei e do contrato em si em momento oportuno.

Até a publicação de referida lei, o investimento-anjo manifestou-se juridicamente das seguintes formas: participação direta na sociedade, constituição de uma Sociedade em Conta de Participação e até mesmo a emissão de dívida conversível[40] ou contratos que se assemelham a esses documentos (Spina, 2015; Coelho; Garrido, 2016).

---

20 Para maiores informações: <www.endeavor.org.br>.

21 Para maiores informações: <www.anjosdobrasil.net>.

22 Costumeiramente, trata-se de títulos conversíveis em participação societária. Isto significa que o investidor tem em mãos um título de dívida que, caso não seja

Para verificar o impacto de referida Lei, primeiramente, cumpre analisar a entrada direta do investidor na sociedade, que se operacionaliza por sua inscrição direta no contrato social e no quadro de sócios. Apesar de ser a maneira mais simples de retornar ao investidor-anjo seu investimento, possui baixa aderência por apresentar muitas desvantagens ao investidor (Coelho; Garrido, 2016) em virtude do risco assumido como sócio. O aspecto positivo dessa modalidade é a garantia de participação nos lucros da sociedade, de acordo com o art. 1.008 do Código Civil Brasileiro. No entanto, isso somente faria sentido a partir do momento em que a sociedade se torna uma *cash cow*. Por outro lado, conforme o art. 1.008 do Código Civil, as perdas devem ser socializadas entre todos os sócios. Isso significa que o investidor, ao ingressar na sociedade, arrisca-se a perder mais do que investiu. Além disso, também está mais exposto a riscos caso a *startup* enfrente uma situação em que haja a desconsideração da personalidade jurídica para responsabilização dos sócios em algum momento, o que ocorre principalmente em questões trabalhistas (Coelho; Garrido, 2016). O investidor-anjo, que ingressa com capital próprio e mentoria em um negócio que já é de extrema incerteza por sua natureza, não é atraído por tamanho risco. Logo, a entrada direta na sociedade não é uma das formas mais utilizadas para se formalizar imediatamente o investimento-anjo.

Alguns instrumentos bastante utilizados por investidores-anjo são o contrato de mútuo conversível e a opção de compra, que também preveem a entrada do investidor na sociedade. Nesse caso, dependeria da decorrência de um prazo, da ocorrência de eventos previstos no contrato ou o cumprimento de certas condições para que o investidor-anjo se torne sócio, por meio da conversão. Falaremos mais adiante sobre esses contratos, pois não são exclusivos do investimento-anjo.

2.3.2.3. *Fundos de investimento:* Private Equity/Venture Capital

O *private equity* e o *venture capital* (PE/VC) são outras modalidades recorrentes de financiamento utilizadas pelo mercado em

---

paga, pode ser convertido em participação societária na *startup*. Em outras palavras, se a dívida do investimento não for paga, o investidor se utiliza do título de crédito para se tornar compulsoriamente sócio da empresa.

geral. A primeira empresa que se dedicou ao *venture capital* (ou capital empreendedor) foi fundada em 1946 no MIT - *Massachusetts Institute of Technology* (EUA) e operacionalizava investimentos de alto risco em empresas que se baseavam em tecnologias desenvolvidas ao longo da Segunda Guerra Mundial (Gompers; Lerner, 2001). Suas atividades envolviam não somente a realização dos investimentos, mas a gestão de uma plataforma de trocas de ações entre investidores, feitas em negociação privada, mas formalizadas publicamente. Por outro lado, a primeira *startup* a ser investida sob o modelo de *venture capital* foi a Fairchild Semiconductor, fundada em 1957, localizada na região que viria a se tornar o Vale do Silício. De acordo com relatório da Endeavor Insight (2014), uma parte importante das empresas do Vale tem alguma relação com a Fairchild Semiconductor em sua gênese:

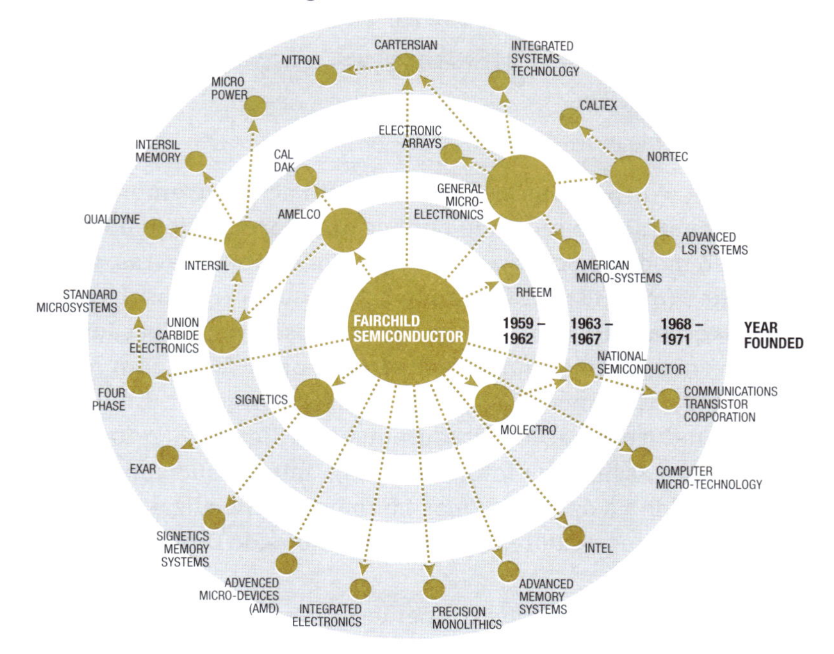

Fonte: *Endeavor Insight* (2014)

A figura acima demonstra o nível de relevância que os empreendedores da Fairchild Semiconductor tiveram na criação das empresas referenciadas e também a quantidade de *spin-offs* (empresas derivadas de outra anterior) que surgiram a partir Fairchild Semiconductor. A seguir estão descritos os códigos de negociação na bolsa de valores de empresas do Vale do Silício que possuem algum tipo de relação com a Fairchild Semiconductor:

AAPL	GOOG	ORCL	FB	INTC	CSCO	EBAY	YHOO	AMAT	TSLA
SNDK	INTY	TWTR	LKDN	A	SYMC	XLNX	KLAC	NTAP	LRCX
JNPR	EA	LLTC	ALTR	NVDA	MXIM	NOW	SNPS	SCTY	PANW
SPLK	CDNS	YELP	FEYE	ALGN	PAY	FTNT	BRCD	UBNT	AMD
TIBX	SYNA	RVBD	ZNGA	CAVM	SNX	IDTI	FCS	FNGN	ARUN
ISIL	SFLY	POWI	CUDA	CY	MPWR	MLNX	RMBS	TRLA	PMCS
CODE	PFPT	MKTO	INFN	RNG	RKUS	XOOM	AMBA	RPXC	FUEL
AMCC	BLOX	EHTH	MCRL	IMPV	HLIT	CHGG	ISSI	EXTR	SABA
IXYS	QTM	PLXT	QUIK	PSEM	MTSN	MOSY	SPRT	IMI	ELON
MERU	IKAN								

Fonte: *Endeavor Insight* (2014)

O PE/VC consiste em investimentos em ações de empresas que não se encontram no mercado público de valores, independente de qual seja o modelo societário utilizado. Em outras palavras, valores mobiliários (mais especificamente ações, outros títulos de dívida, conversíveis ou não, e títulos representativos de participação societária) de empresas de capital fechado são negociadas com investidores, com o intermédio de um administrador/gestor. Em adição, possuem natureza caracterizada por baixa liquidez, retornos de longo prazo e assimetria informacional – fatores que aumentam o risco envolvido na operação, mas também potencializam o retorno recebido pelos investidores (Agência Brasileira de Desenvolvimento Industrial, 2011).

O PE/VC é um investimento operado por meio de fundos, que são intermediários entre as fontes (normalmente investidores institucionais) e empresas com alto potencial de crescimento e geralmente baseadas em tecnologia (Cumming; Johan, 2009). Os fundos recebem recursos dos investidores, injetam capital nas empresas que, por sua vez, garantem aos fundos participação societária ou títulos. Os retornos financeiros obtidos com esta estrutura, por fim, são repassados ao investidor. O ciclo é assim esquematizado:

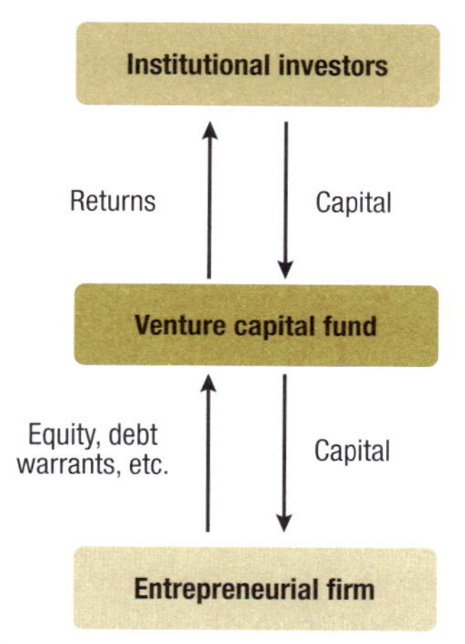

Fonte: *Cumming e Johan* (2009)

No Brasil, a origem dos fundos de investimento remete às atividades realizadas no país desde a década de 1950, sendo, porém, constituídos na forma societária, e não como fundos de investimento propriamente ditos (Rebelo, 2013). Vale lembrar que a Comissão de Valores Mobiliários brasileira foi criada apenas em 1976, por meio da Lei n. 6.385. As primeiras companhias a atuar no mercado de *private equity* surgiram na década de 1980, como é o caso da CRP – Companhia de Participações. No entanto, foi na década de 1990 que a modalidade de investimento começou a crescer no país, pela estabilidade econômica atingida por meio da adoção do Plano Real (Rebelo, 2013).

Como já mencionado anteriormente, *startups* apresentam um alto risco ao investidor que se aventura a financiar esse tipo de empresa. Apesar disso, os investimentos realizados por fundos de PE/VC têm a vantagem de valer-se de informações que outros tipos de investidores não possuem para a realização desse tipo de investimento:

> Mas o que é risco? Como dimensionamos risco? Quanto mais os investidores têm informações sobre as empresas de capital fechado menor o risco percebido. E quanto mais estas informações são propriedade de organizações gestoras de Private Equity que detém conhecimento em função

> de investimentos prévios ou em função de gestores com larga experiência nos setores alvo, maiores as oportunidades de se identificar ativos cujo valor ainda não é "apreçado" pelo mercado, que podem ser adquiridos a preços competitivos, que apresentam uma clara rota de potencial de valorização, permitindo à gestora auferir retornos acima da média de mercado, desde que o investidor selecione a gestora certa com as capacitações, recursos e portfólio de negócios corretos, que possam inclusive compensar maus retornos em alguns investimentos com bons retornos em outros investimentos, e ainda assim apresentar ao investidor um retorno líquido médio acima de um adequado benchmark utilizado como comparação (Agência Brasileira de Desenvolvimento Industrial, 2011).

Referido risco envolvido no investimento em *startups* resultou na percepção de que é de suma importância a presença de um gestor/administrador competente que sabe gerenciar os valores a ele confiados, de forma que desempenhe papel fundamental na conexão da empresa investida com demais atores do mercado (Cummings; Johan, 2009), e, inclusive, tem poder de decisão sobre as sociedades em que esse capital será investido (Cummings; Johan, 2009; Rebelo, 2013).

Em virtude do alto risco envolvido nesse tipo de investimento e do estágio de maturidade das *startups*, questões de governança da empresa investida e assimetria informacional são especialmente importantes quando se trata de PE/VC. Basicamente, o empreendedor tem informações aprofundadas sobre a sua empresa, enquanto o investidor deve monitorar a empresa e o empreendedor para ter acesso a essas informações e ter certeza sobre a forma como seu dinheiro está sendo gasto. Essas questões são reflexos dos custos de agência (Jensen; Meckling, 1976). Basicamente, o custo de agência consiste na somatória dos gastos de monitoramento incorridos por um principal em virtude da delegação de uma tarefa a um agente (Jensen; Meckling, 1976). Portanto o relacionamento entre acionistas e administradores de uma companhia são relações puras de agência (Jensen; Meckling, 1976). Em virtude disso, é comum que os fundos aloquem uma pessoa de sua confiança para participar da administração da empresa investida, tanto para auxiliar na administração da empresa nascente, quanto para diminuir o custo de agência.

No âmbito do PE/VC, as relações de agência ocorrem entre vários envolvidos no processo, em que os papéis de "principal" e "agente" são alternados, a depender da relação em questão (Cummings; Johan, 2009):

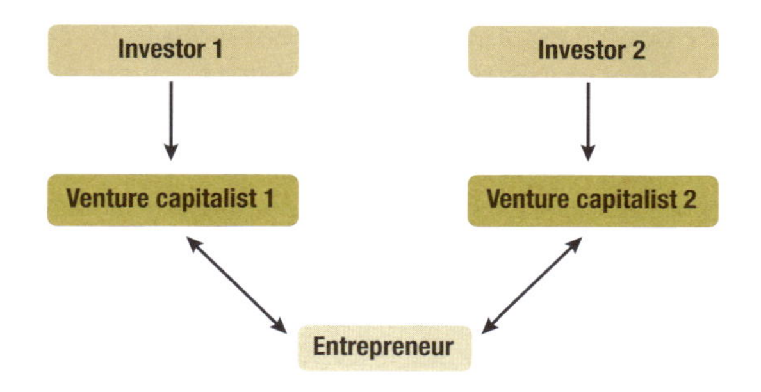

Figura 2.3 *Principal ←→ Agent Relationships in Venture Capital*

	Principal	*Agent*
1.	*Investor 1*	*Venture Capitalist 1*
2.	*Investor 2*	*Venture Capitalist 2*
3.	*Venture Capitalist 1*	*Entrepreneur*
4.	*Venture Capitalist 2*	*Entrepreneur*
5.	*Entrepreneur*	*Venture Capitalist 1*
6.	*Entrepreneur*	*Venture Capitalist 2*
7.	*Venture Capitalist 1*	*Venture Capitalist 2*
8.	*Venture Capitalist 2*	*Venture Capitalist 1*

Fonte: *Cumming e Johan* (2009)

A Agência Brasileira de Desenvolvimento Industrial (2011) conceitua e distingue o *Private Equity* e o *Venture Capital* de acordo com os estágios progressivos de desenvolvimento de uma empresa investida. Segundo a Agência, as empresas podem se encontrar em três grandes fases de evolução: desenvolvimento, expansão e maturidade.

Basicamente, a fase em que o investimento é recebido é o que determina, de acordo com a Agência, a modalidade de investimento adotada. Dessa forma, o *venture capital* ocorre enquanto a empresa está na primeira fase (desenvolvimento) e subdivide-se em *early stage* e *later stage*. Por essa razão, atribui-se ao *venture capital* uma relação intrínseca com o mercado de *startups*. Já o *private equity* pode ocorrer na fase de expansão (*private equity – growth*) ou já na etapa de maturação (*private equity – later stage*).

Assim, nas empresas em estágio inicial de desenvolvimento, o investimento recebe o nome de *venture capital,* uma espécie de *pri-*

vate equity que ocorre em empresas nascentes (Rebelo, 2013; Agência Brasileira de Desenvolvimento Industrial, 2011). A Agência classifica os estágios da seguinte maneira:

> Desenvolvimento:
>
> • Venture Capital – *Early Stage*: Estágio inicial de financiamento das empresas que apresentam produtos ou serviços já testados comercialmente, usualmente, com até quatro anos de operação e faturamento não superior a R$ 8 milhões (Segunda rodada de financiamento).
>
> • Venture Capital – *Later Stage*: a empresa já atingiu a fase de comercialização plena do produto e a sua rápida expansão requer mais recursos do que podem ser criados pela geração interna de veículos de investimento para ampliar a comercialização, melhoria de produto, aumento da capacidade produtiva, distribuição, etc.
>
> Expansão:
>
> • Private Equity – *Growth*: Expansão ou crescimento. Aporte de capital para a expansão de empresa já estabelecidas com linhas de produtos e marca consolidada. O aporte é destinado à expansão de planta e/ou rede de distribuição, capital de giro ou ainda para ser investido e formação de marca. A taxa de crescimento de vendas é usualmente superior a 25% a.a. neste estágio.
>
> Maturidade:
>
> • Private Equity – *Later Stage*: Neste estágio, a empresa já atingiu uma taxa de crescimento alta e estável, fluxo de caixa expressivo, marca consolidada e pode ser caracterizada como plataforma de expansão e aquisição de empresas do mesmo setor (Agência Brasileira de Desenvolvimento Industrial, 2011).

Apesar das diferenças mencionadas entre *private equity* e *venture capital, essas modalidades de investimento* são similares em algumas questões. A primeira delas é a pluralidade de envolvidos na operação de investimento: organizações gestoras, veículos de investimento, investidores e empresas investidas.

Empresas investidas e investidores são as duas pontas do processo de investimento: o dinheiro é fornecido pelos investidores e chega nas empresas, para que utilizem os recursos financeiros para o desenvolvimento de suas atividades.

Os **veículos de investimento** são os meios pelos quais os investimentos serão operacionalizados (veremos mais adiante que a forma mais usual de sua organização no Brasil são os FIPs – Fundos de Investimentos em Participações).

As **organizações gestoras,** por fim, administram os veículos de investimento e, através destes, conectam o capital do investidor ao empreendedor. Os gestores são escolhidos de acordo com sua competência e renome, pois são os que normalmente exercem poder de gestão nas empresas investidas e organizam o desinvestimento; após decorrido o lapso temporal de investimento naquela empresa, recebem o retorno financeiro do aporte realizado e realizam sua redistribuição para os investidores após percebida sua remuneração (Agência Brasileira De Desenvolvimento Industrial, 2011; Rebelo, 2013; Cummings; Johan, 2009). Essa relação entre os participantes desse processo pode ser ilustrada da seguinte maneira:

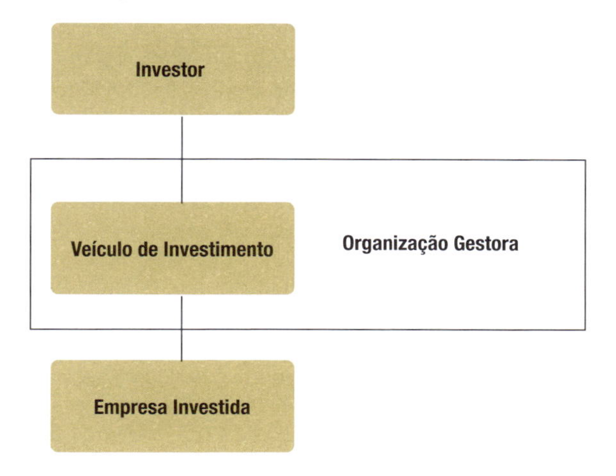

Fonte: Ribeiro (2005)

Juridicamente, a estruturação dos veículos de investimento deve ser feita a fim de acomodar os interesses dos investidores, dos gestores e dos empreendedores, que interagem entre si por meio das chamadas relações de agência. Tais relações são estabelecidas em estruturas de avenças contratuais, que visam atender os interesses dos envolvidos (Bento, 2015).

Entretanto os modelos societários brasileiros disponíveis não são capazes de atender à flexibilidade que a atividade empresarial exige ao mesmo tempo em que deve acomodar os interesses dos agentes que operam nos investimentos de PE/VC (Bento, 2015) – enquanto as

Sociedades Anônimas são mais sofisticadas, mas demonstram alto custo de manutenção e estruturação, as Sociedades Limitadas, por sua vez, são pouco flexíveis e, na prática, apresentam instrumentos de capitalização muito escassos e riscos de responsabilização financeira dos sócios (Bento, 2015).

No início da década de 1990, a constituição de *holdings* era a forma mais comum de estruturar os veículos de investimento. No entanto esse modelo possui diversos pontos negativos que fazem com que esta não seja a forma ideal de estruturação:

> Como veículos de PE/VC, as holdings apresentam algumas deficiências que não são apresentadas pelas limited partnerships, dentre as quais: 1) os impostos sobre ganhos de capital realizados com a liquidação dos investimentos são recolhidos pela própria holding, significando que todos os investidores pagam a mesma alíquota que a empresa; 2) não têm duração limitada; 3) apresentam dificuldades para apropriação de créditos tributários; e 4) só pode receber investimentos de investidores estrangeiros qualificados se for uma empresa de capital aberto, incorrendo em todos os custos de manutenção de uma companhia aberta (Agência Brasileira de Desenvolvimento Industrial, 2011).

Nos Estados Unidos e no Reino Unido, a estrutura jurídica adotada é aquela oferecida pelas *limited partnerships*:

> Instituído nos EUA pela Uniform Limited Partnership Act (ULPA) de 1916, a *Limited Partnership* é um dos veículos mais comuns em PE/VC nos EUA. Outros países como Canadá e Chile e alguns paraísos fiscais como as Ilhas Cayman, Panamá e Bermudas também incluíram em seus sistemas jurídicos a provisão para este tipo de estrutura. Porém esta não está prevista na legislação Brasileira. Uma das principais vantagens da *limited partnership* é a sua flexibilidade tributária. Os ganhos são tributados apenas no momento do resgate das cotas e cada investidor paga a alíquota à qual está sujeito. Na LP, o gestor assume a figura de *general partner* e os investidores recebem a denominação de *limited partner*. Em troca de seu distanciamento da gestão cotidiana do veículo e, consequentemente, do controle sobre a atividade de PE/VC, o *limited partner* não assume nenhuma responsabilidade legal sobre passivos que venham a ultrapassar o montante de capital investido. No entanto, isso não o impede de participar do comitê de administração (*advisory board*) da LP. Já o GP assume todas as responsabilidades legais advindas do gerenciamento do veículo de investimentos *(limited partnership)* (Agência Brasileira de Desenvolvimento Industrial, 2011).

Por fim, restam os fundos de investimento. Temos que o mercado de capitais no Brasil (que envolve os fundos de investimento) é regulado pela CVM - Comissão de Valores Mobiliários e pelo BACEN - Banco Central, sendo que os fundos de investimento só podem operar se legalmente autorizados por tais entidades, de acordo com o espectro de competência de cada uma (Carvalho, 2012). Dentre as opções possíveis de acordo com referidas normas se encontra a estrutura de FIPs - Fundos de Investimento em Participações, que em 2016 passaram a englobar também os chamados FMIEEs - Fundos Mútuos de Investimento em Empresas Emergentes.

De acordo com Martins de Carvalho (2012), enquanto os FIPs são mais utilizados como veículos de *private equity,* os FMIEEs têm[23] seu uso mais comum em casos de *venture capital*[24].

Os FMIEEs surgiram com a Instrução CVM n. 209/94, cuja redação original sofreu diversas alterações e, posteriormente, foi substituída pela Instrução CVM n. 578/2016. Sob a Instrução CVM n. 209/94, considerava-se como emergente a empresa que apresentasse faturamento líquido anual inferior a R$ 150.000.000,00 (cento e cinquenta milhões de reais) e, caso seu controle pertencesse a um grupo de sociedades, de direito ou de fato, cujo patrimônio líquido não superasse R$ 300.000.000,00 (trezentos milhões de reais). Referida definição limitava a aplicação do fundo a um grupo restrito de empresas, em virtude do fato de haver um volume máximo de patrimônio líquido para sociedades controladoras. Além disso, de acordo com tal norma, o fundo possuía prazo máximo de duração de 10 anos, que podia ser prorrogado com autorização da assembleia geral.

Interessantes foram as alterações provocadas pela Instrução n. 415/2005, ao acrescentar o capítulo XI-A à IN 209/94. Este capítulo, balizado pelo art. 23 da Lei n. 10.973/2004 (Lei de Inovação Tecnológica), previa os chamados Fundos de Investimento em Empresas Emer-

---

23 A obra citada foi escrita antes da reforma dos FIPs e FMIEEs, ocorrida em 30 de agosto de 2016. Uma vez que os FMIEEs foram extintos a partir da Instrução Normativa CVM n. 578/2016, a estatística passa a ser meramente demonstrativa de sua importância.

24 Neste sentido, a ABVCAP (2015) também atribui aos FMIEEs o título de fundos de *venture capital* e aos FIPs, fundos de *private equity.*

gentes Inovadoras, que obrigava que estes fundos destinassem pelo menos 75% de suas aplicações em ações, debêntures conversíveis em ações ou bônus de subscrição em ações de emissão de sociedades emergentes inovadoras. Entretanto tais sociedades deveriam ser constituídas sob a forma de Sociedades Anônimas, e suas atividades "voltadas para a introdução de novidade ou aperfeiçoamento no ambiente produtivo ou social que resulte em novos produtos, processos ou serviços", de acordo com o art. 43-A da Instrução n. 209/94. Estas alterações visaram consolidar os FMIEEs como fonte de impulsão de empresas nascentes no Brasil e dinamizar a economia nacional (Carvalho, 2012).

As limitações patrimoniais e de lucros das empresas fazem com que esses fundos fossem mais frequentemente associados ao *venture capital,* já que este ocorre em estágios iniciais da empresa. Os FMIEEs, entretanto, foram extintos do mercado brasileiro após a publicação da Instrução CVM n. 578/2016, que expressamente revoga as normas a ele relativas, com a ressalva de que os FMIEEs criados anteriormente à publicação das novas regras continuariam operando em seus moldes por 12 (doze) meses. Caso realizassem ofertas públicas de cotas, registradas ou não, deveriam adaptar-se imediatamente às novas regras.

Os FIPs – Fundos de Investimento em Participações, por sua vez, foram criados em 2003 pela Instrução CVM n. 391/2003, que recentemente foi também substituída pela Instrução CVM n. 578/2016. Os FIPs surgiram com a intenção de flexibilizar os investimentos em empresas por meio da aquisição de participação societária, que, neste caso, podem ser representadas por ações, debêntures, bônus de subscrição ou quaisquer outros títulos mobiliários, no caso de Sociedades Anônimas abertas ou fechadas, ou títulos e valores mobiliários representativos de participação em Sociedades Limitadas. Essa última possibilidade passou a ser permitida apenas após a publicação da Instrução n. 578/2016 e decorre da criação de subcategorias aos FIPs, que legitima o investimento realizado em Sociedades Limitadas por meio dos FIP – Capital Semente e FIP – Empresas Emergentes. No caso de FIPs, então, admite-se que tal aquisição seja feita de Sociedades Limitadas ou companhias abertas ou fechadas, independentemente de seu faturamento ou patrimônio (apesar de este ser um critério de categorização do fundo, como veremos a seguir), diferente do que ocorria com os FMIEEs.

De acordo com a própria Instrução que regulamenta essas modalidades de fundos, estes devem participar ativamente da tomada de decisões da companhia investida, influenciando sua estratégia e gestão (art. 5º, Instrução CVM n. 578/2016). Assim, torna-se imprescindível que as empresas investidas por esses fundos passem a seguir uma série de requisitos previstos na Instrução CVM n. 578/2016. Apesar disso, a flexibilidade deles se relaciona principalmente com a quantidade de parâmetros que podem ser definidos pelo regulamento próprio do fundo a ser constituído.

A Instrução CVM n. 578/2016 cria cinco categorias de FIPs para atender às necessidades do mercado, que são assim classificadas de acordo com a composição de suas carteiras: FIP - Capital Semente, FIP - Empresas Emergentes, Infraestrutura (FIP-IE), Produção Tecnológica Intensiva em Pesquisa, Desenvolvimento e Inovação (FIP-PD&I) e FIP - Multiestratégia.

Os dois primeiros (Capital Semente e Empresas Emergentes) estão restritos a realizar investimentos em Sociedades Anônimas ou Limitadas que possuam uma receita bruta anual de até R$ 16 milhões e R$ 300 milhões, respectivamente. Em geral, as regras previstas para os fundos de Capital Semente são mais brandas, como, por exemplo, a dispensa de determinadas práticas de governança estabelecidas na Instrução Normativa (arts. 15 e 16, Instrução CVM n. 578/2016).

Os FIPs voltados à Infraestrutura e à Produção Tecnológica Intensiva em Pesquisa, Desenvolvimento e Inovação somente podem investir em Sociedades Anônimas que desenvolvam novos projetos[25] de infraestrutura ou de produção econômica intensiva em pesquisa, desenvolvimento e inovação. Os setores em que tais companhias devem atuar estão estabelecidos na Instrução, e podem ser de energia,

---

[25] Projetos iniciados a partir de 22 de janeiro de 2007 (art. 17, § 1º, Instrução CVM n. 578/2016) ou "os projetos de produção econômica intensiva em pesquisa, desenvolvimento e inovação implementados a partir da vigência da Lei n. 12.431, de 27 de junho de 2011, por sociedades específicas criadas para tal fim e que atendam à regulamentação do Ministério da Ciência e Tecnologia; e as expansões de projetos já existentes, implantados ou em processo de implantação, desde que os investimentos e os resultados da expansão sejam segregados mediante a constituição de sociedade de propósito específico" (art. 17, § 2º, Instrução CVM n. 578/2016)

transporte ou saneamento básico, por exemplo (art. 17, incisos I a V, Instrução CVM n. 578/2016). Estes FIPs não estão dispensados de práticas de governança e devem iniciar suas atividades em até 180 (cento e oitenta) dias após obtido o registro de funcionamento na CVM.

A última categoria é a mais complexa dentre as cinco modalidades previstas. Os FIP – Multiestratégia são os fundos que admitem investimentos em diferentes tipos e portes de empresas investidas (art. 18, Instrução CVM n. 578/2016). Faz jus às regras dos FIP – Capital Semente ou FIP – Empresas Emergentes caso invista em empresas que se enquadram nessas categorias, mas são destinados exclusivamente a investidores profissionais (art. 18, § 2º, Instrução CVM n. 578/2016).

Como mencionado anteriormente, os FIPs preveem práticas de governança corporativa que devem ser adotadas pelas empresas investidas, conforme o art. 8º da Instrução CVM n. 578/2016. Dentre tais práticas, estão, por exemplo, a realização de auditorias anuais (inciso VI), a adesão a câmaras de arbitragem para resolução de conflitos societários (inciso IV) e o estabelecimento de mandato unificado de 2 (dois) anos para todo o Conselho de Administração, quando houver (inciso II). Tais práticas de governança tornam mais alinhadas e melhores as relações entre os investidores, as gestoras e os empreendedores (ABVCAP, 2015). Vale ressaltar que todas essas práticas de governança são dispensáveis para Sociedades Limitadas investidas por FIP – Capital Semente, justamente por conta do custo envolvido na adoção dessas práticas de governança que dificilmente poderiam ser suportadas por empresas em estágio inicial. As Limitadas investidas por FIP – Empresas Emergentes, por outro lado, estão dispensadas de práticas de governança específicas (contidas nos incisos I, II e IV do art. 8º, Instrução CVM n. 578/2016). Os FIP – Multiestratégia gozam das mesmas dispensas quando investirem em empresas cujo regime dos FIP – Capital Semente e Empresas Emergentes for aplicável.

As tarefas dos administradores de fundos de PE/VC compreendem diversas fases da estruturação do investimento. Nikolai Sosa Rebelo (2013) divide essa participação em quatro grandes etapas: *a*) a prospecção e a apresentação de planos de negócios (que seleciona e pesquisa sociedades que são aptas a receber o aporte de capital); *b*) a elaboração de documentos preliminares, como, por exemplo os termos de confidencialidade (ou *non-disclosure agreement,* que veda a divulgação de detalhes da negociação) e protocolo de intenções (ou *term sheet*, que especifica as primeiras ideias de concretização do negócio); *c*) a *due diligence*, uma profunda auditoria na empresa que receberá o investimento; e, por fim, *d*) a elaboração dos contrato finais, conhecidos como acordos de subscrição, que vincularão as partes sob termos de valor do investimento, condições e obrigações das partes, tipos das ações, e demais cláusulas.

Destaque-se que os FIPs têm ainda regras que devem nortear a atuação dos administradores e das organizações gestoras desses fundos. A IN 579/2016 estabelece os critérios contábeis de "reconhecimento, classificação e mensuração de ativos e passivos, assim como os de reconhecimento de receitas, apropriação de despesas e divulgação de informações nas demonstrações contábeis dos Fundos de Investimento em Participações" (Art. 2º). Em adição, a própria CVM estabelece normas gerais para a administração de fundos, por meio da Instrução n. 409/2004, que devem ser obedecidos pelos administradores de todos os Fundos de Investimento autorizados pelo órgão.

Em virtude de todas essas regras, os contratos de investimento costumam conter cláusulas que obrigam as *startups* a se adaptarem às referidas normas, como, por exemplo aquelas que resultam na mudança de tipo societário da empresa investida após a recepção do aporte e mudanças específicas em seu estatuto social (Rebelo, 2013). Entretanto, a maior exigência dos investidores é a elaboração de um acordo de sócios ou acordo de acionistas, nos quais serão reguladas a fundo as relações entre os sócios que não podem ser regidas pelo estatuto (Rebelo, 2013). Vale ressaltar que, a princípio, o acordo de sócios é um documento que não costuma ser registrado na Junta Comercial e, por isso, diferentemente do Estatuto e Contrato Social, não é um documento público. Assim, costumam-se deixar algumas questões de maior confidencialidade para o acordo de sócios/acionistas.

As cláusulas utilizadas em referidos documentos são formas encontradas pelos investidores de intervir na gestão da empresa investida, principalmente por meio das gestoras e administradoras do fundo, conforme prevê a regulamentação dos FIPs e a própria natureza dos investimentos em *private equity* ou *venture capital*. As cláusulas tipicamente adotadas nesse tipo de documento serão abordadas em seguida.

2.3.2.4. *A bolsa de valores*

Uma *startup* também pode levantar capital por meio de uma abertura em bolsa de valores, o que ocorre, num primeiro momento, por meio de um IPO - *Initial Public Offering.* Nesse momento, a empresa oferta para o mercado ações que serão negociadas em bolsa de valores. Para tanto, é necessário que a *startup* atenda a uma série de requisitos para que possa tornar-se uma companhia listada, uma vez que tanto o mercado em bolsa de valores quanto as ofertas públicas de valores mobiliários são regulados pela CVM.

No Brasil, recentemente, a Netshoes realizou uma oferta pública inicial de ações na bolsa de valores de Nova York. Nesse mesmo ano, uma grande polêmica envolveu a abertura de capital do Snapchat na mesma bolsa, em virtude da possibilidade de ter obtido um *valuation* maior na emissão de suas ações[26]. No caso de *startups* que se tornaram gigantes da tecnologia, o financiamento por meio de um IPO por vezes é extremamente delicado em virtude do receio de um *downround,* como será abordado no Capítulo 4 deste livro.

2.3.2.5. *As plataformas de* Equity Crowdfunding

A última modalidade de captação de recursos que se destaca no âmbito das *startups* é o *equity crowdfunding.* O conceito de *crowdfunding* propriamente dito é extraído da tradução do termo: *crowd,* em inglês, significa "uma coletividade de pessoas"; *funding,* por sua vez, também em inglês, pode ser traduzido como "financiamento". Logo, *crowdfunding* significa "financiamento coletivo", que envolve uma pluralidade de indivíduos, assim como ocorre na hipótese de financiamento por meio da bolsa de valores. No entanto, o *crowdfunding* consiste no financiamento de projetos, não de empresas em si - como é o caso no *equity crowdfunding.*

O financiamento coletivo se tornou bastante popular nos últimos anos, principalmente por conta da proliferação de plataformas *online* que viabilizam este tipo de operação. Os mecanismos de financia-

---

[26] De acordo com especialistas, o Snapchat precificou as suas ações na oferta pública inicial na Bolsa de Valores de Nova Iorque a um valor abaixo do *valuation* real da empresa, de acordo com a matéria da *Fortune* disponível em: <www.fortune.com/2017/03/02/snapchat-ipo-snap-disaster/>. Acesso em: 2 jul. 2017.

mento coletivo possuem grande potencial para alavancar a economia de um país de forma inclusiva, impulsionando seu desenvolvimento e criando novos empregos, à medida que cada projeto apresentado consegue atingir sua meta e ser realizado (INFODEV, 2013). Este desenvolvimento pode ser aproveitado inclusive de forma expressiva por países em desenvolvimento, que podem encontrar no financiamento coletivo uma forma de impulsionar novos mercados por meio do fomento à inovação (INFODEV, 2013). O *crowdfunding,* no entanto, é gênero. Ele pode se desdobrar em diversas modalidades: doações (*donations*), contribuições baseadas em prêmios (*reward-based*), empréstimos (*lending*) e *equity crowdfunding* (Vulkan; Åstebro; Sierra, 2016).

O primeiro (*donation*), consiste na solicitação de doações para determinada ideia, sem que nada seja oferecido em retorno. No segundo (*reward-based),* o valor que o contribuinte oferece garante a este algum prêmio em retorno caso a ideia vingue, como um produto ou serviço de acordo com o valor concedido – trata-se das "contrapartidas". O terceiro é a realização de empréstimos por meio dos quais os contribuintes esperam o retorno integral, acrescido de rendimentos pré-estabelecidos, do valor emprestado. Por fim, tem-se o *equity crowdfunding* que consiste no financiamento coletivo em que são oferecidos títulos representativos de participação societária da investida àquelas pessoas que desejam investir por meio dessa modalidade.

Por representar uma espécie de negociação de capitais, o *equity crowdfunding* despertou o interesse dos órgãos reguladores brasileiros, principalmente após diversas plataformas da modalidade terem surgido no Brasil e já operarem no mercado, como, por exemplo, a EqSeed e a Broota. Diante disso, a CVM publicou, em 8 de agosto de 2016, um edital de audiência pública com uma minuta prévia de instrução que regulamentaria esse mercado, abrindo para a sociedade o envio de manifestações e sugestões relativas a essas novas regras. A audiência pública resultou na Instrução CVM n. 588, de 13 de julho de 2017, que regulamenta a prática no Brasil.

Antes da referida Instrução, o *equity crowdfunding* no Brasil dependia das regras criadas pelas próprias plataformas que operacionalizam a modalidade. Basicamente, as plataformas detidas por empresas privadas (geralmente, *startups*) disciplinavam as regras para que uma emissão ocorra na plataforma. O grande problema era considerar isso uma oferta pública – procedimento bastante custoso para *startups* e para as próprias plataformas, principalmente por ser regulada pela Comissão de Valores Mobiliários (CVM). Para que não fosse assim considerada, então, referida oferta deveria obter uma dispensa da CVM, normalmente conseguida por não atingir, propositalmente, os critérios para ser necessário seu registro como uma oferta pública nos termos do então vigente art. 5º, inciso III da Instrução CVM n. 400/2003[27]. Aqui, cabe inclusive um comentário: as Instruções n. 400/2003 e n. 480/2009 da CVM haviam sido as principais expressões de como essa agência já havia buscado maneiras de viabilizar investimentos em micro e pequenas empresas por meio da emissão de títulos mobiliários (Perroni; Ramos, 2014).

A preocupação até então residia no fato de que todo o mecanismo de *equity crowdfunding* fosse baseado em exceções à regra geral, em vez de ter um instituto próprio. As Instruções que serviam como base para o *equity crowdfunding* brasileiro permitiam a dispensa automática de registro de uma emissão na CVM caso fosse realizada por Empresas de Pequeno Porte (EPPs) e Microempresas (MEs). Assim, as normas que operacionalizavam esse tipo de financiamento tinham sua aplicação restrita, principalmente, a dois fatores: primeiramente, o regime da dispensa para ofertas de valores mobiliários deveria ser limitado, anualmente, ao valor de R$ 2.400.000,00 (dois milhões e quatrocentos mil reais). Além disso, por se referirem à definição legal de EPPs e MEs prevista no art. 3º da Lei Complementar n. 123/2006, aplicavam-se a empresas que auferem receita bruta anual de até no máximo R$ 4.800.000,00. Isso limitava bastante o campo de atuação dessa forma de financiamento.

O fato é que se trata de mecanismos jurídicos utilizados para a efetivação de uma modalidade de investimento ainda não prevista pela legislação brasileira. A CVM, então, após observar a relevância desse mercado, decidiu regular a matéria. No momento da publicação

27 A operacionalização de uma oferta na plataforma disponibilizada pelo Broota pode ser verificada no Memorando n. 38/2016-CVM/SRE/GER-3, datado de 28 de julho de 2016, disponível em: <www.cvm.gov.br/export/sites/cvm/decisoes/anexos/2016/20160913/0327__SRE.pdf>. Acesso em: 2 jul. 2017.

da audiência pública, em 2016, normas já haviam sido criadas em países como Estados Unidos, Reino Unido, Portugal, França, Itália[28], e foi nessas regulações que CVM afirma ter se inspirado.

Dessa forma, a Instrução CVM n. 588/2017 reconheceu e disciplinou a modalidade no Brasil. A princípio, revogou o inciso III do art. 5º da Instrução CVM n. 400/2003, que previa até então a hipótese de dispensa de registro. A partir da publicação da nova Instrução, quem optasse por levantar recursos por meio do *equity crowdfunding* no Brasil não precisa registrar sua oferta, desde que esta seja de acordo com as regras específicas dessas operações. Logo no art. 1º da ICVM n. 588, já está prevista a finalidade da regulação: o investimento participativo, excluídos do conceito quaisquer empréstimos que não envolvam valores mobiliários, como os demais tipos de *crowdfunding* citados acima (art. 2º, § 1º, Instrução CVM n. 588/2017).

Estão aptas a captar via *equity crowdfunding* o que a Instrução chama de "sociedade empresária de pequeno porte[29]": deve estar devidamente constituída e registrada, possuir receita bruta anual apurada no exercício social encerrado no ano anterior não superior a R$ 10.000.000,00 (dez milhões de reais) e não pode estar listada como emissora de valores mobiliários na CVM (art. 2º, III, Instrução CVM n. 588/2017). Para fins de contagem da receita, caso a sociedade seja controlada por outra pessoa jurídica ou fundo de investimento, o valor de R$ 10.000.000,00 (dez milhões de reais) deve ser considerado para todo o grupo em questão, e não apenas para a Sociedade que captará os recursos (art. 2º, § 3º, Instrução CVM n. 588/2017).

O volume de recursos a ser levantado não pode ser superior a R$ 5.000.000,00 (cinco milhões de reais) por campanha, a qual não pode durar mais que 180 (cento e oitenta) dias (art. 3º, Instrução CVM n. 588/2017). Além disso, os recursos captados não podem ser utilizados

---

[28] O Edital de Audiência Pública SDM n. 06/16 da CVM traz a minuta da regulação proposta, bem como a justificativa e explicação sobre a proposta de redação da norma. O documento está disponível em: <www.cvm.gov.br/export/sites/cvm/audiencias_publicas/ap_sdm/anexos/2016/sdm0616edital.pdf>. Acesso em: 2 jul. 2017.

[29] Não confundir com os conceitos de Microempresa ou Empresa de Pequeno Porte, estabelecidos na Lei Complementar n. 123/2006 para enquadramento no regime simplificado de tributação.

para: *a*) fusão, incorporação, incorporação de ações e aquisição de participação em outras sociedades; *b*) aquisição de títulos, conversíveis ou não, e valores mobiliários de emissão de outras sociedades; ou *c*) concessão de crédito a outras sociedades (art. 3º, V, Instrução CVM n. 588/2017). Bem-sucedida a campanha, não poderá ser feita outra pelo prazo de 120 (cento e vinte) dias (art. 3º, § 4º, Instrução CVM n. 588/2017).

Além disso, fica vedado ao investidor comum aplicar mais de R$ 10.000,00 (dez mil reais) por ano-calendário (art. 4º, Instrução CVM n. 588/2017). São exceções os investidores líderes de sindicato de investimentos, conforme definido na própria Instrução, os qualificados e os que possuem mais de R$ 100.000,00 (cem mil reais) em investimentos financeiros, caso em que o limite anual de investimento pode ser ampliado para até 10% do maior dos dois valores por ano-calendário (art. 4º, III, Instrução CVM n. 588/2017).

Ponto importante dessa nova regulamentação diz respeito à responsabilidade das plataformas. Além de garantir a prestação de informações de forma correta (Cap. III da Instrução CVM n. 588/2017), há uma série de exigências previstas para que elas possam operar, como a necessidade de autorização e um rol de deveres a serem cumpridos.

Por exemplo, para que seja autorizada a operar, a plataforma deve ser pessoa jurídica regularmente constituída no Brasil, deve dispor de pelo menos cem mil reais de capital social integralizado e, por fim, ser capaz de garantir a verificação de que possui procedimentos e tecnologias adequados para a prestação dos serviços, o que foi amplamente definido no art. 13 da Instrução CVM n. 588/2017. Também há uma série de requisitos para os administradores da plataforma, como domicílio no Brasil, reputação ilibada e a garantia de que não foram condenados em certos tipos de ação, por exemplo, conforme definido no mesmo artigo.

Além disso, temos um rol bastante extenso de responsabilidades específicas das plataformas (arts. 18 a 27, Instrução CVM n. 588/2017), que vão desde a garantia de veracidade das informações prestadas na oferta, meios de comunicação em que estas podem ser divulgadas, ciência do investidor a respeito de vários pontos da oferta, lavrar contratos com cláusulas pré-definidas (como alienação conjunta, resgate, direito de conversão etc.), atuação de investidores líderes e sindicatos, sigilo, preparação de um material didático sobre a realidade dessas empresas na forma prevista em Anexo da Instrução, esclarecimento de riscos, atendimento aos investidores, dentre muitos outros. A lista prevista é bem grande e visa proteger os investidores pouco acostumados com essas operações, o que é a principal razão de ser desta iniciativa regulatória. Para um estudo pormenorizado, recomenda-se a leitura dos referidos artigos na Instrução, pois os deveres ali estabelecidos são muitos, e esmiuçar um por um não seria o adequado nesta obra – a CVM dispôs de maneira muito clara a respeito da atuação e responsabilidade das plataformas, pormenorizando bastante esse ponto no documento legal.

Por fim, temos a previsão de sindicatos de investimento. Nessa modalidade, há um agrupamento de investidores interessados em apoiar uma campanha, os quais acompanham um investidor-líder. É uma previsão bastante interessante, pois agora investidores pouco experientes podem se informar sobre a atuação de investidores que já conhecem o mercado e acompanharem seus aportes. Para tanto, admite-se a constituição de um veículo de investimento (art. 33, Instrução CVM n. 588/2017), que pode ser um fundo ou uma SCP, por exemplo. Dentre várias obrigações previstas, o veículo deve investir em apenas uma Sociedade, garantir tratamento equitativo a todos os investidores, possuir regras de governança que permitam a participação dos investidores nas sociedades investidas e, por fim, garantir que os investidores poderão resgatar seu capital, mesmo em caso de conversão do contrato firmado com a empresa investida em participação societária.

O investidor-líder deve justificar a escolha da sociedade a ser investida (art. 35, Instrução CVM n. 588/2017) e pode atuar em conjunto com a *startup*, aplicando seus conhecimentos e experiência em uma espécie de mentoria (art. 35, § 3º, Instrução CVM n. 588/2017). Por conta disso, faz jus a uma taxa de performance, que pode ser inclusive representada por valores mobiliários da sociedade investida (art. 35, § 4º, Instrução CVM n. 588/2017). Além disso, deve atender a alguns requisitos, tais como não deter, anteriormente à oferta, por meio de participação direta ou mesmo de valores mobiliários conversíveis, participação superior a 20% (vinte por cento) do capital social da sociedade empresária de pequeno porte objeto da oferta pública; realizar investimento de recursos próprios na sociedade empresária de pequeno porte de pelo menos 5% (cinco por cento) do valor alvo mínimo de captação na oferta pública, feito nos mesmos termos dos demais investidores apoiadores do sindicato; não estar inabilitado ou suspenso para o exercício de cargo em instituições financeiras e demais entidades autorizadas a funcionar pela CVM, Banco Central do Brasil, SUSEP ou PREVIC; não haver sido condenado por certos crimes, como, por exemplo, crime falimentar, prevaricação, suborno, concussão, peculato, lavagem de dinheiro ou ocultação de bens, dentre outros, tendo decisão transitada em julgado, ressalvada a hipótese de reabilitação; e não ter sofrido, nos últimos 5 (cinco) anos, punição em decorrência de atividade sujeita ao controle e fiscalização da CVM ou outros órgãos financeiros, como BACEN e SUSEP, por exemplo (art. 36, Instrução CVM n. 588/2017).

Essas são apenas algumas das regras previstas para o *equity crowdfunding* no Brasil. De fato, a norma é bastante extensa e detalhada, e por tal razão recomenda-se sua leitura completa. É um verdadeiro guia de como plataformas, investidores, líderes e sociedades devem se portar nessas operações.

De qualquer modo, a atuação da CVM no sentido de regular essa modalidade de investimento é imprescindível para que o setor continue a se desenvolver. O ecossistema de *startups* é imprevisível e representa um alto risco para investimentos, portanto a segurança jurídica pode auxiliar no fomento à captação de investimentos para o segmento.

2.4. INVESTIMENTO EM *STARTUPS*: PASSO A PASSO E DOCUMENTOS JURÍDICOS

O processo de obtenção de financiamento, independentemente do modelo escolhido, costuma seguir um rito comum. Esse rito consiste basicamente nas seguintes etapas: (i) assinatura de um *term sheet* ou carta de intenção (*letter of intent* ou LOI); (ii) assinatura de um acordo de confidencialidade (*Non-Disclosure Agreement* – NDA); (iii) processo de auditoria (*due diligence*); e, por fim, (iv) a assinatura do instrumento de investimento propriamente dito.

2.4.1. Negociações preliminares: *Term Sheet* e Confidencialidade (NDA)

O *term sheet,* ou carta de intenção, tem por objetivo estabelecer as principais premissas que irão guiar a elaboração do contrato de investimento a ser celebrado. Trata-se de um contrato preliminar que dispõe de forma genérica sobre as cláusulas que deverão constar minimamente no instrumento de investimento a ser celebrado no final do processo. O *term sheet* normalmente é oferecido pelo investidor e carece de aceitação por parte do empreendedor (Metrick; Yasuda, 2011). Por fim, é importante ressaltar que o *term sheet* não necessariamente possui caráter contratual, mas pode adquirir essa característica em relação às obrigações entre as partes nele estipuladas (Rebelo, 2013). Nesses casos, torna-se crucial a assinatura de ambas as partes no documento.

Por se tratar de um "contrato preliminar", dessa forma, o *term sheet* cria uma expectativa de direito e, portanto, as negociações acerca do investimento somente podem ser interrompidas no caso da existência ou ocorrência de um evento imprevisto que efetivamente inviabilize o interesse financeiro no negócio (comumente denominado de *material adverse effect*).

> (...) o princípio da boa-fé objetiva já incide desde a fase de formação do vínculo obrigacional, antes mesmo de ser celebrado o negócio jurídico pretendido pelas partes. Na verdade, antes da conclusão do negócio jurídico, são estabelecidas entre as pessoas certas relações de fato, os chamados "contatos sociais", dos quais emanam deveres jurídicos, cuja violação importa responsabilidade civil. (...) o comportamento das partes, teria criado na empresa de eventos a "induvidosa expectativa" (...) de que o contrato viria a ser celebrado (...) o negócio jurídico nem sempre surge abruptamente. Ele deriva, às vezes, de uma uma série de fatos e atos que se encadeiam no tempo constituindo um verdadeiro processo, cuja finalidade é estabelecer um vínculo jurídico entre as partes (fases de nascimento e desenvolvimento) e satisfazer as pretensões (fase de adimplemento). Na fase de nascimento, o princípio da boa-fé objetiva já impõe deveres às partes, ainda que tenha ocorrido a celebração definitiva do ato negocial. Assim, verifica-se que a inexistência de negócio jurídico não libera as partes dos deveres de cooperação, devendo atuar com honestidade, lealdade e probidade, não isentando de responsabilidade aquele que atua em desrespeito a esse padrão ético de conduta. (...) a ruptura imotivada de tratativas somente viola a boa-fé objetiva, e enseja indenização, quando as negociações preliminares 'tenham chegado a tal ponto que faz prever que o contrato deveria poder-se estreitar'. (...) a responsabilidade é contratual, devido à previsão da boa-fé objetiva no Art. 422 do Código Civil de 2002 (...) por opção legislativa, a responsabilidade civil decorrente de ruptura de tratativas tem natureza contratual (STJ, REsp n. 1.367.955, Rel. Min. Paula de Tarso Sanseverino, dj. 18/03/14).

Portanto esse processo somente poderá ser interrompido mediante uma justificativa plausível, exceto nos casos em que essa questão estiver expressa e claramente descrita em um documento. Assim, para evitar riscos de responsabilização, muitos *term sheets* passaram a conter uma provisão deixando claro que aquele documento representa uma proposta não vinculante. Apesar disso, ainda nessa hipótese, a interrupção imotivada e abrupta pode ensejar responsabilização.

Em virtude da evolução das negociações entre a *startup* alvo do investimento (comumente denominada de *target*) e o investidor, o processo chega a um momento em que a *startup* deverá revelar suas métricas, documentos jurídicos, projetos e estratégias para o interessado no investimento. Para evitar a utilização indevida dessas informações e até mesmo para fins de concorrência, a *startup* deve se precaver por meio de um acordo de confidencialidade (também conhecido como *NDA* ou *non-disclosure agreement)* antes de divulgar suas informações ao potencial investidor. O documento visa garantir a confidencialidade do que passará a ser tratado em reuniões e encontros preliminares, quando terceiros tomam conhecimento de todos os aspectos da ideia do empreendedor (Rebelo, 2013). Essa questão é especialmente sensível quando o investidor é um concorrente ou uma empresa que atua em um segmento similar, que geralmente se configura como um investidor estratégico. Nesses casos, a interrupção imotivada do processo de negociação torna-se ainda mais arriscada em termos de responsabilidade pela frustração da expectativa que se construiu acerca do investimento pretendido.

2.4.2. *Due Diligence*

A efetiva abertura dessas informações confidenciais de uma parte à outra é o que se denomina *due diligence*. Esse processo ocorre normalmente após a aceitação do *term sheet* por ambas as partes (Metrick; Yasuda, 2011) e a celebração do acordo de confidencialidade. É uma etapa de extrema importância para o investidor decidir se de fato realizará aportes de capitais em determinada empresa com base nas informações disponibilizadas por meio de documentos por ele requisitados. A partir de tais informações, caso o investidor identifique uma contingência relevante, um potencial risco ou verifique

que de fato o negócio desenvolvido pela *startup* não apresenta bons resultados, a negociação pode se encerrar nesse momento. Essa é a fase, por exemplo, em que podem surgir informações capazes de configurar um *material adverse effect* que resultaria no encerramento das negociações de forma legítima:

> É incontroverso o fato de o aludido passivo tributário invocado pelos réus não constar do (...) contrato. É que sob a ótica dos vendedores não se trata de passivo tributário e sim de planejamento tributário realizado dentro da legalidade, a fim de minimizar os custos com tributos. (...) Sobre os deveres acessórios de conduta, mormente os existente na fase pré-contratual, (...) "por dever acessório de declaração ou de informação entende-se a exigência do contratante levar ao conhecimento da outra parte qualquer informação que possa ser relevante para os fins do contrato, ou para a formação deste". (...) a partir da constatação do equívoco do planejamento ou da implementação de seus efeitos econômicos, os réus agiram em regular exercício de direito, com a suspensão dos pagamentos que, naquele instante, lhes parecia adequado e juridicamente correto (TJSP, Apelação n. 1066058-37.2015.8.26.0100, Rel. Hamid Bdine, Dj. 15/03/17).

Dessa forma, a realização de *due diligence* consiste basicamente na auditoria legal, contábil, financeira e tecnológica com o intuito de conhecer a saúde da empresa potencialmente investida. A *due diligence* pode se desdobrar em: *a*) *market diligence,* que avalia o mercado em que a empresa está inserida, as demandas por seu produto/serviço, posicionamento no mercado, dentre outros; *b*) *business diligence,* que consiste numa avaliação da operação e métricas da empresa, como, por exemplo, sua relação com clientes, avaliações contábeis, resultados etc; e *c*) *legal diligence,* que busca analisar a estrutura societária, a documentação e o histórico jurídico-legal da empresa (Rose, 2014).

Na prática, os investidores (ou, no caso de fundos, o seu administrador) requisitam uma série de documentos para a sociedade, como certidões, contratos, estatutos, demonstrativos, relatórios, dentre outros. Esse material será analisado pelo próprio investidor ou por terceiro nomeado para tanto (como advogados ou empresas de auditoria). A partir de um relatório final, o investidor pode tomar sua decisão a respeito da viabilidade e de seu interesse em realizar, de fato, o investimento.

Assim, a *due diligence* tem um papel jurídico fundamental, sendo especialmente importante para a proteção do investidor. É por meio desse processo que ele demonstra ter tomado o cuidado necessário ao realizar o investimento e, caso surjam ou se revelem problemas no futuro (por exemplo, vícios ocultos), consegue explicar que, apesar de ter adotado a cautela necessária, não teve acesso a determinadas situações que potencialmente inviabilizariam o negócio se fossem de seu conhecimento:

> (...) era ônus dos compradores das quotas realizar diligências a fim de aferir a situação pretérita da empresa, visto os vultosos valores envolvidos na operação. (...) caberia aos compradores realizar a due diligence antes da finalização do negócio, porque também detinham o ônus de adotar cautelas suficientes para que pudessem aferir a correta situação da empresa (TJSP, Apelação n. 1066058-37.2015.8.26.0100, Rel. Hamid Bdine, Dj. 15/03/17).

Esses cuidados são essenciais pois, de acordo com o art. 138 do Código Civil, caso tenham sido adotados os mínimos cuidados por um sujeito diligente, as declarações de vontade que emanarem de erro substancial podem ser anuladas.

2.4.3. Formas de contratação

Passadas as fases preliminares (*term sheet* e *due diligence*) e caso os investidores realmente optem por efetivar os aportes, as partes evoluem as negociações para o instrumento de investimento. O instrumento de investimento pode adotar diversas formas de acordo com a transação que pretende ser realizada. Alguns instrumentos comuns são o mútuo conversível, contrato de compra e venda de quotas ou ações (*share purchase agreement* – SPA), contrato de troca de quotas ou ações (*share exchange agreement*), opção de compra, contrato de participação (investimento-anjo), contrato ou acordo de investimento, dentre outros. Normalmente, esses documentos são constituídos por outros contratos relacionados e uma série de anexos, em virtude da complexidade das questões a serem tratadas. É muito comum, ainda, que junto ao instrumento de investimento seja negociado um acordo de sócios que regula ou regulará a relação entre o investidor e os fundadores na nova jornada da *startup*.

Um aspecto relevante nos documentos de investimento é o que se denomina fechamento (*closing*) e assinatura (*signing*). Em diversos casos, a assinatura do contrato de investimento pode ocorrer sem que efetivamente haja o comprometimento final do investidor em efetuar um aporte de capital na *startup*, pois no contrato há previsões de condições a serem cumpridas para que o investimento realmente seja efetivado e concluído. Essas condições são denominadas condições precedentes (*condition precedent* – CP) e delimitam os requisitos básicos que a *startup* deverá cumprir após a assinatura do contrato de investimento para que o aporte de capital efetivamente seja realizado. Por essa razão, nesse tipo de investimento nem sempre o *closing* ocorre ao mesmo tempo em que ocorre o *signing*, de forma que apesar de o contrato de investimento ter sido assinado, as obrigações a serem cumpridas antes de efetivado o investimento perduram até o momento do *closing*, evento a partir do qual a *startup* tem a segurança de que o investimento efetivamente ocorrerá.

2.4.3.1. *A SCP – Sociedade em Conta de Participação*

Uma opção disponível na legislação brasileira é a constituição de uma sociedade em conta de participação (SCP) que envolva o investido e o investidor. Apesar de prevista na legislação brasileira (arts. 991 a 996, do Código Civil de 2002) como um tipo societário, é revestida de características bastante peculiares. Esta é a razão pela qual se pode dizer que a constituição de uma SCP não se refere à formalização de uma *startup* em si, mas sim um mecanismo que foi encontrado dentro do ecossistema brasileiro para operacionalizar um investimento, principalmente a modalidade de investimento-anjo.

O próprio conceito de Sociedade em Conta de Participação já denota tal caráter suplementar desse tipo societário, que não é utilizado para a constituição da própria empresa, mas sim para o levantamento de recursos. De acordo com Scalzilli e Spinelli (2014):

> Em linhas gerais, a sociedade em conta de participação, atualmente regulada no Código Civil do Art. 991 ao Art. 996, é uma *sociedade* na qual uma ou mais pessoas fornecem recursos a um empreendedor, que os empregará em determinados negócios, para que, ao final do prazo estipulado ou ao término do empreendimento, repartam os resultados auferidos (Scalzilli; Spinelli, 2014).

Logo, desse conceito já é possível compreender uma das finalidades de uma Sociedade em Conta de Participação: o fornecimento de recursos a um empreendedor. Esse tipo societário comporta duas categorias de sócios:

> (i) a categoria do sócio ostensivo (gerente ou gestor, para quem preferir), que, além de aportar recursos (dinheiro, bens, direitos e/ou serviço), é responsável por realizar a operação específica ou exercer a atividade econômica prevista no objeto social da SCP em nome próprio; e (ii) a categoria do sócio participante (também chamado de investidor ou oculto), que fornece recursos (dinheiro, bens, direitos e/ou serviço) ao ostensivo na expectativa de participar dos lucros no caso de sucesso do empreendimento (Scalzilli; Spinelli, 2014).

Logo, em toda SCP temos pelo menos duas figuras bastante delineadas: um sócio responsável por efetivamente exercer o objeto da sociedade, chamado de sócio ostensivo (no caso de uma *startup* seria o empreendedor ou sua *startup* já constituída formalmente) e um sócio participante, chamado de sócio oculto (o investidor).

A Sociedade em Conta de Participação é uma sociedade não personificada, ou seja, é desprovida de personalidade jurídica própria (art. 993, CC/2002). Esse fato gera alguns efeitos práticos: uma SCP é impossibilitada de assumir obrigações, sendo estas feitas exclusivamente em nome do sócio ostensivo; não possui patrimônio próprio – os bens destinados à atividade são de propriedade do sócio ostensivo; por fim, não possui firma ou denominação próprios, nem sede e domicílio (Scalzilli; Spinelli, 2014).

Decorrente da ausência de personalidade jurídica, é possível ressaltar o caráter contratual da SCP. Não havendo registro obrigatório, a constituição de uma SCP somente produz efeito perante os sócios que se obrigam nesse contrato (Coelho; Garrido, 2016). Fran Martins ainda considera a SCP como *momentânea*, ou seja, estabelecida para um fim específico, de modo que, quando concluídos seus objetivos, a sociedade se desfaz, e os rendimentos, se houver, são repartidos, nos termos do contrato avençado anteriormente (Martins, 2016).

No contexto das *startups*, uma SCP pode ser utilizada de duas formas: (i) para a realização de um investimento sindicalizado, ou seja, vários investidores realizando um único aporte na empresa; ou (ii) a operacionalização do investimento por meio da constituição de uma SCP entre a empresa e o investidor.

Na primeira, a SCP é utilizada como uma forma de agrupar investidores, como alternativa à utilização de um fundo de investimentos para tanto. Fundos de Investimento são fortemente regulados e demandam muitos custos, dificultando sua operação em valores baixos. Por esse motivo, a utilização da SCP é recomendada para sindicalização de investimentos desde que a operação não possua necessariamente certas características em que a constituição de um fundo ou o cumprimento de pesadas normas de mercado de capitais são obrigatórias.

Tal mecanismo permite que vários investidores se associem por meio da SCP, nomeando uma pessoa para administrar o investimento. Nesse caso, os investidores seriam sócios participantes, o administrador, o sócio ostensivo, e o contrato de investimento é firmado entre a SCP (obrigação assumida pelo sócio ostensivo) e a *startup*. Contudo, alguns pontos merecem atenção nessas operações.

O primeiro deles diz respeito a garantir que a SCP não se confunda com um fundo de investimentos, de fato. Isso significa ser bastante honesto com as características da operação e, caso presentes características desses veículos, atentar-se às regras de mercado de capitais (CVM e ANBIMA) e cumpri-las. A utilização da SCP para mascarar uma operação típica de fundos de investimento é um risco que, dentre tantos outros presentes em *startups*, não vale a pena correr. O principal desses pontos é não realizar qualquer movimento que represente uma oferta pública de suas cotas, nos termos das Instruções CVM n. 400/2003 e 476/2009. Quaisquer ofertas públicas, ressalvados os casos previstos nas normas, devem ser registradas perante a CVM e cumprir uma série de requisitos para serem realizadas, sejam estas de esforços restritos ou não. Assim, as cotas da SCP devem ser destinadas exclusivamente àquele grupo fechado de investidores e não podem, em hipótese alguma, ser oferecidas publicamente nos termos das Instruções em questão.

Além disso, é necessário definir muito bem no contrato de investimento como será o procedimento pós-conversão em participação societária. Nesse momento, é possível definir se os direitos de participação serão concedidos aos quotistas da SCP – na proporção das quotas que cada um possui e do volume do investimento realizado na *startup* – ou à própria SCP, na pessoa de seu sócio ostensivo. Nesse caso, é necessário prever também como a participação societária será transferida aos sócios participantes eventualmente, pois estes também são os titulares dos créditos. Isso tem um impacto direto em como será a governança da investida no futuro, pois a pluralidade de sócios é algo que pode complicar a gestão da empresa. Contudo é necessário ressaltar que caso adotada a opção de garantir aos quotistas da SCP a conversão individual da participação de cada um, esse procedimento tira a condição de "participantes" dos investidores e estes de fato se tornam sócios da *startup* após a conversão.

A SCP também pode ser um mecanismo a ser utilizado para operacionalizar um investimento entre a *startup* e o investidor, diretamente. Em termos práticos, a *startup* se associa a um investidor por meio de uma SCP. Nesses casos, a *startup* é a sócia ostensiva, e o investidor (na figura de sua pessoa física ou até mesmo jurídica) é o sócio participante. Essa prática, contudo, possui algumas restrições.

O primeiro deles é a ausência de personalidade jurídica. Para o empreendedor, isso constitui uma situação de altíssimo risco, uma vez que ele ou a sua *startup* assumem o papel de sócio ostensivo. De outro lado, o investidor goza de um grau de proteção elevado, pois além de não aparecer oficialmente em nenhum momento, dado o caráter oculto do sócio participante (Martins, 2016), seu patrimônio investido ainda está protegido em relação a débitos da sociedade perante terceiros (Coelho; Garrido, 2016). Contudo, a constituição de uma SCP entre sociedade e investidor apresenta uma importante vedação que limita o seu uso, relacionada a aspectos tributários.

No que tange ao Imposto sobre a Renda e Proventos de Qualquer Natureza (mais conhecido como Imposto de Renda ou IRPJ), uma pessoa jurídica possui, de acordo com o Código Tributário Nacional (arts. 43 a 45) e com o Regulamento do Imposto de Renda (Decreto n. 3.000/99), alguns regimes de tributação possíveis: Lucro Presumido, Lucro Real, Lucro Arbitrado (Petry, 2013) e o Simples Nacional.

> O regime simplificado mais amplo que existe é o chamado "Simples Nacional", previsto na Lei Complementar n. 123/2006). O Simples autoriza as empresas que aufiram receita bruta anual de até R$ 3.600.000,00 a calcular os principais tributos de forma unificada e com carga tributária menor, mediante aplicação de uma alíquota (%) sobre a receita bruta de vendas e serviços, mês a mês (Petry, 2013).

Considerando a realidade de uma *startup*, o regime denominado Simples Nacional geralmente é considerado o mais atrativo. Contudo este regime tributário encontra algumas limitações legais.

A principal limitação diz respeito à renda da empresa que pode ser beneficiada por esse regime. O art. 12 da Lei Complementar n. 123/2006 determina que só podem se beneficiar desse regime as Microempresas (MEs) e Empresas de Pequeno Porte (EPPs), que são definidas no art. 3º desta mesma Lei Complementar. Assim, a empresa não pode obter uma receita bruta anual superior a R$ 4.800.000,00 caso queira se beneficiar desse regime.

Além de limitação quanto ao faturamento, o conceito de MEs e EPPs também se restringe àquelas empresas que não incorrerem em qualquer hipótese listada no § 4º do art. 3º da Lei Complementar n. 123/2006. Enquanto os incisos do *caput* desse mesmo artigo traziam as hipóteses inclusivas, esse parágrafo arrola as exclusivas – ou seja, as situações que, se presentes, impossibilitam que uma empresa seja considerada ME ou EPP e, consequentemente, não possa ser beneficiada pelos termos dessa lei – incluindo o Regime Tributário Simples Nacional. Nesse sentido destaca-se a hipótese abaixo para a discussão relativa a tributação:

> Art. 3º. (...) § 4º Não poderá se beneficiar do tratamento jurídico diferenciado previsto nesta Lei Complementar, incluído o regime de que trata o Art. 12 desta Lei Complementar, para nenhum efeito legal, a pessoa jurídica:
>
> I – de cujo capital participe outra pessoa jurídica; (...)
>
> V – cujo sócio ou titular seja administrador ou equiparado de outra pessoa jurídica com fins lucrativos, desde que a receita bruta global ultrapasse o limite de que trata o inciso II do *caput* deste artigo;(...)
>
> VII – que participe do capital de outra pessoa jurídica; (...)
>
> X – constituída sob a forma de sociedade por ações.

Requer-se atenção, portanto, aos incisos I, V e VII do parágrafo supracitado. Nota-se também que as empresas constituídas sob a forma de Sociedade por Ações não têm direito a esse benefício. O art. 3º, § 4º, inc. VII e § 6º da Lei Complementar n. 123/2006 fundamentou o entendimento da Receita Federal em negar que uma Sociedade em Conta de Participação tenha como um de seus sócios uma Sociedade Limitada optante pelo regime Simples Nacional de tributação. Conforme a Solução de Consulta COSIT n. 139, de 3 de junho de 2015:

> Com base na disciplina legal atinente ao imposto de renda, e tendo em vista a interpretação/aplicação sistemática da legislação tributária,

> constata-se que a equiparação das SCP às pessoas jurídicas possui um alcance mais amplo, devendo ser compreendida para fins tributários, de forma geral. Nesse sentido, a equiparação em questão deve subsistir também no âmbito do Simples Nacional, que representa regime especial de tributação para ME e EPP. (...) Ante o exposto, propõe-se seja solucionada a consulta declarando-se à consulente que para fins tributários, a SCP equipara-se às pessoas jurídicas. Sendo assim, as ME e EPP integrantes de SPE que seja sócia ostensiva de uma SCP não poderão beneficiar-se do tratamento jurídico diferenciado previsto na LC n. 123, de 2006, o que implica a exclusão do Simples Nacional[30].

De forma ainda mais clara, a Solução de Consulta DISIT/SRRF10 n. 10024, de 22 de junho de 2015, explica:

> Para fins tributários, a Sociedade em Conta de Participação - SCP equipara-se a pessoa jurídica. Sendo assim, as microempresas ou empresas de pequeno porte que sejam sócias de SCP não poderão beneficiar-se do tratamento jurídico diferenciado previsto na Lei Complementar n. 123, de 2006, o que implica a exclusão do Simples Nacional[31].

Assim, ao impossibilitar que sócios da SCP possam se beneficiar do Simples Nacional, a Receita Federal não admite o recolhimento unificado de impostos, nem as alíquotas diferenciadas oferecidas pelo regime em questão às *startups* que utilizam este veículo de investimento. De acordo com Júdice (2016), as intenções da Receita Federal são meramente arrecadatórias ao obstar a aplicação do regime simplificado às sociedades participantes de uma SCP.

Ocorre que a legislação brasileira é taxativa ao desprover a SCP de personalidade jurídica, conforme o art. 993, do Código Civil. No entanto, a Receita Federal criou entendimento diverso para que referido conceito não se estenda ao campo tributário.

Esse entendimento da Receita Federal pauta-se também no art. 148 do Decreto n. 3.000/99, conhecido como Regulamento do Imposto sobre a Renda e Proventos de Qualquer Natureza. Tal artigo equipara,

---

[30] Excertos extraídos da Solução de Consulta COSIT n. 139, de 3 de junho de 2015, disponível em: <www.normas.receita.fazenda.gov.br/sijut2consulta/link.action?visao=anotado&idAto=65065>. Acesso em: 9 jul. 2017.

[31] Excerto extraído da Solução de Consulta DISIT/SRRF10 n. 10024, de 22 de junho de 2015, disponível em <www.normas.receita.fazenda.gov.br/sijut2consulta/link.action?visao=anotado&idAto=65795>. Acesso em: 9 jul. 2017.

de forma expressa, as SCPs às pessoas jurídicas, *a contrario sensu* do que determina o Código Civil Brasileiro. Por razões de hierarquia e cronologia normativa, segundo Júdice (2016), o Decreto n. 3.000/99 não pode atribuir às SCP qualquer tipo de personalidade jurídica, sendo este um caso claro de deturpação da intenção legislativa do Código Civil, que ao regulamentar o tema optou explicitamente por não atribuir às SCPs quaisquer características de pessoas jurídicas.

Em virtude dos possíveis questionamentos à interpretação criada pela Receita Federal, esse mecanismo encontra alguns entraves para a sua aplicação em virtude da ausência de segurança jurídica.

2.4.3.2. *O mútuo conversível/opção de compra*

O mútuo conversível tem inspiração nas *convertible notes* norte-americanas, que são, de acordo com Magennis, Watts e Wright (1998), um instrumento de débito que pode ser trocado, à opção do portador, por títulos de participação do emissor. Assim como no mútuo convencional, o mutuante (no caso, o investidor) concede determinada quantia financeira ao mutuário (no caso, o empreendedor ou *startup*), que deverá ser paga pelo mutuário em determinado prazo (vencimento) e com a cobrança de juros. É, dessa forma, um título híbrido, que agrupa certos direitos de dívida (*debt*) com outros de participação (*equity*) (Brennan; Schwartz, 1980).

No Brasil, isso pode ser feito de duas formas: por meio de debêntures conversíveis ou um contrato de mútuo conversível – há também a possibilidade de uma nota promissória conversível, mas seu custo operacional desestimula a utilização por *startups*. A emissão de debêntures, por sua vez, também encontra limitações para *startups* por ser, além de uma operação que resulta em muitos gastos, dependente da constituição da empresa sob a forma de Sociedade Anônima[32], conforme o art. 52 da Lei n. 6.404/76.

O princípio básico desses contratos é que, decorrido certo prazo ou diante da ocorrência de certos eventos previstos contratualmente, a dívida poderá ser convertida em participação societária. Pode ser considerada, teoricamente, uma obrigação subsidiária prevista no

---

[32] Ainda assim, Flach e Silva (2016) consideram a possibilidade de uma Sociedade Limitada emitir debêntures em alguns casos.

contrato – caso a obrigação principal não seja cumprida, recorre-se à obrigação subsidiária[33]. Contudo é comum que em contratos dessa natureza haja a previsão da conversão mesmo quando a *startup* possui situações de solvência e liquidez, o que significaria um bom cenário e não faria sentido retirar do investidor o direito de receber seu *equity* nestes casos; também são muito utilizadas cláusulas de vencimento antecipado, pelas quais os investidores podem requerer de imediato o pagamento da dívida no caso da ocorrência de determinadas situações estabelecidas contratualmente.

A vantagem de utilização do mútuo conversível é que o investidor não assume desde o início da operação da *startup* os riscos relativos às suas atividades. Somente virá a integrar o quadro social em casos previstos contratualmente, via de regra associados a uma situação de prosperidade.

É comum, assim, que a conversão seja operada das seguintes formas: (i) obrigatória e automática, quando há a conversão de outro investimento – de terceiro – que seja de, no mínimo, um valor predeterminado em contrato; (ii) facultativa, a qualquer momento que o investidor desejar, mediante notificação à sociedade.

Para que não restem dúvidas a respeito do valor de participação que será garantida ao investidor no momento da conversão, o contrato pode desde já prever esse valor em porcentagem, estabelecendo o *valuation* que será utilizado para fins do contrato. Contudo, para beneficiar o investidor, o contrato também pode prever que, em caso de investimentos futuros, ainda que de terceiros, em que seja considerado um *valuation* maior que o seu, este receba um "bônus" no momento da conversão, tendo maior participação do que receberia. A lógica é simples: aumentado o *valuation*, o valor aportado representaria uma participação menor do que a almejada com aquele aporte; para que isso não ocorra, concede-se benefício ao investidor que estava desde antes, garantindo-lhe uma diluição mais branda. Esse bônus aparece contratualmente na forma de um desconto a ser aplicado no *valuation* da próxima rodada, aumentando dessa forma

---

33 De acordo com Marques e Chaves (2016), "obrigação subsidiária é aquela que só pode ser cobrada quando a obrigação originária não é cumprida pelo devedor principal".

a participação proporcional que será concedida ao investidor. Em tais casos, o contrato deve prever expressamente essa condição, preferencialmente já demonstrando a forma de cálculo da participação.

Como consequências da conversão, as exigências mais comuns são: *a*) a obrigatoriedade da transformação do tipo societário para Sociedade por Ações (S.A.), por razões tributárias – trataremos disso em capítulo próprio sobre tipos societários; *b*) a adoção de um Estatuto Social e Acordo de Acionistas, que podem figurar como anexos nos contratos ou, pelo menos, garantir certos direitos àquele investidor, como demonstramos anteriormente neste capítulo (*tag along, drag along,* voto afirmativo em determinadas operações, *call option* etc.); *c*) que as ações conferidas aos investidores tenham direitos mínimos, como serem Ações Preferenciais conversíveis em ordinárias, por exemplo; *d*) que todos os atos sejam formalizados; e *e*) que seja dada quitação ao mútuo. Outras obrigações podem ser previstas, mas essas são as que preferencialmente devem existir em qualquer contrato de mútuo conversível.

É importante relembrar que, conforme o Decreto n. 6.306, de 14 de dezembro de 2007, o imposto sobre Operações de Crédito, Câmbio e Seguro, Títulos ou Valores Mobiliários (IOF) incide sobre operações de créditos realizadas entre pessoas jurídicas ou entre pessoa jurídica e pessoa física (art. 2º, I, *c*). Referido decreto, portanto, abarcaria a hipótese de investimento em *startups* por meio de mútuo conversível. Isso porque o decreto conceitua "operações de crédito" como o empréstimo sob qualquer modalidade e o mútuo de recursos financeiros entre pessoas jurídicas ou entre pessoa física e pessoa jurídica (art. 3º, § 3º). Assim, referida operacionalização estaria, a princípio, sujeita a esse tributo.

Um outro instrumento para operacionalização dos investimentos é a opção de compra: neste caso, o investidor efetuaria um pagamento para adquirir o direito de comprar no futuro, a um valor pré-fixado (normalmente proporcional ao capital integralizado de acordo com o contrato social), participação societária na *startup* no futuro. Na opção de compra, então, "o titular do direito poderá exercer, em condições previamente acordadas, a opção de compra da participação" (Coelho; Garrido, 2016).

Diferencia-se do mútuo conversível principalmente em três aspectos básicos:

a) natureza jurídica: a opção de compra é um contrato de aquisição de participação societária, enquanto no mútuo conversível temos um contrato de dívida. É, portanto, um empréstimo que pode ser pago em participação societária ou em dinheiro, acrescidos de juros ou não;

b) momento do pagamento: no mútuo conversível, em regra o pagamento é feito antes da entrada do investidor na sociedade (conversão) para que o montante efetivamente aportado seja utilizado como base de cálculo da participação que o investidor receberá. Na opção de compra, o investidor realiza o pagamento, adquire o direito e, no momento em que exercer a opção, deverá comprar aquela participação por um valor predeterminado, normalmente definido com base no capital social integralizado; e

c) incidência de IOF: conforme demonstramos, no mútuo conversível há a incidência de IOF, o que não ocorre na opção de compra.

Os contratos também guardam algumas semelhanças. Assim como no mútuo conversível, a opção de compra possibilita que o investidor não corra os riscos da empresa nos momentos iniciais. Assim, caso a empresa venha a falir durante o "vale da morte", o investidor não possui qualquer risco além daquele risco financeiro assumido no momento do investimento. Por outro lado, a única perspectiva que o investidor tem é a de adquirir participação societária em um momento mais avançado da empresa, por meio do exercício da opção.

Em ambos os instrumentos, mútuo conversível e opção de compra, é comum a determinação de uma condição suspensiva ou um termo. É importante saber que a compra poderá ser exercida somente no caso de ocorrência de uma condição (evento específico) ou um termo (lapso temporal). Tendo isso em vista, é importante que o empreendedor e o investidor estipulem contratualmente, pelo menos, um termo para exercício do direito (Coelho; Garrido, 2016), uma vez que a ocorrência de um evento específico é incerta. No caso do mútuo conversível, esse termo serve para que o investidor resgate seu capital caso não queira optar pela conversão em participação societária (FGV, 2014).

2.4.3.3. *Contrato de Participação: a Lei Complementar n. 155/2016 (Lei do Investimento-Anjo)*

O investimento-anjo representa um importante pilar do ecossistema de *startups*. Diante do reconhecimento de tal contexto, foi sancionada a Lei Complementar n. 155, de 27 de outubro de 2016 (Lei do Investimento-Anjo), que inaugurou a figura desses investidores na legislação nacional. Referida norma alterou a Lei Complementar n. 123, de 14 de dezembro de 2006 (Estatuto Nacional da Microempresa e da Empresa de Pequeno Porte) ao introduzir alguns artigos que tratam especificamente sobre o investimento-anjo no país.

Os artigos 61-A a 61-D da Lei Complementar n. 123/2006 foram acrescentados com as modificações da Lei Complementar n. 155/2017 e preceituam que o investidor-anjo é aquela pessoa, física ou jurídica (inclusive, fundo de investimento), que está disposta a investir em uma microempresa (ME) ou empresa de pequeno porte (EPP) mediante aporte(s) de capital, o(s) qual(is) não integrará(ão) o capital social da empresa, e tampouco será(ão) considerado(s) como receita desta, devendo ser utilizado(s) para o fim de fomentar a inovação do negócio. É importante destacar que nessa conceituação, portanto, não foi criado o conceito legal do que se classifica como uma *startup*.

Por se tratar de um investidor que não conta com uma estrutura de fundo ou uma estrutura societária robusta que o proteja, consolidou-se no Brasil uma dinâmica em que os investidores-anjo não participam do quadro social da empresa investida inicialmente para evitar a exposição a riscos trabalhistas. Para que isso fosse possível passou-se a adotar o contrato de mútuo conversível como instrumento de investimento, um instrumento derivado do *convertible note* norte-americano.

Seguindo essa lógica, a Lei do Investimento-anjo prevê que uma vez realizado o aporte na empresa, o investidor-anjo (i) não será considerado sócio, não exercerá poderes de administração e não terá direito de voto na sociedade investida; (ii) não responderá por qualquer dívida dessa empresa, inclusive em recuperação judicial; e (iii) não suportará qualquer ofensa a seus bens particulares na hipótese de a sociedade investida sofrer o processo de desconsideração da personalidade jurídica, por meio do qual o patrimônio pessoal dos sócios é atingido (art. 61-A, LC n. 123/2006). Adicionalmente, o aporte realizado por um investidor-anjo, para fins de enquadramento da sociedade como microempresa ou empresa de pequeno porte, não será considerado como receita da sociedade (art. 61-A, § 5º, LC n. 123/2006).

O investimento previsto em referida Lei deve ser operacionalizado por meio de um contrato de participação, cujo prazo de vigência será de, no máximo, 7 (sete) anos (art. 61-A, § 1º, LC n. 123/2006). Como contraprestação e conforme o que for preceituado no contrato de participação, o investidor-anjo será remunerado por seus aportes pelo prazo máximo de 5 (cinco) anos (art. 61-A, § 4º, III, LC n. 123/2006). Ao final de cada período, o investidor terá direito a uma remuneração correspondente aos resultados distribuídos que não poderá exceder 50% dos lucros da sociedade (art. 61-A, § 6º, LC n. 123/2006). Não obstante, a própria lei prevê que o investidor poderá exercer o direito de resgate depois de transcorridos, no mínimo, 2 (dois) anos do investimento ou prazo superior acordado entre as partes e previsto no contrato de participação, sendo que o resgate será apurado com base na situação patrimonial da sociedade em balanço especialmente levantado para esse fim, cujos haveres não podem ultrapassar o valor investido devidamente corrigido (art. 61-A, § 7º, LC n. 123/2006).

Ainda, embora o investidor-anjo não integre o quadro societário da empresa ME ou EPP, a lei lhe assegura a possibilidade de exercer o direito de preferência para adquirir a participação societária do(s) sócio(s) que pretende(m) vender sua participação na empresa investida, e o direito de alienar, nos exatos mesmos termos e condições, o aporte em conjunto com a participação do(s) sócio(s) que eventualmente receber(em) uma proposta de compra e venda de um terceiro (art. 61-A, §§ 8º e 9º, LC n. 123/2006).

Portanto é perceptível que o legislador objetivou oferecer maior segurança para o investidor-anjo para fomentar esse tipo de investimento em empresas consideradas ME ou EPP. Apesar disso, a Lei entrou na esfera da liberdade negocial das partes que desejam concretizar um investimento ao estabelecer prazos mínimos e valores de retorno, bem como introduzir uma cláusula obrigatória de *tag along* (art. 61-C, LC n. 123/2006) e direito de preferência. Além disso, inaugurou um instrumento novo para operacionalizar o investimento – o contrato de participação – que mistura conceitos de sociedade e investimento.

Entre a publicação da Lei e o primeiro semestre de 2017, no entanto, houve uma dúvida relacionada à tributação envolvida neste contrato. A própria Lei Complementar previa que o Ministério da Fazenda – neste caso, a Receita Federal – deveria regulamentar esse ponto. Isso foi feito por meio da Instrução Normativa RFB n. 1.719, de 21 de julho de 2017.

Neste sentido, a Receita Federal considera que há tributação da renda em dois momentos: na remuneração periódica e no resgate, previstos nos §§ 6º e 7º do art. 61-A da LC n. 123/2016. Em ambos os casos, o imposto será retido na fonte (IRRF) e terá alíquota regressiva, de acordo com o prazo do contrato. Dessa forma, incidem as alíquotas de: (i) 22,5%, em contratos de participação com prazo de até 180 dias; (ii) 20%, em contratos de participação com prazo de 181 dias até 360 dias; 17,5% em contratos de participação com prazo de 361 dias até 720 dias; e 15% nos contratos de participação com prazos superiores a 720 dias. Importante ressaltar que, na remuneração, o tributo incidirá sobre o valor da remuneração em si; no caso de resgate, a base de cálculo será a diferença positiva entre o valor efetivamente aportado e o valor atualizado no momento do resgate, se houver.

Diante do estudado a respeito do investimento-anjo, cabe um comentário. A receita tributou o repasse de resultados aos investidores, o que pouco ocorre no momento em que normalmente o investimento-anjo é operado – pelo simples fato de que, neste ponto de sua existência, geralmente a *startup* ainda não atingiu o *breakeaven*. O investidor-anjo costuma saber disso e pouco se interessa pelo recebimento de dividendos nesse momento. O resgate também não é o maior objetivo do contrato; é um investimento de risco, e o anjo deve saber que não faz sentido pensar em aportar capital em *startup* almejando uma retirada atualizada, poucos anos depois. Logo, questiona-se o quanto a tributação resultou inócua.

Contudo, se pensarmos no principal propósito do investimento em *startups* – que é a conversão do contrato, aquisição de participação em caso de sucesso e um *exit* vantajoso –, percebemos que a Receita não trata disso em sua Instrução Normativa. Pode-se, contudo, interpretar que essa conversão não seria nada mais do que um resgate (tributado, então) e posterior compra de participação acionária, o que prejudicaria as intenções do investidor em receber um *equity* proporcional ao capital aportado. Como será tratada a tributação dessa conversão, enfim, é o grande questionamento para o futuro.

2.4.3.4. *Cláusulas típicas de contratos de investimento em* startups

Além dessa questão de ordem prática, os instrumentos de investimento costumam possuir algumas cláusulas-padrão que devem ser minuciosamente avaliadas pelas partes.

i. Declarações e Garantias (*Representations and Warranties – R&P* ou *Reps and warranties*)

Essa cláusula tem o intuito de fazer com que as partes declarem a veracidade de questões essenciais para a manifestação de vontade em um contrato como, por exemplo, o fato de serem os legítimos donos daquilo que está sendo vendido, informações de que os dados referentes à constituição da empresa são reais, não há ônus recaindo sobre o ativo a ser vendido, a empresa possui os poderes de se obrigar naquele contrato e não necessita de aprovações adicionais, entre outros. Esse tipo de cláusula visa gerar um conforto sobre as informações de ativos e passivos da empresa, uma vez que existe uma assimetria informacional entre as partes contratantes (Lobo; Potenza, 2016). Basicamente, entende-se que aquelas foram as informações de conhecimento das partes essenciais para que o contrato fosse celebrado – portanto qualquer inveracidade nessa cláusula resulta na legítima possibilidade de rescisão ou anulação do negócio nos termos do art. 138 do Código Civil. Exatamente por essa questão é importante que se realize a *due diligence*, pois o dispositivo legal requer que o motivo para a anulação do negócio celebrado possa "ser percebido por pessoa de diligência normal, em face das circunstâncias do negócio". Além disso, por se tratar de uma cláusula que contém garantias, cria-se uma responsabilidade para a parte que faz as declarações e que garante a sua veracidade; caso as informações prestadas não reflitam a realidade, a parte prejudicada poderá requerer indenização, além de, como exposto, rescindir o contrato.

ii. Efeito Material Adverso (*Material Adverse Effect – MAC*):

A manifestação de vontade das partes é um ponto fundamental de contratos, podendo ser considerada uma condição essencial para a própria existência desse tipo de instrumento. Sendo assim, a cláusula de efeito material adverso visa criar uma exceção a essa manifestação, caso alguma questão relevante capaz de alterar a vontade de uma das partes ocorra durante o processo de fechamento da transação (ou seja, antes do *closing*). Essa cláusula visa forçar uma parte a manter as operações em conformidade com a prática atual para que não haja súbitas ou relevantes alterações de resultados financeiros ou exposição exagerada a riscos até que a operação se concretize. De outro lado, o investidor garante uma hipótese de saída da transação caso haja qualquer alteração significativa nas bases negociais. Isso porque as partes estão de acordo com a situação descrita no contrato e analisada durante a *due diligence*, mas uma mudança significativa nessas bases poderia levar a uma decisão contrária. Por isso, somente é justificável a utilização dessa cláusula para abandono do negócio pretendido entre as partes caso haja uma modificação substancial daquilo que foi analisado.

iii. Condições Precedentes (*Condition Precedent - CP*):

Conforme determina o art. 121 do Código Civil, a condição é aquela cláusula que subordina o efeito do negócio jurídico a evento futuro e incerto. No caso das Condições Precedentes, trata-se especificamente das condições suspensivas, ou seja, aquelas que subordinam a eficácia do negócio jurídico ao cumprimento da condição prevista em contrato. Isso significa que a parte que assume a obrigação na cláusula de condições precedentes deve cumprir com essa cláusula antes de ser possível chegar à fase de *closing* da transação. Portanto tais condições precedem a transação e são consideradas indispensáveis para que ela seja concluída. É comum que seja colocada como condição precedente a correção de algum problema verificado no processo de *due diligence*, estruturação da organização societária necessária para conclusão da operação ou o registro de determinado contrato para que haja a devida segurança das partes envolvidas no contrato, dentre outros.

iv. Cláusula de indenização, *cap* e *basket amount*:

Conforme mencionado, a cláusula de declarações e garantias geralmente está atrelada a uma cláusula de indenização no caso de inadimplemento ou inveracidade das informações contidas em referida cláusula.

Diante disso, as partes podem limitar a indenização devida por meio de um *basket* e um *cap* (teto). Por meio do *basket* se limita a partir de qual montante de risco realmente será devida a indenização e até qual limite a parte inadimplente está exposta (*cap*). Dessa maneira, evita-se que indenizações insignificantes sejam pagas pela parte inadimplente e, de outro lado, que esta não esteja exposta a efetuar indenizações maiores do que o benefício gerado pelo contrato celebrado.

v. *Covenant*

Esta cláusula visa criar um compromisso de atuação entre as partes negociantes. Por meio dela, a parte se obriga a atuar de determinada forma ou evitar de efetuar alguma ação indesejada pela outra parte. A previsão de tal cláusula está geralmente atrelada à conduta das partes, de forma que a natureza da obrigação nela exposta representa uma obrigação de fazer ou não fazer.

vi. Transformações Societárias

Conforme mencionado anteriormente, os contratos de investimento costumam vir acompanhados de algumas exigências de ordem societária como parte do procedimento de conversão. Dentre elas, as mais comuns são a exigência de transformação em Sociedade por Ações (S.A.) e, neste momento, a adoção de um Estatuto Social combinado com a assinatura de Acordo de Sócios, o qual deverá conter direitos mínimos já previstos no contrato de investimento.

A razão para a exigência de transformação em S.A. é, basicamente, tributária. A diferença de preços pagos e efetivamente integralizados como Capital Social da empresa (ágio) é tributada nas Limitadas, mas não nas S.A. Além disso, há também a justificativa da governança: uma vez que as S.A. possuem regras mais rígidas quanto a publicações e gestão, investidores costumam enxergar nesse tipo societário algumas vantagens, como estruturas de governança bem definidas e maior transparência das atividades da empresa. Trataremos disso oportunamente, em capítulo próprio. Aqui, cabe demonstrar que a transformação em S.A. é uma exigência recorrente em contratos de investimento em *startups*, principalmente quando, no momento da conversão dos contratos, a empresa ainda não migrou seu tipo societário.

A exigência de um acordo de sócios tem como principal razão a necessidade de disciplinar, de maneira mais detalhada, como se dará as relações com os demais sócios da *startup* (fundadores, outros investidores etc.) quando o investidor adquirir essa condição, ou seja, quando ele converter o mútuo ou exercer o direito de opção de compra, por exemplo. Assim, os contratos de investimento normalmente trazem desde suas primeiras minutas quais direitos os investidores terão quando se tornarem sócios da *startup*. Há casos em que tais documentos são estruturados desde o momento do fechamento do investimento e aparecerem vinculados ao contrato como anexos, mas isso não é obrigatório; podem ser simplesmente previstos, nas próprias cláusulas dos contratos de investimento, os direitos mínimos concedidos aos investidores no momento da conversão, obrigando a *startup* a acrescentar em seus documentos societários cláusulas que os garantam.

Dessa forma, há uma série de direitos que investidores podem requisitar para o momento da conversão contratual. Dentre eles, podemos destacar:

1) Voto afirmativo: a cláusula de voto afirmativo condiciona a aprovação de algumas matérias em assembleia de sócios/acionistas à concordância do investidor, visando proteger um direito de veto ao investidor que investe nas empresas na condição de acionista minoritário. Essas matérias geralmente se referem, de acordo com Mo (2004) a: (i) emissão e subscrição de novas ações; (ii) contratação de empréstimos; (iii) emissão de títulos de dívida; (iv) outorga de fianças, avais ou quaisquer outras garantias prestadas pela Companhia a terceiros; (v) aquisição, alienação ou oneração de bens do ativo permanente da Companhia; (vi) alteração do objeto social da Companhia; (vii) realização de qualquer negócio, contrato ou operação entre a Companhia e os acionistas; (viii) alienação ou aquisição de participações no capital de qualquer sociedade controlada pela Companhia; (ix) reestruturação societária; (x) encerramento e constituição de subsidiárias e equivalentes; (xi) liquidação, dissolução e falência; (xii) oferta pública de ações (OPA ou *IPO*); (xiii) mudança de controle.

2) Participação no Conselho de Administração ou Conselho Consultivo (*Advisory Board*): por meio dessa previsão, a empresa se compromete a constituir um conselho de administração em que pelo menos um representante seja nomeado pelo investidor para garantir a sua representatividade na tomada de decisões desse órgão de governança da empresa.

3) Direito de preferência (*right of first refusal – ROFR* e/ou *right of first offer – ROFO*): caso um sócio deseje, direta ou indiretamente, alienar ou, de alguma forma, transferir suas ações/quotas para um terceiro, será assegurado aos demais sócios da empresa o direito de preferência para adquirir as ações ou quotas ofertadas, nos mesmos termos em que o terceiro pretenderia adquiri-las. A preferência pode ser por meio de um ROFR ou ROFO. O ROFR consiste no direito do sócio em ser o primeiro a aceitar ou recusar qualquer oferta de compra de participação societária. O ROFO, por outro lado, consiste no direito do sócio em receber a primeira oferta caso alguém queira vender sua participação societária na sociedade.

4) Direitos de conversão: os investimentos de *venture capital* tipicamente operam com uma previsão contratual de conversão de ações preferenciais para ordinárias, principalmente em virtude da prática norte-americana. Como grande parte das dinâmicas de mercado e regras adotadas em *venture capital* derivam do direito norte-americano, é importante entender a razão pela qual os investimentos operam dessa maneira. No direito americano, assim como no brasileiro, as ações preferenciais oferecem ao acionista prioridade na distribuição de dividendos, dentre outras vantagens. Dessa maneira, os investidores iniciais de uma *startup* geralmente obtêm ações preferenciais, de forma que a estratégia demonstra-se bastante alinhada com o modelo de *cash cow* explicado anteriormente. No entanto, na ocorrência de um investimento qualificado (entendido como um investimento relevante para a empresa) ou um *IPO*, é comum a previsão de que as ações preferenciais sejam convertidas em ações ordinárias. Novamente, assim como no direito brasileiro, as normas americanas oferecem às ações ordinárias direitos de voto, de forma que o acionista tem a possibilidade de exercer controle sobre a investida.

Em um evento de investimento de valor relevante ou um IPO, o poder de voto acaba valorizando as ações ordinárias, de forma que estas podem adquirir um valor maior do que as ações preferenciais. Além disso, em alguns casos, as próprias ações ordinárias podem adquirir dividendos adicionais caso algumas metas da empresa sejam alcançadas. Isso porque em ações preferenciais o dividendo é fixado assim que forem emitidas, diferentemente das ações ordinárias que podem participar dos aumentos de lucro da investida por meio de dividendos crescentes, de acordo com o desempenho da empresa. Assim, é comum que a prática de investimento preveja a aquisição de ações preferenciais nas primeiras rodadas de investimento (rodada de investimento anjo, *seed* e Série A) e que são conversíveis em ações ordinárias desde que haja um evento que justifique a conversão.

5) Antidiluição (*full ratchet* ou *weighted average*): é uma cláusula que pode prevenir a diluição da participação dos acionistas existentes, caso haja emissão de novas ações em uma rodada de investimento posterior a um preço menor do que aquele pago pelos investidores anteriores. A antidiluição pode ser operacionalizada por meio de dois mecanismos diferentes: *full ratchet* ou *weighted average*. O mecanismo do *full ratchet* consiste em reajustar o valor das ações existentes em virtude da emissão de novas ações decorrentes de um novo investimento. Tal reajuste ocorre para que o investidor que pagou mais pelas ações na rodada anterior tenha as mesmas condições dos novos investidores que pagaram um valor menor por suas ações (Lobo; Potenza, 2016). Por outro lado, pelo mecanismo de *weighted average* as participações são recalibradas com base no tamanho e preço da rodada que implicou a diluição. Essa recalibragem é possibilitada por meio de uma fórmula estipulada contratualmente. Em ambos os casos, o reajuste de valores ocorre pela conversão das ações preferenciais em ações ordinárias a preços favoráveis ao antigo investidor.

6) *Tag along*: o *tag along* também deriva do direito norte-americano. Esse direito assegura que a alienação, direta ou indireta, do controle de uma empresa somente poderá ocorrer sob a condição de que o sócio adquirente realize a oferta de aquisição das ações ou quotas detidas pelos demais sócios, de forma proporcional à sua participação no capital social. Portanto, essa cláusula tem o intuito de proteger os interesses do sócio minoritário, uma vez que ele pode não desejar se associar ao novo comprador que ele não conhece. Trata-se de proteger um investidor que deseja sair da *startup* caso o fundador resolva vender sua participação, por exemplo, garantindo a referido investidor o direito de liquidar sua participação também.

7) *Drag along*: diferentemente do *tag along*, o *drag along* visa proteger os interesses do acionista ou quotista majoritário. Caso o detentor da maioria do capital social receba uma oferta de compra da totalidade de sua participação na empresa e tal compra seja condicionada à aquisição de todas as demais quotas ou ações desta sociedade, se exercido o *drag along* os demais sócios serão obrigados a vender sua participação conjuntamente e tomar as demais medidas necessárias para efetuar tal venda nas mesmas condições ofertadas ao majoritário.

8) *Lock-up*: esta cláusula tem o intuito de restringir a possibilidade de venda de participação societária de um sócio durante determinado período. Quando um investidor realiza um aporte de capital em uma empresa, é possível que esse ato seja personalíssimo, ou seja, condicionado a características particulares de gestão ou intelectuais de determinado(s) sócio(s) da empresa. Assim, a cláusula de *lock-up* garante que aquele(s) sócio(s) permanecerá(ão) na sociedade por, pelo menos, o período estipulado pelo investidor em contrato. Se descumprida, pode ser fixada uma multa, bem como cláusulas de não concorrência, confidencialidade ou até mesmo que a participação do sócio que deseja sair seja vendida aos demais sócios por um valor ínfimo, muito abaixo do valor de mercado.

9) Não concorrência (*Non-compete*): esta cláusula obriga determinados sócios a não exercerem atividades que concorram ou impliquem conflito de interesse com as atividades da própria empresa. Além disso, pode exigir que, havendo venda da participação desses sócios, eles não exerçam tais atividades conflitantes por determinado período. No Brasil, quando se trata de uma relação trabalhista, para que tenham validade, essas cláusulas devem ter (i) espaço geograficamente definido; (ii) prazo definido; e (iii) remuneração durante o prazo de não concorrência[34]. Por outro lado, ausente a relação trabalhista, a jurisprudência do Superior Tribunal de Justiça – STJ informa que deve haver uma

---

[34] Referido entendimento encontra-se no Recurso de Revista 1948-28.2010.5.02.0007 da 1ª Turma do Tribunal Superior do Trabalho, cuja data de julgamento foi 21 de maio de 2014.

limitação temporal e geográfica clara[35]. Por fim, o Conselho Administrativo de Defesa Econômica – CADE orienta que o prazo máximo quanto ao critério temporal seria de cinco anos[36], tal como previsto no art. 1.147 do Código Civil.

10) Direito de veto: o investidor terá o direito de vetar algumas decisões em assembleias ou reuniões promovidas pela empresa, exclusivamente as matérias já determinadas contratualmente. É semelhante ao Voto Afirmativo, que é a exigência de aprovação do investidor para a tomada de determinadas decisões.

11) Evento de liquidez (*liquidity event*): entende-se como um evento de liquidez qualquer evento que gere liquidez à participação societária na empresa (ou seja, que gere recursos financeiros). Podem ser considerados como eventos de liquidez, dentre outros: (i) a liquidação da empresa; (ii) venda da empresa ou de participação societária relevante em uma rodada de investimento; (iii) falência; ou (iv) IPO.

12) Preferência na liquidação (*liquidation preference*): por meio desta previsão, o investidor adquire preferência em obter os recursos provenientes de um evento de liquidez de acordo com o investimento que realizou. Ou seja, ele receberá os valores a que tem direito antes de todos os outros sócios que não possuírem preferência. É comum que, além da preferência na liquidação, os investidores ainda estipulem um múltiplo que incidirá no valor que deverá ser recebido por este no caso de participação em eventos de liquidez, como participações na liquidação em uma vez (1×), duas vezes (2×) e assim em diante (Lobo; Potenza, 2016). Dessa maneira, o investidor pode estipular múltiplos que multiplicarão a remuneração que receberá sobre o capital a receber em eventos de liquidez.

13) Participação ou não participação no saldo dos proventos de um evento de liquidez (*participation* × *non-participation*): ain-

[35] Referido entendimento encontra-se no REsp 1203109/MG, de Relatoria do Ministro Marco Aurélio Bellizze, data de julgamento 5/5/2015, do Superior Tribunal de Justiça.

[36] Este prazo é mencionado nas Súmulas 2, de 27 de agosto de 2007, e 5, de 9 de dezembro de 2009, do CADE.

da dentro do tema de preferência na liquidação, pode haver uma estipulação adicional que se refere à participação ou não participação no saldo dos recursos oriundos do evento de liquidez. Se for estipulada a cláusula de participação, além de receber preferencialmente os recursos oriundos de um evento de liquidez, o investidor poderá participar na proporção de sua participação do saldo remanescente a ser distribuído entre os sócios após o pagamento daqueles sócios detentores de direitos de preferência na liquidação.

14) Base total diluída de ações (*Fully Dilluted Basis*): é comum que as *startups* ofereçam opções de compra de participação, *stock options, vesting, phantom shares* e *restricted stock units*. Todos esses instrumentos, de alguma maneira, impactam a participação societária da empresa. Assim, a cláusula que faz menção a esse termo especifica que se trata da interpretação do texto levando em consideração a participação societária pós-conversão de todos esses títulos.

15) Partes Relacionadas (*Related Parties*): este tipo de cláusula visa evitar a evasão de recursos financeiros da investida para os sócios. Em linhas gerais, entende-se como parte relacionada aquela parte que possui sócio em comum com a empresa investida. Assim, por ambos possuírem um sócio em comum, a contratação da investida com um terceiro que possua sócio em comum poderia ser uma maneira de distribuir recursos para esse sócio, caracterizando uma fraude. Por essa razão, qualquer contratação desse gênero deve ser aprovada pelos demais sócios.

Vale lembrar que essas são cláusulas que normalmente aparecem em contratos de investimento ou acordos de sócios/acionistas, mas não são as únicas e tampouco são obrigatórias. De qualquer modo, é recomendável sempre contextualizar os investimentos que serão formalizados no contrato. O propósito deve ser não garantir a sócios direitos que possam prejudicar o futuro da empresa, como verdadeiras ferramentas de controle que, por meras discordâncias, podem travar o desenvolvimento da sociedade.

Justamente por isso, investidores que entram inicialmente e com valores menores não costumam exigir tantos poderes de controle (até pelo fato de, normalmente, pulverizarem seus investimentos em várias empresas e não serem capazes de se dedicar efetivamente à gestão de todas as investidas). Por outro lado, investimentos mais volumosos – como no caso dos fundos – costumam ser mais exigentes, para garantir sua proteção e monitoramento do gasto do capital investido. Lembremos que, pelas regras do FIP (Instrução CVM n. 578/2016), tais fundos não só podem, como devem ter algum tipo de gerência na investida.

Por conta disso, se tais fundos de investimento encontram na *startup* uma base de investidores menores bastante diluída, todos com direitos diversos e "muito poder", já preveem que a governança da empresa se tornará bastante complicada e a sua evolução dependerá de procedimentos que envolverão muitas pessoas, em alguns casos até podendo ocorrer vetos por razões pessoais de cada investidor. Por isso, é necessário que no momento da negociação seja considerado o porte da empresa, o volume do investimento e a real necessidade da concessão de direitos que, no futuro, possam engessar a governança e o crescimento da empresa.

Referências do Capítulo

ABVCAP – Associação Brasileira de Private Equity e Venture Capital. *Estrutura Legal dos fundos de Private Equity e Venture Capital no Brasil.* Rio de Janeiro: 2015.

AGÊNCIA BRASILEIRA DE DESENVOLVIMENTO INDUSTRIAL. *A Indústria de Private Equity e Venture Capital*: 2º censo brasileiro. Brasília, 2011.

ARMOUR, J. Law, Innovation and Finance. In: McCAHERY, J. A.; RENNEBOOG, L. (Orgs.). *Venture Capital Contracting and the Valuation of High-technology Firms.* New York: Oxford University Press, 2003.

BENTO, L. F. G. *Private Equity e Venture Capital:* Um Estudo sobre a Adequação do Sistema Societário Brasileiro para o Ciclo de Investimentos de Capital Empreendedor. 2015. 89 f. Trabalho de Conclusão de Curso (Graduação em Direito). Faculdade de Direito de Ribeirão Preto, Universidade de São Paulo, Ribeirão Preto, 2015.

BHIDE, A. *Bootstrap finance:* The art of start-ups. *Harvard Business Review,* Novembro/Dezembro, 1992, p. 109-117.

BRENNAN, M. J.; SCHWARZ, E. S. Analyzing Convertible Bonds. *The Journal of Financial and Quantitative Analysis,* v. 15, n. 4, Nov., 1980, p. 907-929.

BUSSGANG, J. *Raising startup capital.* Estudo de caso. Harvard Business School, 21 de fevereiro de 2014. Disponível em <https://goo.gl/u1eUyz>. Acesso em: 7 maio 2017.

CARVALHO, M. T. M. *Regime Jurídico dos Fundos de Investimento.* São Paulo: Quartier Latin, 2012.

CASSAR, G. The Financing of Business Start-ups. *Journal of Business Venturing,* n. 19, 2004, p. 261-283.

COELHO, G. T.; GARRIDO, L. G. Dissecando o contrato entre startups e investidores anjo. In: JÚDICE, Lucas Pimenta. NYBØ, Erik Fontenele (Org.). *Direito das Startups.* São Paulo: Juruá, 2016. p. 115.

CUMMING, D. Introduction. In: ______ (Org.). *The Oxford Handbook of Venture Capital.* Oxford University Press, 2012. p. 1-12.

CUMMING, D.; JOHAN, S. A. *Venture Capital and Private Equity Contracting:* an International Perspective. Burlington: Elsevier, 2009.

DAVILA, A.; FOSTER, G.; GUPTA, M. The Impact of Rounds of Venture Capital Funding on the Growth Strategy of Startups. *Journal of Business Venturing,* v. 8, Issue 6 (Nov.), 2003, p. 689-708.

ENDEAVOR INSIGHT. *How Did Silicon Valley Become Silicon Valley*: Three Surprising Lessons for Other Cities And Regions. 2014. Disponível em: < http://share.endeavor.org/pdf/HDSVBSV.pdf>. Acesso em: 7 jun. 2017.

FESTEL, G.; WUERMSEHER, M.; CATTANEO, G. Valuation of Early Stage High-Tech Start-up Companies. *International Journal of Business,* v. 18, n. 3, 2013, p. 217-231.

FGV. *Negócios de impacto social:* Da estrutura da Empresa Nascente a sua aproximação com o Poder Público. São Paulo: 2014.

FLACH, P.; SILVA, L. L. Debêntures: O que são, sua regulamentação e utilização por Sociedades Limitadas. In: JÚDICE, L. P.; NYBØ, E. F. (Orgs.). *Direito das Startups.* São Paulo: Juruá, 2016. p. 147.

FREEAR, J.; SOHL, J. E.; WETZEL, W. E. Angels and Non-Angels: Are there differences? *Journal of Business Venturing,* v. 9, 1994, p. 109-123.

GARRIDO, L. G.; COELHO, G. T. A estruturação do investimento entre aceleradoras e stastups no Brasil. In: JÚDICE, Lucas Pimenta. NYBØ, Erik Fontenele (Orgs.). *Direito das Startups.* São Paulo: Juruá, 2016. p. 131.

GOLDFARB, B.; KIRSCH, D.; SHEN, A. Finance of New Industries. In: CUMMING, Douglas (Org.). *The Oxford Handbook of Entrepreneurial Financing.* New York: Oxford University Press, 2012. p. 10-44.

GOMPERS, P. A. Optimal Investment, Monitoring, and the Staging of Venture Capital. *The Journal of Finance,* v. 50, n. 5 (Dec.), 1995, p. 1461-1489.

GOMPERS, P. A.; LERNER, J. *The Venture Capital Cycle.* Cambridge: MIT Press, 1999.

GOMPERS, P. A.; LERNER, J. The Venture Capital Revolution. *The Journal of Economic Perspectives,* v. 15, n. 2, 2001, p. 145-168.

GOMPERS, P.; KOVNER, A.; LERNER, J.; SCHARFSTEIN, D. Venture capital investment cycles: The impact of public markets. *Journal of Financial Economics,* v. 87, 2008, p. 1-23.

HALL, R. E.; WOODWARD, S. E. *The Quantitative Economics of Venture Capital.* Working Paper. Stanford University, 2007.

HART, O. *Firms, Contracts, and Financial Structure.* London: Oxford University Press, 1995.

HENDERSON, B. *The Product Portfolio.* Disponível em: <https://www.bcgperspectives.com/content/Classics/strategy_the_product_portfolio/>. Acesso em: 29 ago. 2017.

IBRAHIM, D. Equity Crowdfunding: A Market for Lemons? *Minnesota Law Review,* Minneapolis, v. 100, 2015, p. 561-607.

INFODEV. *Crowdfunding's Potential for the Developing World.* Finance and Private Sector Development Department, World Bank. Washington: 2013.

JENSEN, M. C.; MECKLING, W. H. Theory of the Firm: Managerial Behavior, Agency Costs and Ownership Structure. *Journal of Financial Economics,* n. 3, 1976, p. 305-360.

JÚDICE, L. P. Notas sobre a possibilidade de um optante pelo simples nacional constituir uma Sociedade em Conta de Participação. In: ________; NYBØ, E. F. (Orgs.). *Direito das Startups.* São Paulo: Juruá, 2016. p. 161

LACAVE, M. I. S.; GUTIERREZ, N. B. Specific Investments, Opportunism and Corporate Contracts: A Theory of Tag-along and Drag-along Clauses. *European Business Organization Law Review,* v. 11, Issue 03, 2010, p. 423-458.

LAPORTA, R.; LOPES-DE-SILANES, F.; SHLEIFER, A.; VISHNY, R. W. Law and Finance. *The Journal of Political Economy,* Chicago, v. 106, Issue 06 (Dec.), 1998, p. 1113-1155.

LELAND, H. E.; PYLE, D. H. Informational Asymmetries, Financial Structure, and Financial Intermediation. *Journal of Finance,* v. 32, Issue 2, 1977, p. 371-387.

LOBO, C. A.; POTENZA, G. P. Investimentos Venture Capital e Private Equity: Considerações práticas e jurídicas. In: BOTREL, S.; BARBOSA, H. *Finanças Corporativas:* Aspectos Jurídicos e Estratégicos. São Paulo: Atlas, 2016.

MAGENNIS, D.; WATTS, E.; WRIGHT, S. Convertible notes: the debt versus equity classification problem. *Journal of Multinational Financial Management,* v. 8, Issues 2-3, 1998, p. 303-315.

MARQUES, S. S.; CHAVES, A. R. C. O Cenário das Obrigações Solidárias e Subsidiárias no Código Civil Brasileiro. *Revista Semana Acadêmica,* v. 1, n. 85, 2016, p. 1-10.

MARTINS, F. *Curso de Direito Comercial.* 40. ed. Rio de Janeiro: Forense, 2016.

METRICK, A.; YASUDA, A. *Venture Capital & The Finance of Innovation.* 2. ed. Hoboken: Wiley, 2011.

MO, C. L. *Venture Capital Financing:* Down Rounds And Cram-Down Financings. Working Paper. Stanford University, 2004.

MODIGLIANI, F.; MILLER, M. H. The Cost of Capital, Corporation Finance and the Theory of Investment. *The American Economic Review*, v. 48, n. 3 (Jun.), 1958, p. 261-297.

MYERS, S. C. The Capital Structure Puzzle. *The Journal of Finance*, v. XXXIX, n. 3, July, 1984, p. 575-592.

NANDA, R.; RHODES-KROPF, M. Investment cycles and startup innovation. *Journal of Financial Economics*, n. 110, 2013, p. 403-418.

NOOTEBOOM, B. Firm Size Effects on Transaction Costs. *Small Business Economics*, v. 5, 1993, p. 283-295.

OCDE. The SME Financing Gap: Theory and Evidence. *Financial Market Trends*, v. 2, 2006, p. 87-95.

PAUL, S.; WHITTAM, G.; WYPER, J. The Pecking Order Hypothesis: Does it Apply to Start-up Firms? *Journal of Small Business and Enterprise Development*, v. 14, Issue 1, p. 8-21.

PERRONI, D.; RAMOS, P. H. *Mesmo com esforços, há barreiras para equity crowdfunding*. Disponível em: <http://bscadvocacia.com.br/mesmo-com-esforcos-ha-barreiras-para-equity-crowdfunding/>. Acesso em: 29 ago. 2016.

PETRY, R. C. Análise Jurídica da Carga Tributária Brasileira: um Quadro Geral dos Tributos no Brasil. *Revista de Estudos Tributários*, Porto Alegre, v. 16, n. 93, set./out., 2013

PROWSE, S. Angel investors and the market for angel investors. *Journal of Banking & Finance*, v. 22, 1998, p. 785-792.

REA, R. H. Factos Affecting Success and Failure of Seed Capital/Start-up Negotiations. *Journal of Business Venturing*, v. 4, 1989, p. 149-158.

REBELO, N. S. *A sociedade empresária e a captação de recursos de private equity e venture capital*: Estudo Interdisciplinar do Financiamento Empresarial. Porto Alegre, Buqui: 2013.

REEVES, M.; MOOSE, S.; VENEMA, T. *BCG Classics Revisited: The Growth Share Matrix*. Disponível em: <https://www.bcgperspectives.com/content/articles/corporate_strategy_portfolio_management_strategic_planning_growth_share_matrix_bcg_classics_revisited/>. Acesso em: 29 ago. 2017.

RIBEIRO, L. L.; *O Modelo Brasileiro de Private Equity e Venture Capital*. 2005. Dissertação (Mestrado em Administração) – Faculdade de Economia, Administração, e Contabilidade, Universidade de São Paulo, São Paulo, 2005.

RIES, E. *A startup enxuta*. São Paulo: Leya, 2012.

ROSE, D. S. *Angel Investing:* The Gust Guide to Making Money and Having Fun Investing in Startups. Hoboken: Wiley, 2014.

SAPIENZA, H. J.; KOSGAARD, M. A.; FORBES, D. P. The Self-Determination Motive And Entrepreneurs' Choice Of Financing. *Advances in Entrepreneurship, Firm Emergence and Growth*, v. 6, 2003, p. 105-138.

SCALZILLI, J. P.; SPINELLI, L. F. *Sociedade em Conta de Participação*. São Paulo: Quartier Latin, 2014.

SEGHERS, A.; MANIGART, S.; VANACKER, T. The Impact of Human and Social Capital on Entrepreneurs' Knowledge of Finance Alternatives. *Journal of Small Business Management*. Washingon, n. 50 (1), 2012, p. 63-86.

SHANE, S. The Importance of Angel Investing in Financing the Growth of Entrepreneurial Ventures. *Quarterly Journal of Finance*, v. 2, n. 2, 2012, p. 1-42.

SØRENSEN, M. How Smart Is Smart Money? A Two-Sided Matching Model of Venture Capital. *The Journal of Finance*, v. LXII, n. 6, 2007, p. 2725-2762.

SPINA, C. A. *Investidor anjo:* como conseguir investidores para seu negócio. 2. ed. São Paulo: nVersos, 2015.

VAN AUKEN, H. Differences in the Usage of Bootstrap Financing among Technology-Based versus Nontechnology-Based Firms. *Journal of Small Business Management*. Washington, n. 43 (1), p. 93-103, 2005.

VANACKER, T.; MANIGART, S.; MEULEMAN, M.; SELS, L. A longitudinal study on the relationship between financial bootstrapping and new venture growth. *Entrepreneurship & Regional Development*, v. 23, Issue 9-10, 2011, p. 681-705.

WILLIAMSON, O. E. Transaction-Cost Economics: The Governance of Contractual Relations. *Journal of Law and Economics*, Chicago, v. 22, n. 2 (Oct.), 1979, p. 233-261.

WINBORG, J. LANDSTRÖM, H. Financial Bootstraping in Small Businesses: Examining Small Business Managers' Resource Acquisition Behaviors. *Journal of Business Venturing*, New York, v. 16, p. 235-257, 2000.

WONG, A.; BHATIA, M.; FREEMAN, Z. Angel Finance: The Other Venture Capital. *Strategic Change*, v. 18, 2009, p. 221–230.

Capítulo 3

Aspectos societários e trabalhistas

3.1. UMA PLURALIDADE DE RELAÇÕES

A criação de determinada *startup* é, juridicamente, muito similar à estruturação de qualquer outra empresa. No entanto, o que atrai as atenções para esse tipo – ou estágio – de estrutura diz respeito justamente aos fatos que a diferenciam de outras empreitadas. A criação de novos modelos de negócios baseados em tecnologia oportuniza rápido crescimento e impacto expressivo na vida de milhões ou até bilhões de pessoas. Assim, o "estágio *startup*" de empresas de tecnologia, que tendem a crescer até se tornarem gigantes, é marcado por uma grande concentração de energia. E esse poder que determinadas *startups* possuem é, em muitas hipóteses, avassalador, implicando a criação de campos gravitacionais que vão se ampliando na medida em que o peso de importância da empresa vai crescendo.

Feitas essas considerações, constata-se que uma *startup*, em ritmo muito mais acelerado que o restante das empresas, pode originar o surgimento de diversas relações que são inerentes ao desenvolvimento do negócio. Em questão de meses ou até mesmo dias, o empreendedor começa a ter que lidar com outros sócios, funcionários, poder público, clientes, dentre outros.

Este capítulo busca enveredar pelas principais relações que concernem aos dois primeiros agentes. Um enorme problema em empresas nascentes inovadoras é a decisão sobre a distribuição de atribuições às pessoas envolvidas no desenvolvimento e crescimento da *startup*. Aqui, a grande questão envolve a definição dos sócios, da participação de cada um e da forma de contratação com eventuais colaboradores participantes da empreitada, sejam estes funcionários, parceiros ou prestadores de serviços.

Nesse sentido, seria possível classificar os indivíduos que atuam nas *startups* a partir do estágio de entrada no projeto e mesmo em relação ao nível de atração e importância para com o núcleo da *startup*. O nível de envolvimento com a empreitada e o percentual de energia gasto com o estabelecimento de um novo modelo de negócio também influenciam na condição do colaborador.

Dessa maneira, podem ser identificados dois grupos principais de colaboradores: os que atuam de maneira pontual, em tal grupo incluímos mentores, anjos, *advisors*, prestadores de serviço em geral, dentre outros; de outro lado, temos os empreendedores de fato, que dedicam sua carreira para fazer com que a iniciativa prospere. Cabe mencionar que os indivíduos que possuem vínculo de tempo parcial com a *startup* poderão em momento futuro se tornar sócios da empresa. Em virtude dos esforços realizados pelos indivíduos que auxiliam de maneira pontual, eles costumam ser beneficiados com quotas ou ações da *startup*.

Por isso, ressalta-se a importância da atenção aos aspectos jurídicos dessas relações. Quando mais de uma pessoa se envolve em certa empreitada, há uma realidade em que coexistem diferentes personalidades, expectativas e métodos de trabalho. Para que tudo fique acordado desde o início, é importante que o empreendedor saiba quais mecanismos possui para evitar conflitos futuros que venham a desgastar a empresa tanto interna quanto externamente.

Assim sendo, no presente capítulo buscamos analisar as questões societárias e de formalização de uma *startup*, bem como a classe dos integrantes que apresentam atuação mais contínua e intensa na empreitada, incluindo os principais aspectos jurídicos relacionados a tais indivíduos. Em tal grupo estão enquadrados basicamente dois tipos de subclasses: os fundadores e os primeiros colaboradores, que entram em estágios secundários após a formação, mas que possuem função fundamental para a *startup*.

É de se constatar desde já que o Direito, de maneira geral, e, especialmente, a legislação brasileira, ainda não estão completamente aptos a lidar com essas novas empresas e seus personagens. As divisões claras entre direito trabalhista, cível e societário não são adequadas para contribuir para o bom desenvolvimento de *startups*, especialmente no que se determina como o *early stage*. O tema será analisado com maior nível de detalhes em outros itens, ainda assim cabe mencionar desde já que as estruturas do direito trabalhista foram concebidas para etapa muito específica do capitalismo, qual seja a era industrial. Dessa maneira, perspectivas mais arejadas de viver e interagir com a sociedade impõem o necessário estabelecimento de novas formas de refletir relações de trabalho e societárias.

3.2. ESTRUTURAS SOCIETÁRIAS E A CONSTITUIÇÃO DA EMPRESA

3.2.1. Questões preliminares

Lidar com as particularidades e problemas jurídicos do negócio muitas vezes não é a prioridade do empreendedor, seja por razões burocráticas, financeiras ou até mesmo estratégicas, como demonstramos oportunamente. Contudo essas questões jurídicas não deixam de existir e se não enfrentadas adequadamente e, sobretudo, desde cedo, não promovem o pleno desenvolvimento dos negócios.

Iniciaremos estudando as principais formas de organização societária de uma *startup*, o que costuma ser uma dúvida recorrente para o empreendedor. Diante de situações que vão desde a burocracia enfrentada para a formalização até os perigos da desconsideração da personalidade jurídica, o empreendedor precisa optar desde cedo pela constituição formal de sua empresa para iniciar as suas atividades de forma regular. Nesse sentido, o Brasil oferece alguns tipos societários que influenciam profundamente o nível de organização da empresa, atribuindo a cada uma delas normas específicas e diferentes graus de governança e responsabilidade.

Primeiramente, é possível destacar a importância da escolha correta do modelo societário a ser adotado na constituição daquela empresa – e a relevância do próprio ato de constituí-la. Esse ponto costuma ser o principal questionamento jurídico do empreendedor, e se dá por três grandes fatores: (i) os diferentes níveis de proteção que cada tipo societário oferece aos sócios e aos investidores daquela companhia; (ii) os entraves burocráticos que a constituição de uma empresa pode apresentar; e (iii) os custos envolvidos com a manutenção de determinado tipo societário. A escolha do tipo de sociedade é fundamental, portanto, para proteger o empreendedor e seus sócios, para atrair investidores e para manter uma estrutura de governança que lhe permita crescer sem um aumento considerável de custos operacionais.

Ainda do ponto de vista jurídico, temos diversas questões fundamentais à administração corporativa, tais como a responsabilização dos sócios, a atratividade de um tipo societário para captação de investimentos, a flexibilidade administrativa, possibilidade de adoção de diferentes regimes tributários, níveis de regulação e regras de constituição e dissolução, dentre outros, conforme apontam Duening, Hisrich e Lechter (2015).

A opção pela estrutura societária que seja mais adequada e atenda melhor à necessidade de cada empreendedor é muitas vezes delegada ao profissional jurídico contratado pela empresa, quando há a contratação de algum. A dificuldade de compreensão das características de cada tipo, somada à burocracia encontrada no Brasil para a constituição de uma empresa, faz com que muitas *startups* do país operem por bastante tempo na informalidade antes de se regularizarem juridicamente. Dessa maneira, é comum que durante esse estágio seja elaborado um contrato denominado de memorando de entendimentos de pré-constituição, que será explicado a seguir.

Além disso, é possível destacar que, no que tange à realidade brasileira, a escolha da estrutura societária deve ser ponto de extrema atenção por parte do empreendedor, pois, apesar de a legislação permitir que se altere o regime jurídico optado posteriormente, tal processo é extremamente burocrático e custoso, de acordo com relatório da FGV Direito SP (2014). O documento em questão ainda considera que o principal dilema do empreendedor se resume em escolher a opção que lhe sirva entre uma Sociedade Anônima ou Limitada, e compreende quatro grandes fatores que devem ser considerados nesta escolha: *a*) Estrutura do Capital e Escalada da Empresa; *b*) Organização e Governança da Empresa; *c*) Desafios para a Entrada e Saída de Sócios; e *d*) Custos da Empresa Nascente.

Os empreendedores devem, em alguma medida, proteger juridicamente seus negócios.

> A ansiedade dos empreendedores em operacionalizar sua ideia não pode superar a necessidade de organização do relacionamento a ser estabelecido entre eles no momento em que estes se aventuraram a criar um projeto em cooperação. No momento em que os empreendedores se reúnem com o objetivo de constituir uma *startup* é necessário que estes se organizem e, para isto, torna-se necessária a utilização de instrumentos jurídicos capazes de regular a relação que se estabelecerá entre eles (Nybø, 2016).

Isso não significa, no entanto, que a estruturação/regularização de uma empresa seja uma tarefa simples e agradável. Já foi observado, neste trabalho, que a burocracia atrapalha a constituição empresarial e, por diversas razões, passa a não ser a prioridade do empreendedor que está mais preocupado em investir recursos em seu produto/serviço ou em sua comercialização. Assim, o Brasil possui um sistema extremamente complexo de tarefas, atos, taxas, tarifas, dentre outros, que desestimula a constituição empresarial regular do empreendedor, seja qual for o tipo societário escolhido, motivo pelo qual torna-se importante refletir sobre as relações contratuais possíveis para proteção do negócio que está nascendo na forma de uma *startup*.

As questões burocráticas são tão relevantes que são encontrados inclusive esquemas gráficos para explicar como é feita a constituição empresarial no Brasil. É o que vemos, por exemplo, em imagem publicada na página do *Facebook* do Senado Federal Brasileiro, que demonstra de forma "simplificada" os sete extensos passos que devem ser percorridos pelo empreendedor para regularizar sua atividade empresarial nos parâmetros da lei. Na imagem, que descreve a constituição especificamente de uma microempresa, é possível perceber que a abertura do um dos tipos de empresa menos complexos da legislação brasileira envolve as Administrações Municipais, Estaduais e Municipais, bem como atos perante diversos órgãos, como o INSS e Juntas Comerciais, por exemplo.

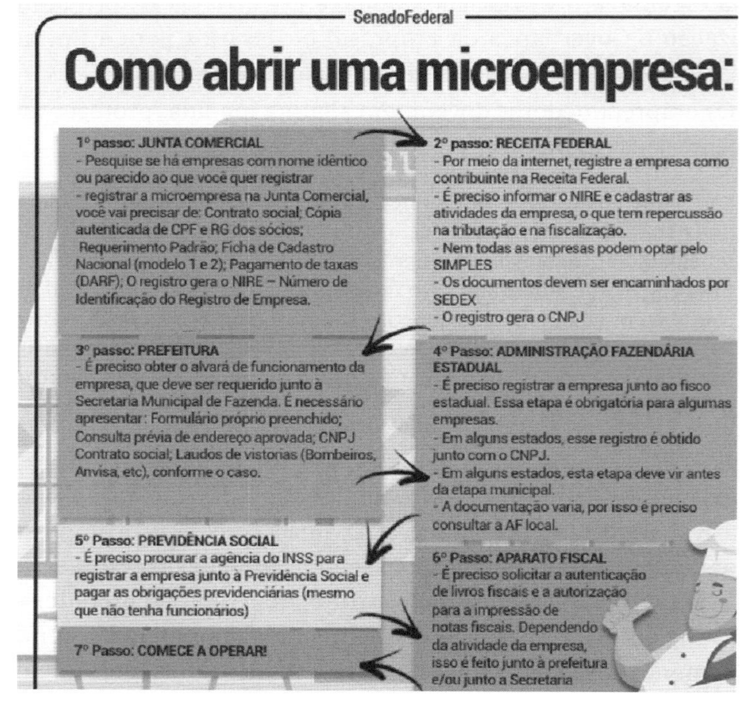

Fonte: Facebook Senado Federal

Muitas vezes os empreendedores de uma *startup* preferem testar a ideia no mercado (“validar”) antes mesmo de incorrer em qualquer grau de formalização. Há uma série de problemas que decorrem dessa atitude, que podem variar em diferentes níveis, a depender da natureza e porte do produto ou serviço que serão testados. Em diversas situações, desse modo, os encarregados pelas questões legais da *startup* se veem obrigados a ignorar a necessidade de formalização a pedido e insistência do empreendedor. Quando isso ocorre, é necessário que se sugira ao menos uma certa relação contratual que possa ajudar o empreendedor a resolver conflitos, principalmente decorrentes do insucesso da empresa. A esse documento, preliminar e não vinculante, dá-se o nome de memorando de entendimentos para pré-constituição de uma *startup*.

3.2.2. O memorando de entendimentos e a pré-constituição de uma *startup*

Quando se trata de empresas tradicionais, é comum a percepção de que, havendo a ideia de um negócio, o capital para sua execução e a mão de obra necessária, resta somente enfrentar o sistema burocrático estatal para que se constitua a empresa. Entretanto esse não é o caso quando estamos diante de *startups*, pelas razões expostas anteriormente.

É nesse contexto que algumas *startups* buscam se organizar de maneira informal no início de suas atividades até que completem a fase de validação do produto no mercado. Essa organização se dá por meio da utilização de um memorando de entendimentos para a pré-constituição de uma *startup*.

O memorando de entendimentos de pré-constituição é "um contrato preliminar comumente utilizado por *startups* em estágio inicial e que desejam regular a relação a ser firmada entre os sócios, sem que isso resulte necessariamente na criação de uma sociedade formalmente registrada" (Nybø, 2016). Por meio desse instrumento, a *startup* consegue focar seus esforços financeiros no desenvolvimento do seu produto/serviço em vez de gastar tempo e dinheiro com a constituição de uma empresa, principalmente enquanto essa ainda opera sob a lógica de *bootstrapping* (v. Cap. 2).

Assim, a existência de um contrato preliminar beneficia em diversos aspectos as empresas em estágio inicial de desenvolvimento. Num primeiro momento, minimiza custos. A elaboração de um memorando de entendimentos reveste tal documento de caráter contratual preliminar em relação a um Contrato Social definitivo, sem, no entanto, obrigar a sociedade a perpassar pelas burocracias e custos da formalização definitiva logo no estágio embrionário de suas atividades. É claramente um documento que protege muito menos os sócios de eventuais responsabilidades e deveres decorrentes da atividade empresária, mas se constituir a empresa "de cara" não for uma opção, *pelo menos* a existência de um memorando é aconselhável.

Além disso, o caráter preliminar do memorando de entendimentos não lhe retira sua exigibilidade judicial. De modo simplificado, a existência de um contrato preliminar pressupõe a posterior elaboração de um Contrato Social definitivo. Entretanto, caso isso não seja realizado e surja algum conflito decorrente desse contrato, o memorando tem plena validade, pois obriga os seus signatários e pode inclusive ser objeto de demanda judicial para que seja celebrado o Contrato Social definitivo (Venosa apud Nybø, 2016). Dessa forma, temos que o memorando de entendimentos não substitui o contrato social, mas cria uma garantia quanto aos direitos e obrigações estabelecidos entre os indivíduos que pretendem desenvolver o projeto antes de formalizada a sociedade que explorará comercialmente o produto/serviço desenvolvido.

Finalmente, a elaboração de tal documento ainda atrai investimentos, uma vez que representa uma estrutura organizacional mínima a ser observada por potenciais investidores e levada em conta na tomada de decisões sobre a empresa na qual seu capital poderá ser investido. A adoção de instrumentos jurídicos que regulam a relação dos empreendedores traz maior segurança ao investidor, gerando maiores chances de interesse deste pelo investimento (Nybø, 2016).

O memorando de entendimentos deve conter, no mínimo, cláusulas que contemplem algumas questões contratuais específicas. Dessa forma, o documento deve prever minimamente o projeto a ser desenvolvido pelos contratantes.

Após essa delimitação, mas não menos importante, deve ser determinada qual a expectativa de participação de cada um dos sócios na sociedade que será constituída *a posteriori*. A principal função de se prever um *cap table* é permitir que, quando houver a necessidade de aporte financeiro, já esteja predeterminada a porcentagem que os sócios podem oferecer ao investidor.

A parte mais importante desse contrato, porém, é a que determina as condições que ensejam a constituição da sociedade posteriormente. Para tanto, pode-se utilizar o que se chama de gatilho: uma condição que, quando preenchida, acarretará a celebração do contrato definitivo (Nybø, 2016). Esse gatilho pode ser a obtenção de um primeiro investimento, a celebração de uma parceria, a finalização do produto ou modelagem do serviço, grandes pedidos de venda etc., desde que preestabelecidos no contrato e que tornem viável o negócio em questão. Trata-se de uma condição, nos termos do Código Civil, que determina a obrigatoriedade de um ato posterior. O memorando poderá prever também a proteção proprietária sobre o produto/serviço a ser desenvolvido, prevendo inclusive a cessão para a sociedade a ser criada posteriormente.

Diferentemente dos Contratos ou Estatutos Sociais, como a legislação brasileira não prevê o memorando de entendimentos como forma de constituição formal de uma empresa, não há nenhuma cláusula obrigatória nesse contrato. Expusemos aqui as cláusulas principais recomendáveis para garantir o mínimo de segurança aos empreendedores. Ante o exposto, é possível concluir que o memorando de entendimentos pode ser considerado uma solução temporária, mas não suficiente, ao problema da burocratização da constituição de uma empresa no país.

A existência de um contrato que obriga futuros sócios, delimitando suas responsabilidades e quantificando suas participações, sem, contudo, exigir que o contrato social da empresa – e a própria – já sejam constituídas imediatamente, torna a vida do empreendedor mais confortável e pode poupar custos durante a fase embrionária de seu projeto. A exigibilidade contratual possui ainda mais valor, uma vez que dá a segurança desejada aos empreendedores caso surja algum conflito intrínseco em sua relação societária. Encerrando-se a parte inicial do projeto, no entanto, os envolvidos no memorando de entendimentos deverão de fato preocupar-se com a formalização da sociedade.

Entretanto cabe frisar que o memorando de entendimentos e a falta de constituição formal de uma empresa expõem os sócios sobremaneira aos riscos da atividade em que desejam ingressar. Dependendo de qual for a natureza dessa atividade, é inviável a uma pessoa física arcar com problemas que possam aparecer no fornecimento desse produto ou serviço, podendo inclusive recair as questões sobre patrimônios pessoais. Para que tais patrimônios sejam protegidos de forma eficaz, é indispensável a constituição da empresa, que atuará como um verdadeiro "escudo" para os sócios, uma vez que alguns tipos societários oferecem o que se denomina de responsabilidade limitada do patrimônio dos sócios.

Por fim, vale ressaltar que o memorando de entendimentos não é uma solução universal que se aplica a todos os modelos de negócio pretendidos por empreendedores. Em alguns casos, somente é possível começar as atividades com uma sociedade constituída. Isso ocorre principalmente com os setores regulados - por exemplo, uma *fintech* não poderia se beneficiar desse instituto *a priori* pois há uma série de requisitos para que uma empresa esteja autorizada a atuar no mercado financeiro.

3.2.3. Breve panorama dos tipos societários brasileiros

Antes de estudar as características de cada tipo societário existente no Brasil, algumas considerações são necessárias. No contexto das *startups*, cabe o estudo das sociedades e não dos empresários individuais. Tal fato se dá simplesmente por razões realistas: a lógica do *bootstrapping*, que consiste simplesmente em maximizar os potenciais do próprio empreendedor (e, consequentemente, minimizar a necessidade de investimento de terceiros) faz com que os indivíduos fundadores (*founders*) associem-se, buscando parceiros que possam auxiliá-los com conhecimentos que não possuem. Assim, a adoção de estruturas baseadas no formato de microempreendedor individual, empreendedor individual e até mesmo EIRELI, em muitos casos, não é ideal para a formação de uma *startup*, já que essas empresas necessitam de auxílio de colaboradores no projeto e muitas vezes disponibilizam participação societária para os colaboradores por meio de contratos de *vesting*. Essa dinâmica típica das *startups*, portanto, torna inviável a adoção desses modelos de organização em diversos casos.

Além disso, quando impossíveis ou inviáveis tais compatibilizações das habilidades de fundadores, há a figura do investimento externo, que como visto em capítulo anterior, faz com que investidores assumam papéis de sócios dentro das empresas nas quais realizam aportes de capital (ou, minimamente, adquirem participações societárias nas investidas) - o que seria impossibilitado pelas estruturas acima. Em uma *startup*, muitas vezes um indivíduo entra com a maior parte do capital e/ou mão de obra, tendo uma maior participação da empresa. Esse fato não impede, contudo, que os fundadores "minoritários" sejam considerados como sócios. Para tanto, recorrente é a utilização do mecanismo de *vesting*, que garante a esses sócios minoritários um progressivo aumento de participação da empresa, em termos preestabelecidos (Oliveira; Ramalho, 2016). O *vesting* pode, inclusive, contar com opções de recompra dessa participação pelo sócio-fundador majoritário (Júdice e Nybø, 2016). Assim, nota-se que, mesmo quando há maior destaque ou participação de um indivíduo como fundador de uma *startup*, não há necessidade de se desviar da forma societária para a constituição da empresa: basta realizar um contrato de *vesting* que atribua aos demais sócios uma participação progressiva crescente, como será explicado adiante.

Logo, as *startups* constituem-se, na maioria das vezes, como sociedades, e não como empresas individuais. Conforme demonstram Duening, Hisrich e Lechter:

> [...] *startups* são tipicamente propriedade de um ou mais indivíduos ou entidades, sendo que cada um faz sua contribuição ou um investimento no negócio em troca de participações (porcentagem de propriedade). Os indivíduos ou entidades que inicialmente formam o empreendimento são normalmente denominados como *founders* (fundadores). Em geral, os indivíduos ou entidades que, por sua vez, são donos do negócio são denominados de *principals* (chefes), *owners* (donos) ou *equity participants* (participantes em rendimentos). Já os indivíduos ou entidades que fazem contribuições ao negócio após sua formação são denominados de *investors* (investidores) ou *lenders* (emprestadores) (Duening; Hisrich; Lechter, 2015, tradução nossa[1]).

É importante ressaltar que a constituição em forma de empresa individual não é vedada ou proibida. É apenas desaconselhável, uma vez que a empresa oportunamente poderá receber um aporte financeiro e, consequentemente, vir a englobar outro sócio, o que não é possível em empresas individuais, como o MEI, EI e a EIRELI.

Dessa forma, percebe-se que, na maior parte das vezes, a atividade empreendedora de uma *startup* compreende uma pluralidade de indivíduos que concorrem, cada qual com sua parte, na propriedade da empresa. Por essa razão, na presente obra optamos por não analisar a fundo opções encontradas pelos empreendedores individuais;

---

1 Texto original: *"A start-up venture is typically owned by one or more individuals or entities, each making a contribution to or an investment in the business in return for equity interest (percentage of ownership). The individuals or entities that initially form the venture are generally referred to as the founders. In general, the individuals or entities that own the venture are referred to as the 'principals', 'owners', or 'equity participants'. Individuals or entities that make contributions to the business after it has been formed are referred to as 'investors' or 'lenders'"* (Duening; Hisrich; Lechter; 2015).

faremos um breve estudo a respeito dos tipos de *sociedades* brasileiros, baseados na ideia de que uma *startup* com potencial de crescimento normalmente opera por meio das atividades de vários indivíduos, sejam eles fundadores, meramente proprietários ou investidores. Não serão objetos de atenção dedicada no presente texto, assim sendo, os tipos de empresa brasileira que podem ser constituídos por apenas um cidadão (*v.g.*, MEIs ou EIRELIs).

Ainda em caráter preliminar, cumpre demonstrar a natureza *empresária* das sociedades a serem estudadas neste trabalho. Isso porque a legislação brasileira prevê que sociedades podem ser empresárias e não empresárias (sociedades simples); assim, faz-se necessária uma breve distinção neste texto para evitar possíveis equívocos interpretativos.

Segundo a doutrina de Fabio Ulhoa Coelho (2016), a sociedade empresária, tecnicamente, é aquela que exercerá, por conta própria, atividade econômica organizada. Importante é tal característica, para que não se confunda com uma sociedade empresária a mera parceria entre dois indivíduos[2], empresários individuais ou não, que busca um fim que não seja econômico. Fran Martins (2016) também contribui para a conceituação de sociedade empresária, ao considerá-la uma "organização proveniente de duas ou mais pessoas, que pactuam a reunião de capitais e trabalho para um fim lucrativo". Portanto, como partimos do pressuposto de que *startups* exercem atividade econômica organizada, são sociedades empresárias.

É importante também diferenciar *tipo societário* de *porte* da empresa. Enquanto o primeiro relaciona-se com as características da empresa formalizada, como, por exemplo, as regras de participação de cada sócio e sua responsabilização, o segundo concerne ao faturamento da sociedade e geralmente é utilizado para fins de classificação tributária. As siglas EPP (Empresa de Pequeno Porte) e ME (Microempresa), por exemplo, são classificações de empresa de acordo com

---

[2] Fábio Ulhoa Coelho (2016) considera de extrema relevância a percepção de que os sócios de uma sociedade empresária não necessariamente são empresários individuais. Tal conceituação reforça a ideia de que empreendedores de *startups* podem ser quaisquer cidadãos, desde que se empenhem no sentido de associarem-se para o desenvolvimento de suas atividades, atribuindo-lhes viés econômico.

seu porte e servem para enquadrá-la no regime Simples previsto pela Lei Complementar n. 123/2006, por exemplo. Portanto, uma Sociedade Limitada pode ser classificada como EPP e ME[3]. Sendo assim, não são classificações excludentes as relativas ao porte e tipo societário.

Feitas tais considerações, e devidamente enquadrando *startups* como passíveis de serem consideradas sociedades empresárias, passemos aos tipos societários brasileiros, para podermos delimitar os que interessam para o objetivo deste texto. De acordo com Nikolai Sosa Rebelo:

> O direito brasileiro adota os seguintes tipos: sociedade em comum, sociedade em conta de participação, sociedade simples, sociedade em nome coletivo, sociedade em comandita simples, sociedade em comandita por ações, Sociedade Limitada e Sociedade Anônima (Rebelo, 2013).

A primeira grande diferença observada é que no Brasil todas estão previstas e disciplinadas no Código Civil de 2002 (CC/2002). Apesar de prevista no Código Civil, a Sociedade Anônima possui lei própria (Lei n. 6.404/76, mais conhecida como Lei das S.A.). Isso significa que a legislação cível abarca a maioria dos tipos societários que o Direito brasileiro oferece à disposição das sociedades.

Outra distinção é também em relação à personificação da sociedade. A sociedade em comum e a sociedade em conta de participação não são personificadas, ou seja, não possuem personalidade jurídica. Tal justificativa é simples: enquanto a sociedade em comum é o nome dado à sociedade existente previamente à sua constituição formal (art. 986, CC/2002), a sociedade em conta de participação é aquela em que a atividade é exercida unicamente pela figura do sócio ostensivo (art. 991, CC/2002). Dessa forma, é possível dizer que, no primeiro caso, a personificação não existe por ausência de constituição formal; no segundo, inexiste a personalidade jurídica pelo fato de o sócio ostensivo, que exerce a atividade, responder por conta própria pelos atos da empresa. Todos os demais tipos citados no rol acima são sociedades personificadas.

---

[3] É vedado, no entanto, que Sociedades por Ações sejam consideradas EPPs ou MEs, de acordo com a LC n. 123/2006, que estabelece este regime.

As sociedades personificadas, por sua vez, distinguem-se em relação ao grau de proteção oferecido aos sócios. Essa proteção é conhecida como limitação de responsabilidade – trata-se de limitar o risco e responsabilidade do sócio, de forma que se determina até qual limite o sócio deve responder com seu próprio patrimônio pelos atos realizados pela empresa. Segundo Nikolai Sosa Rebelo:

> Pela escolha de um ou outro tipo societário, o sócio terá sua responsabilidade mais ou menos limitada, variando também a complexidade da estrutura administrativa, podendo chegar a ter um complexo mecanismo com diferentes órgãos de administração dentro de uma estrutura hierarquizada de governança (Rebelo, 2013).

Dessa forma, a escolha do tipo societário de uma empresa depende de um estudo prévio a respeito do grau de proteção que tais tipos oferecem ao empreendedor: quanto maior a limitação da responsabilidade, menos o sócio deve se preocupar em responder pela empresa com seu patrimônio pessoal. Especialmente em se tratando de *startups*, esse grau de proteção deve ser levado em conta na decisão, em virtude da situação de fragilidade e extrema incerteza do empreendedor quanto às atividades a serem exploradas.

Sob quais tipos societários, então, uma *startup* pode ser constituída? Primeiramente, a sociedade simples não é empresária, logo, como a *startup* exerce atividade econômica organizada, esta não pode ser adotada. Já as sociedades em comum são aquelas em período prévio à constituição da sociedade, ou seja, não são uma opção do empreendedor: toda sociedade é uma sociedade em comum, antes de sua constituição formal.

Por fim, as sociedades em nome coletivo ou em comandita (simples ou por ações) são sociedades legalmente obsoletas, que se encontram em franco desuso na realidade empresária, de acordo com Haroldo Malheiros Duclerc Verçosa (2010). A principal desvantagem deste último tipo de sociedade recai justamente sobre a responsabilização dos sócios – nele, os sócios respondem de forma ilimitada com seu patrimônio (Verçosa, 2010). Segundo Fabio Ulhoa Coelho (2016), estas são sociedades que não são utilizadas de fato e só existem no Direito brasileiro em sede de registro histórico. Em virtude dos altos riscos assumidos pelos empreendedores na persecução das atividades que se propõem a desenvolver por meio de suas *startups* a limitação de responsabilidade é mais importante do que nunca.

Ante de todo o exposto, descarta-se imediatamente a viabilidade de uma *startup* constituir-se em forma de sociedade simples, sociedade em comum, sociedade em nome coletivo, sociedade em comandita simples ou em comandita por ações.

Nesta lógica, restariam, portanto, ao empreendedor de uma *startup*: as Sociedades Limitadas, as Sociedades Anônimas e as sociedades em conta de participação. Antes de prosseguirmos, cabe um comentário: aqui pode restar um questionamento a respeito da ausência, nesta listagem, das SPE – Sociedades de Propósito Específico. Isso se aclara pelo fato de que essa sociedade, utilizada na maior parte das vezes para isolar algum segmento de uma empresa maior, pode ser constituída como Limitada ou Anônima, por exemplo, e não representa um modelo societário específico de constituição de empresas.

Retomando o raciocínio, dentre os três tipos societários restantes ainda cabem ponderações. Os graus de proteção oferecidos pelas Sociedades Anônimas e pelas Sociedades Limitadas fazem com que estas sejam as principais opções do empreendedor. Entretanto as sociedades em conta de participação (SCP) também podem ser consideradas uma opção após a constituição da própria *startup*, mas para outro objetivo. A SCP é, muitas vezes, utilizada para a viabilização do investimento-anjo, embora também existam alguns problemas relacionados a essa opção. Por esse motivo, esta obra trata da SCP no capítulo específico de investimentos.

Assim, concluindo essa linha de pensamento, temos que *startups* tipicamente são constituídas sob Sociedades Limitadas e Sociedades por Ações. Qual delas é a melhor, contudo? Antes da análise das especificidades de cada um dos tipos societários elencados, no entanto, são necessárias considerações a respeito do regime tributário a ser adotado por uma *startup*.

3.2.4. Regime tributário

A escolha do regime tributário da *startup* é um importante fator a ser levado em conta na sua constituição formal. Definir a forma como recolherá seus tributos faz com que uma empresa tenha que se preocupar com estruturas de governança mais ou menos robustas no futuro.

Além disso, alíquotas também variam de acordo com o regime escolhido. No intuito de simplificar a arrecadação de impostos de pequenas empresas no Brasil, instituiu-se o chamado Simples Nacional por meio da Lei Complementar n. 123/2006 mencionada anteriormente.

O Imposto sobre a Renda e Proventos de Qualquer Natureza (mais conhecido como Imposto de Renda ou IR) é o tributo sobre a renda devido pelas pessoas jurídicas cuja base de cálculo é a receita bruta que auferem anualmente. As principais regras do IRPJ (Imposto de Renda de Pessoa Jurídica) estão delimitadas no Código Tributário Nacional (arts. 43 a 45) no Regulamento do Imposto de Renda (Decreto n. 3.000/99).

Diante disso, uma empresa pode optar por apurar seu lucro em três regimes distintos: Lucro Presumido, Lucro Real e Lucro Arbitrado (Petry, 2013). Entretanto, como veremos adiante, tais regimes são bastante complexos e exigem um certo esforço da empresa para gerenciar seu recolhimento. Diante dessa situação implantou-se no Brasil um regime simplificado especialmente aplicável a Microempresas e Empresas de Pequeno Porte, congregando também outros tributos aplicáveis às atividades da empresa.

O chamado Simples Nacional é válido somente para as empresas definidas como ME/EPP de acordo com a Lei Complementar n. 123/2006. Como mencionado, a simplificação do regime visa atingir outros tributos além do Imposto sobre a Renda, promovendo dessa forma uma unificação do cálculo e recolhimento de diversos impostos, como o ISS e o IPI, por exemplo. Além do recolhimento em guia única, temos também que certos tributos possuem alíquotas diferenciadas. É notório que nem toda *startup* continuará durante toda sua existência como elegível para optar pelo regime Simples. Esse regime muitas vezes se apresenta como sendo adequado para a empresa em fase inicial, uma vez que enxuga as obrigações e diminui a preocupação do empreendedor, facilitando o recolhimento tempestivo de seus tributos. No entanto isso nem sempre é a regra, podendo o regime de apuração pelo lucro real ou presumido serem mais benéficos em alguns casos.

Para o ingresso no Simples Nacional, que abrange todos os entes federados, é necessário o cumprimento das seguintes condições: (i) enquadrar-se na definição de microempresa ou de empresa de pequeno porte, de acordo com a Lei Complementar n. 123/2006; (ii) cumprir os requisitos previstos na legislação; e (iii) formalizar a opção pelo Simples Nacional.

Dentre as características principais do Regime do Simples Nacional, destacam-se: (i) ser facultativo; (ii) ser irretratável para todo o ano-calendário; (iii) abranger os seguintes tributos: IRPJ, CSLL, PIS/Pasep, Cofins, IPI, ICMS, ISS e a Contribuição para a Seguridade Social destinada à Previdência Social a cargo da pessoa jurídica (CPP); (iv) permitir o recolhimento dos tributos abrangidos mediante documento único de arrecadação – DAS; (v) disponibilizar às ME/EPP sistema eletrônico para a realização do cálculo do valor mensal devido, geração do DAS e, a partir de janeiro de 2012, para constituição do crédito tributário; (vi) permitir a apresentação de declaração única e simplificada de informações socioeconômicas e fiscais; (vii) estabelecer prazo para recolhimento do DAS até o dia 20 do mês subsequente àquele em que houver sido auferida a receita bruta; e (viii) possibilitar que os Estados adotem sublimites para EPP em função da respectiva participação no PIB. Os estabelecimentos localizados nesses Estados cuja receita bruta total extrapolar o respectivo sublimite deverão recolher o ICMS e o ISS diretamente ao Estado ou ao Município.

Um importante ponto é analisar se a empresa é elegível para o regime. Antes de qualquer vedação (como, por exemplo, em razão da natureza da atividade desenvolvida), a empresa precisa ser uma Microempresa (ME) ou uma Empresa de Pequeno Porte (EPP). Como já estudado oportunamente, essas não são modalidades societárias, mas classificações referentes ao porte da empresa em questão. Para facilitar o trabalho, a própria Lei Complementar n. 123/2006 já define, em seu art. 3º, quais empresas se enquadram nessas especificações. De acordo com a lei, a Microempresa (ME) pode ser uma sociedade empresária, sociedade simples, empresa individual de responsabilidade limitada (EIRELI) ou empresário individual (art. 966 do CC/2002), que aufira, em cada ano-calendário, receita bruta igual ou inferior a R$ 360.000,00. A Empresa de Pequeno Porte (EPP), por sua vez, pode ser uma sociedade empresária, simples, EIRELI ou empresário individual, desde que aufira, em cada ano-calendário, receita bruta superior a R$ 360.000,00 e igual ou inferior a R$ 4.800.000,00. Apesar dessa definição, para fins de tributação, a conceituação pode ser diferente, uma vez que as normas tributárias seguem critérios próprios, como é o caso da Instrução Normativa da Secretaria da Receita Federal n. 608, de 9 de janeiro de 2006.

Num sentido inverso, a Lei também prevê restrições a alguns tipos de empresas que não poderão se beneficiar do regime simplificado, ainda que se enquadrem nas delimitações de receita descritas acima. Essas vedações estão dispostas no § 4º do art. 3º da LC n. 123/2006 e trazem em seu rol as empresas: de cujo capital participe outra pessoa jurídica; que seja filial, sucursal, agência ou representação, no País, de pessoa jurídica com sede no exterior; de cujo capital participe pessoa física que seja inscrita como empresário ou seja sócia de outra empresa que receba tratamento jurídico diferenciado nos termos da Lei Complementar n. 123/2006, desde que a receita bruta global dessas empresas ultrapasse o limite de faturamento mencionado acima – uma previsão que visa evitar a simulação por meio da constituição de diversas empresas optantes pelo regime do Simples Nacional; cujo titular ou sócio participe com mais de 10% (dez por cento) do capital de outra empresa não beneficiada por esta Lei Complementar, desde que a receita bruta global ultrapasse o limite o limite de faturamento mencionado acima; cujo sócio ou titular seja administrador ou equiparado de outra pessoa jurídica com fins lucrativos, desde que a receita bruta global ultrapasse o limite de faturamento mencionado acima; constituída sob a forma de cooperativas, salvo as de consumo; que participe do capital de outra pessoa jurídica; que exerça atividade de banco comercial, de investimentos e de desenvolvimento, de caixa econômica, de sociedade de crédito, financiamento e investimento ou de crédito imobiliário, de corretora ou de distribuidora de títulos, valores mobiliários e câmbio, de empresa de arrendamento mercantil, de seguros privados e de capitalização ou de previdência complementar; resultante ou remanescente de cisão ou qualquer outra forma de desmembramento de pessoa jurídica que tenha ocorrido em um dos 5 (cinco) anos-calendário anteriores; constituída sob a forma de Sociedade por Ações; e, cujos titulares ou sócios guardem, cumulativamente, com o contratante do serviço, relação de pessoalidade, subordinação e habitualidade.

Apesar de todas elas serem importantes, podemos destacar três das vedações previstas acima que merecem uma atenção especial no contexto das *startups*: os incisos I e VII tendem a prejudicar a operacionalização de investimentos por meio de uma SCP, pois impossibilitam que uma pessoa jurídica participe no capital social de uma empresa optante pelo Simples Nacional, bem como impedem que esta participe no capital social de outra pessoa jurídica. Além disso, a vedação prevista no inciso X resulta na impossibilidade de uma Sociedade por Ações optar pelo Simples, o que é também um desestímulo para os investimentos em *startup*, pois esse é o tipo societário utilizado pelas *startup*s principalmente após a conversão dos investimentos realizados, como veremos adiante. Todas essas vedações podem ter impactos significativos no momento de estruturação de um investimento, pois podem resultar no súbito aumento de gastos com tributos, seja em virtude da maior complexidade ou pela incidência de alíquotas maiores.

Assim, em caso de sucesso, uma *startup* estará automaticamente excluída dos benefícios previstos na Lei Complementar n. 123/2006 por apresentar receitas superiores aos limites previstos na lei. Diante disso, esta deverá optar pelos regimes Lucro Real, Lucro Presumido ou Arbitrado.

A apuração do imposto de renda pelo regime do lucro real consiste no cálculo mediante a aplicação de uma alíquota determinada sobre o lucro real. Trata-se do regime padrão a ser adotado pelas empresas, uma vez que os demais regimes dependem do atendimento a certos requisitos pelas empresas optantes. No entanto, é importante mencionar que dentre outras hipóteses previstas em lei, estão obrigadas ao recolhimento do imposto sob este regime as sociedades que exploram atividades financeiras e sociedades que possuem sócio ou acionista residente ou domiciliado no exterior. Portanto grande parte das *fintechs* e *startups* com investidores estrangeiros seriam obrigadas aderir a esse regime. Um ponto interessante é que as sociedades resultantes de uma operação de incorporação, fusão ou cisão, ou seja, aquelas sociedades que resultam de uma reestruturação societária, poderão optar por um regime de apuração do lucro diferente daquele adotado pela empresa que originou referida operação – o que se torna interessante para *startups*, pois é algo muito comum quando se fala em pivotar um modelo, por exemplo. Apesar disso, estão obrigadas a optar por esse regime, as empresas que auferirem receita no ano-calendário que seja superior a R$ 78.000.000,00. Por fim, é importante mencionar que nesse regime o optante tem a possibilidade de deduzir da base de cálculo algumas despesas e custos, atendidos os critérios definidos pela Receita Federal.

A apuração do lucro pelo regime presumido, por sua vez, consiste em presumir que a receita da pessoa jurídica esteja classificada dentro de uma das faixas de faturamento previstas pela legislação tributária. Diferentemente do lucro real, que toma como base a efetiva escrituração contábil, o lucro presumido opera por meio de uma presunção de lucro obtido pela empresa. Essa opção está disponível para a pessoa jurídica que tenha auferido receita igual ou inferior a R$ 78.000.000,00 no ano-calendário.

Por fim, a legislação tributária prevê que serão tributados obrigatoriamente pelo regime arbitrado aquelas empresas que não mantiverem as escriturações contábeis exigidas pela empresa obrigada à tributação com base no lucro real, quando houver indícios de fraude na escrituração contábil ou houver vícios que a tornem imprestável, quando o contribuinte optar indevidamente pelo regime de lucro presumido, dentre outras hipóteses. Portanto, em virtude das hipóteses elencadas, nota-se que se trata de um regime aplicável ao contribuinte quando a Receita Federal não tem meios suficientes para apurar o lucro e, por isso, é obrigado a arbitrá-lo.

3.2.5. Adequação de tipos societários ao modelo de negócio das *startups*

À exceção da Sociedade em Conta de Participação, cuja forma é voltada mais para a obtenção de capital e retorno ao investidor, as Sociedades Limitadas e as Sociedades Anônimas são os tipos societários mais adequados à realidade das *startups* brasileiras, como explicado anteriormente. Layon Lopes da Silva (2016) traz que a decisão do tipo empresarial e suas consequências variam de acordo primeiramente com o número de sócios presentes na *startup*. O autor, então, resume a realidade das *startups* aos seguintes tipos societários: *a*) Sociedade Limitada, com até dois sócios; *b*) Sociedade Limitada, com muitos sócios e gestores; *c*) Sociedade Limitada, com investidores; *d*) Sociedade por Ações de capital fechado; *e*) Sociedade por Ações de capital aberto. É importante ter em mente a diferença que cada uma dessas estruturas gera em relação à dinâmica de sócios e condução dos negócios da empresa, pois isso deverá ser levado em consideração na escolha do tipo societário a ser adotado.

Nesse contexto, a opção por determinado tipo societário pode ser influenciada pelo tamanho da necessidade de captação de recursos de terceiros. A existência ou não de um investidor, bem como as formas pelas quais a *startup* pretende captar recursos de terceiros são de fundamental importância na opção pela constituição de uma *startup*, pois cada tipo societário oferece mecanismos diferentes de retorno e proteção aos envolvidos, sejam eles sócios ou investidores.

A análise dos modelos societários brasileiros que será feita nos próximos itens, portanto, levará em consideração o nível de proteção jurídica oferecido aos empreendedores e investidores, bem como sua capacidade de atrair eles últimos.

3.2.5.1. *Considerações acerca da Sociedade Limitada ou Sociedade por Ações no contexto das* startups

Neste item, serão abordadas as desvantagens e vantagens na opção por um modelo de Sociedade Limitada ou Anônimas/por Ações no contexto das *startups*, assim como o nível de satisfação das necessidades empreendedoras por esses modelos.

O primeiro ponto específico a ser estudado é o tratamento jurídico dado às Sociedades Limitadas e Sociedades Anônimas. No primeiro caso, a matéria está prevista no Código Civil de 2002 (CC/2002), que dedica às Limitadas todo um capítulo. Em casos omissos, aplicam-se as normas da sociedade simples (art. 1.053, CC/2002) e ainda é possível a regência supletiva pelas normas das Sociedades Anônimas, desde que isso esteja previsto no contrato social da empresa (art. 1.053, CC/2002, parágrafo único).

As Sociedades Anônimas, por sua vez, estão brevemente previstas no Código Civil de 2002, em seus arts. 1.088 e 1.089. Entretanto o próprio texto deste último determina que as S.A. serão regidas por lei especial, aplicando-se o Código Civil apenas em casos de omissão. É por essa razão que a principal fonte do direito relacionada às Sociedades Anônimas é a Lei n. 6.404/76.

As Sociedades Limitadas podem ser consideradas espécies relativamente mais simples para a constituição de uma empresa, além de apresentarem custos mais baixos quando comparadas às Sociedades Anônimas. Esses custos envolvem desde os montantes que devem ser pagos em registros na junta comercial, passando pela possibilidade de recolhimento de tributos por meio do Simples Nacional e gastos com contabilidade. Trata-se de um tipo societário que divide seu capital social em quotas e prevê a limitação de responsabilidade dos sócios proporcionalmente ao montante que integralizam.

Uma Sociedade Limitada é, por essência, uma sociedade do tipo *intuitu personae*. Isso tem relevância no momento em que se fala sobre a necessidade de uma *startup* se financiar com recursos de terceiros – ou seja, uma relação de capital. É uma sociedade constituída com base nas qualidades que cada sócio possui e, por essa razão, a pessoa do sócio torna-se algo relevante pois o vínculo pessoal entre os sócios dessa sociedade é importante. Portanto a negociação das quotas de uma sociedade não é tão simples quanto seria em uma Sociedade Anônima, por exemplo, demandando inclusive a modificação do seu ato constitutivo. Além disso, nas Sociedades Limitadas existe o direito de preferência dos sócios existentes em adquirir a quota do sócio que deseja cedê-la a terceiro, diferentemente do que ocorre na Sociedade Anônima. Por fim, o Código Civil prevê, inclusive, a resolução da sociedade em relação a sócios minoritários em caso de quebra da *affectio societatis*[4], ou seja, a quebra da afeição entre os sócios, em virtude do caráter personalíssimo desse tipo societário.

De outro lado, as Sociedades Anônimas são entendidas como sociedades de capital, ou seja, o aspecto financeiro e de financiamento da sociedade prevalece sobre as qualidades e o relacionamento que eventualmente os acionistas possam ter. Por isso, possuem maior facilidade na negociação das ações adquiridas pelos acionistas. Ainda que sua efetiva utilização não esteja restrita a empresas que operam dessa forma, esse modelo de sociedade foi criado principalmente para a operação em bolsa de valores, ou seja, com livre negociação de suas ações em um ambiente que possibilita o financiamento da empresa por meio da alienação dos valores mobiliários representativos de seu capital social.

---

4 Apesar disso, é possível a existência de *affectio societatis* e, portanto, um caráter mais pessoal em Sociedades Anônimas também, desde que sejam de capital fechado. Dessa maneira, a casuística é importante na análise desse aspecto.

Dessa forma, uma companhia pode ser de capital fechado (ou seja, não negociado em bolsa de valores) e pode prever hipóteses de restrição de alienação de valores mobiliários em seu estatuto social, justamente pelo fato de a liberdade na transferência das ações ser a regra – e, neste ponto, torna-se essencial a regulação dessa matéria no estatuto social e no acordo de acionistas da *startup*. Diferentemente da dificuldade enfrentada pelas Sociedades Limitadas, para alienar uma ação sob esse tipo societário basta a lavratura da transferência de propriedade no livro de Transferência de Ações Nominativas. Esse é um fator imprescindível às *startups*, uma vez que a composição do capital social (*cap table*) é tema bastante sensível para a captação de investimentos e fator de incentivo a colaboradores por meio do mecanismo de *vesting*.

Um dos pontos de atenção relacionados às Limitadas, é justamente o fato que as diferencia da maioria dos demais modelos societários existentes na legislação brasileira: a limitação de responsabilidade. Em regra, temos que os sócios respondem de forma restrita ao valor de suas quotas, mas solidariamente pela integralização do capital social (art. 1.052, CC/2002). Assim, fundadores e *FFFs* (*Family, Friends and Fools*) devem atentar para o fato de que o estabelecimento do valor do capital social gera uma obrigação destes para com a sociedade e terceiros. Isso significa dizer que, havendo capital social subscrito e não integralizado, os sócios respondem solidariamente, entre si, pelo total desse montante (Coelho, 2003). Diferentemente, a Sociedade Anônima prevê a limitação da responsabilidade dos acionistas ao preço de emissão das ações que possuem.

Além disso, outra questão que deve ser levada em conta pelo empreendedor é o fato de a limitação de responsabilidade no Brasil ter sido atenuada nos últimos anos pelo instituto da desconsideração da pessoa jurídica, principalmente na seara trabalhista (Coelho; Garrido, 2016; Meira, 2013). Mesmo que seja observada com mais frequência em determinadas áreas do Direito (como o Direito do Trabalho e do Consumidor, por exemplo), tem sido praticada também no Direito Empresarial, em casos de responsabilização do sócio, por exemplo (Salomão Filho, 2002). Por meio desse procedimento, um magistrado é capaz de desconsiderar a existência de uma estrutura societária que visa limitar a responsabilidade do sócio de uma empresa para buscar diretamente em seu patrimônio o montante que deverá ser utilizado para saldar uma dívida que a sociedade mantenha com terceiro.

A desconsideração da personalidade jurídica não está restrita a Sociedades Limitadas. Já existem casos em que os juízes trabalhistas buscaram a desconsideração da personalidade jurídica da Sociedade Anônima de capital fechado:

> O (...) Código de Processo Civil prevê a responsabilização subsidiária do sócio, independentemente de sua inclusão no título executivo judicial, quando os bens da sociedade forem insuficientes para quitar o débito trabalhista. No caso de sociedade anônima, o inadimplemento de créditos de natureza alimentar configura afronta à lei, justificando a responsabilidade dos acionistas, que certamente se beneficiaram da mão de obra expendida pelo trabalhador. Aplicação dos artigos 145 e 158 da Lei n. 6.404/76 (TRT 2ª R. – AP 00099-2004-006-02-00-9 – 4ª Turma – Rel. Paulo Augusto Camara – DOESP 06/05/2005).

Não apenas isso, como ainda com relação às Sociedades Anônimas e Sociedades Limitadas também pode ocorrer a desconsideração da personalidade jurídica em grupo econômico:

> (...) para a caracterização do grupo econômico basta uma convergência de interesses para execução de determinado empreendimento, tendo ou não o mesmo controle ou administração comum. No caso, ficou evidenciado essa relação de coordenação entre as Acionadas, que se reuniram por uma unidade de objetivo. Na verdade, ficou comprovado nos autos que a segunda Acionada integra o quadro societário da primeira, motivo pelo qual o Julgador *a quo*, aplicando a desconsideração da pessoa jurídica, a condenou solidariamente pelos créditos trabalhistas devidos à Reclamante (TST, AIRR 3022-41.2014.5.05.0251, Data de Julgamento: 21/06/2017, Relatora Ministra Kátia Magalhães Arruda, 6ª Turma).

No que concerne à desconsideração da personalidade jurídica, em casos de confusão patrimonial ou de desvio de finalidade (Coelho; Garrido, 2016), o sócio poderá responder pela empresa além dos valores que integralizou. Assim, a mitigação da limitação de responsabilidade aflige os empreendedores e os investidores, que passam a perceber uma insegurança a respeito do limite de suas perdas caso a empresa não prospere, e pode resultar em um obstáculo ou desincentivo para o desenvolvimento de novos negócios no Brasil. Exatamente por essa razão, a Lei Complementar n. 155/2016, que trata do investimento-anjo, inseriu o art. 61-A, § 4º, inciso II na Lei Complementar

n. 123/2006, prevendo neste, expressamente, a impossibilidade de desconsideração da personalidade jurídica do investidor-anjo que efetuar investimento de acordo com o modelo proposto por referida norma.

De acordo com Duening, Hisrich e Lechter (2015), a existência da limitação de responsabilidades é reflexo da tentativa governamental de se incentivar a atividade comercial, principalmente por conta da figura do investidor, que, caso a responsabilidade fosse ilimitada, poderia ter seus bens próprios envolvidos na satisfação de débitos das empresas investidas. Para elucidar a questão, os autores apresentam um breve panorama das formas pelas quais uma empresa pode ser constituída nos Estados Unidos: as empresas constituídas sob a forma de *sole proprietorship* e *general partnership* são empresas que apresentam a chamada *unlimited liability*, ou seja, não possuem limitação de responsabilidade. As *limited partnerships (LPs)*, as *limited liability companies (LLCs)* e as *Corporations (S-Corp e L-Corp)* são as empresas que trazem limitação de responsabilização dos sócios e investidores (Duening; Hisrich; Lechter, 2015). Nesse sentido, as LLCs e as S-Corps são os modelos mais utilizados pelos *small businesses* (pequenas empresas) estadunidenses (Akalp, 2012), sendo que os primeiros se assemelham às Limitadas brasileiras e a última, às Anônimas, com possibilidade de emissões de ações, por exemplo.

Dessa forma, a limitação de responsabilidade desempenha papel fundamental na impulsão à atividade empresária e ao empreendedorismo, sendo essencial tanto para os empreendedores, quanto para os investidores. Esse instituto, portanto, não é um aspecto a ser levado em consideração apenas pelo investidor que está colocando seu patrimônio em risco ao investir em um negócio, mas também é um ponto de reflexão do próprio empreendedor que assumirá o risco desde o nascimento do negócio a ser desenvolvido. É uma questão tão importante que Chander (2014) chega a considerá-la como um dos fatores primordiais que elevaram o Vale do Silício ao posto de principal referência global em desenvolvimento de novos negócios inovadores. Outro caso visível é o Estado de Delaware, nos Estados Unidos, que passou a abrigar a sede de diversas *holdings* e empresas constituídas no país em virtude de sua legislação e jurisprudência favorável aos interesses das empresas e consequente criação de uma cultura pró-negócios no Estado. Das empresas listadas na Fortune 500, Delaware serve como sede para mais da metade delas (Junior, 2007).

É necessário também que a *startup* observe se a atividade que desenvolverá exige obrigatoriamente a sua constituição sob determinado tipo societário. Isso ocorre geralmente com atividades de setores regulados, como o mercado financeiro. Por exemplo, uma *fintech* que atue como instituição financeira necessariamente deverá ser constituída sob a forma de Sociedade Anônima, conforme o art. 25 da Lei n. 4.595/64[5].

Outro aspecto que deve ser considerado em relação ao tipo societário é que tanto em Sociedades Limitadas ou Anônimas, o capital social não pode ter contribuição por meio de prestação de serviços. Em Sociedades Limitadas há inclusive tal vedação expressa no art. 1.055, § 2º do Código Civil. A contribuição ao capital social por meio de serviços somente é possível nas sociedades não empresárias, historicamente ligadas a serviços intelectuais. A exceção a essa regra seria a sociedade em conta de participação que, por ter como aplicação subsidiária as regras da sociedade simples, permitiria a contribuição de serviços para a formação do patrimônio especial.

No que tange à realidade de uma *startup*, as normas sobre integralização de capital social em Sociedades Limitadas ou Anônimas são extremamente limitantes: um sócio que não possua capital (em dinheiro ou bens) para integralizar não pode fazer parte da sociedade contribuindo apenas com sua mão de obra. Tal vedação legal não é compatível com a metodologia do *bootstrapping*, por meio da qual uma *startup* tende a reduzir custos iniciais de sua empresa ao potencializar os recursos humanos que possui sem o dispêndio relevante de recursos financeiros (v. Capítulo 2). Na prática, o que ocorre é que um potencial sócio que a princípio contribuiria somente com seu próprio *know-how*[6] (conhecimento de alguma atividade, método ou habilidade específica) acaba a princípio excluído da relação societária, sendo obrigado a: *a*) tecer algum tipo de relação contratual com a sociedade – como uma prestação de serviços ou contrato de trabalho CLT; ou *b*) contribuir com uma parcela mínima de recursos em uma sociedade com capital social baixo. O mesmo acontece com o empreendedor, o qual deverá

---

5 É o caso, por exemplo, da Contro.ly, que em 2016 tornou-se o Banco Neon S.A.

6 Um exemplo recorrente é o do programador em uma empresa de tecnologia: muitas vezes, esse indivíduo é convidado para a sociedade apenas para desenvolver um aplicativo ou codificar um sistema, sem investir capital próprio.

contribuir, ao menos, com bens ou uma parcela mínima de recursos para figurar no quadro social da empresa.

As normas relativas às Sociedades Anônimas são ainda mais rígidas e exigem o cumprimento de uma série de obrigações que fazem com que essa espécie societária não seja a preferencial, ao menos inicialmente, dos empreendedores de uma *startup*. Entretanto a transformação em Sociedade Anônima costuma ser uma exigência dos investidores, principalmente em determinados momentos estratégicos da empresa (por exemplo, quando são atingidos determinados indicadores ou quando se faz necessário um arcabouço mais robusto de proteção aos sócios).

Contudo um dos momentos mais comuns em que investidores exigem a transformação de *startup*s de Limitada em Sociedade Anônima é na conversão de um mútuo conversível, quando os investidores de fato ingressarão no quadro social da empresa. A principal razão disso é porque a Receita Federal tributa o ágio advindo da valorização de participações societárias em Sociedades Limitadas, o que não ocorre no caso de uma Sociedade Anônima em virtude do art. 442 do Decreto n. 3.000/99 (Regulamento do Imposto de Renda). É uma situação que pode ser explicada mais facilmente por meio de um exemplo:

Investidor celebra contrato de mútuo de R$ 10.000,00 (dez mil reais) conversíveis em ações ou quotas representativas de 10% do capital social de empresa que possui um valuation (de mercado) de R$ 100.000,00 (cem mil reais); tal empresa, no entanto, possui R$ 10.000,00 integralizados em capital social, divididos em 10.000 quotas. Neste cálculo, pelo valor do contrato social cada 10% da empresa custa R$ 1.000,00 (mil reais), mas como notamos o investidor aportou bem mais que isso em troca da mesma porcentagem de participação;

Assim, se mantido o tipo societário como Sociedade Limitada, quando for convertido o mútuo em participação a empresa terá 2 opções:

a) Algum sócio (normalmente o sócio-fundador) cederá quantas quotas/ações forem necessárias para que o investidor possa ter 10% da participação social da empresa, numa cessão entre os dois; ou

b) A empresa deverá realizar um aumento de capital social mediante integralização e subscrição de novas quotas, em uma quantidade que permita a proporção de 90% para os sócios-fundadores e 10% para os investidores. Esse aumento é realizado com base no valor do capital social no momento da conversão.

Imaginemos que os envolvidos na transação tenham optado pela hipótese "b". No caso em tela, como 10% do capital social no momento de conversão correspondem a 1.000 quotas, após a realização do aumento, integralização e subscrição das novas quotas do investidor, a relação societária (cap table) ficaria assim:

Sócio-fundador	*9.900 quotas*	*90%*
Investidor	*1.100 quotas*	*10%*
Total: 11.000 quotas (10.000 originais + 1.000 emitidas)		

Note, no entanto, que o investidor aportou bem mais do que o valor considerado para o aumento do capital social, como demonstramos acima. Assim, há uma diferença de R$ 9.000,00 entre o valor desembolsado e o efetivamente utilizado para subscrição e integralização. Este valor, desse modo, iria para uma reserva de capital.

Contudo, essa diferença de R$ 9.000 (nove mil reais) é tida como ágio e pode ser tributada pela Receita Federal nas Sociedades Limitadas.

Em consequência da possibilidade de tributação, muitos investidores optam por incluir em seus contratos de mútuo conversível uma cláusula que exige a transformação da *startup* investida de Limitada para Sociedade por Ações no momento da conversão, em que efetivamente o valor que disponibilizaram para a empresa seria utilizado para a compra de sua participação societária. Essa transformação garante que a diferença entre o valor aportado e o valor integralizado a título de contribuição ao capital social não seja tributado. O aumento de capital e emissão das ações que serão de titularidade do investidor seria então realizado apenas quando a *startup* se tornasse uma Sociedade Anônima, sem que haja a necessidade de pagamento de tributos referentes ao ágio e, enfim, quitando-se a dívida decorrente do mútuo com a participação societária na empresa. Para reforçar esse entendimento, em diversas ocasiões os órgãos julgadores de recursos fiscais consideraram ser devida a tributação decorrente do ágio em Sociedade Limitada[7].

[7] O entendimento decorre do julgado do Conselho Administrativo de Recursos Fiscais publicado no dia 5/12/2014, processo n. 13899.002346/2003-88, acórdão n. 9101-002.009. No caso em questão, o Conselho decidiu que o ágio na aquisição

Retornando aos estudos específicos da Sociedade Anônima, vimos que existem duas categorias de S.A.: de capital aberto e de capital fechado. Na primeira categoria, encontram-se aquelas cujos valores mobiliários são admitidos à negociação nas bolsas de valores ou mercado de balcão (estes são os "mercados de valores mobiliários"); na segunda, estão as demais, isto é, as que não emitem valores mobiliários negociáveis nesses mercados (Coelho, 2016).

As Sociedades Anônimas (ou companhias) possuem seu capital social dividido em ações. Diferentemente do que ocorre na Sociedade Limitada, como já mencionado, os acionistas respondem pelas obrigações sociais até o limite do preço de emissão de suas ações (Coelho, 2016).

Por diversas razões, a Sociedade Anônima é um tipo societário que costuma atrair investidores – facilitando, portanto, o processo de captação de recursos de terceiros. Em parte, isso se deve porque não são necessárias alterações contratuais no momento de ingresso de cada investidor como acionista, além de ser o único tipo societário cuja legislação expressamente prevê a emissão de valores mobiliários como ações ou debêntures, por exemplo. Dessa forma, a entrada ou retirada de qualquer sócio não afeta necessariamente a estrutura da sociedade (Martins, 2016). Assim, nas Sociedades Anônimas, há a previsão de livre cessão das ações por parte dos acionistas (Martins, 2016). Por outro lado, empresas constituídas sob esse tipo societário possuem regras de governança mais rígidas do que as Sociedades Limitadas.

As Sociedades Anônimas possuem uma estrutura administrativa mais complexa, que deve ser composta por uma Diretoria e um Conselho de Administração – sendo este último opcional no caso de companhias de capital fechado e sem capital autorizado. Essa estrutura mais robusta enfatiza a necessidade de práticas de governança corporativa mais duras e maiores gastos com a contratação de pessoas

de quotas de capital das sociedades de responsabilidade limitada deve compor o resultado comercial do exercício, portanto sendo passível de tributação. Como inexiste disposição expressa no Regulamento do Imposto de Renda que determine sua exclusão para fins de determinação da base de cálculo do imposto de renda, o valor do ágio deve compor o lucro real. Este caso referia-se especificamente a uma empresa de tecnologia da informação.

para ocuparem os respectivos cargos. O conceito de governança diz respeito às boas práticas exercidas na administração de uma empresa e ganha maior relevância no momento em que a empresa passa a admitir investidores:

> Governança corporativa é o sistema pelo qual as empresas e demais organizações são dirigidas, monitoradas e incentivadas, envolvendo os relacionamentos entre sócios, conselho de administração, diretoria, órgãos de fiscalização e controle e demais partes interessadas.
>
> As boas práticas de governança corporativa convertem princípios básicos em recomendações objetivas, alinhando interesses com a finalidade de preservar e otimizar o valor econômico de longo prazo da organização, facilitando seu acesso a recursos e contribuindo para a qualidade da gestão da organização, sua longevidade e o bem comum (IBCG, 2015).

Dessa forma, é possível dizer que as exigências de estruturas administrativas internas mais fortes implicam um sistema de governança mais rígido, que deve costurar as ações e deliberações de seus órgãos, como o Conselho Fiscal e a própria Diretoria, por exemplo. Essa governança corporativa, no entanto, não pode engessar a tomada de decisões da *startup* (Silva, 2016) e deve possuir regras delineadas nos documentos societários (estatuto social e acordo de acionistas), dentre outros documentos, para garantir um processo transparente, ágil e que evite dúvidas.

Além disso, as Sociedades Anônimas não podem optar pelo regime Simples de tributação, como já exposto. Essa vedação pode acarretar o aumento de carga tributária e tornar mais complexo o sistema de recolhimento de tributos, gerando mais custos operacionais.

Adicionalmente, a Lei das S.A. requer que Sociedades Anônimas publiquem as convocações de assembleias gerais em jornais de grande circulação, a ata da assembleia geral ordinária e demonstrações financeiras, exceto nos casos em que houver expressa exceção a esta regra geral. A mesma lei exige que a Sociedade Anônima tenha uma contabilidade que esteja em concordância com as normas, o que pode resultar em uma complexidade maior e, consequentemente, um custo maior de manutenção.

Desta forma, o quadro comparativo entre Sociedades Limitadas e Sociedades Anônimas por Ações permite a conclusão de que, dentre tais espécies, nenhuma é completamente ideal às *startup*s brasileiras e sua adoção depende do momento em que a empresa se encontra. Cada uma possui suas limitações e custos decorrentes da estrutura prevista em lei. Afinal, nas Sociedades Limitadas há um modelo de estrutura menos rígido e mais enxuto, mas elas podem não ser ideais para investidores. De outro lado, as Sociedades Anônimas são um modelo criado para captação de recursos de terceiros, possuem regras de funcionamento mais rígidas quando comparadas com as Sociedades Limitadas e apresentam custos de manutenção maiores para um empreendedor. Ambas sofrem com a possibilidade de desconsideração da personalidade jurídica, exceto no caso de investidores-anjo optantes pelo sistema de financiamento em Limitadas, conforme previsto na Lei Complementar n. 155/2016[8].

De qualquer forma, a constituição formal da *startup*, seja qual for o modelo societário adotado, é ainda mais vantajosa do que uma operação na informalidade. Isso porque uma atividade irregular não está apta a limitar a responsabilidade dos sócios como ocorre por meio das sociedades que proporcionam a personalidade jurídica, não possibilita ao empreendedor solicitar pedido de falência ou recuperação, não permite que a sociedade participe de processos licitatórios e, provavelmente, terá dificuldades na contratação com terceiros e captação de recursos financeiros de investidores.

Desse modo, apesar de não serem institutos pensados especificamente para *startups*, Sociedades Limitadas ou Sociedades Anônimas são importantes para o empreendedor. Assim, enquanto um modelo mais adequado às *startups* não surge[9], os fundadores devem sempre

---

8 O Art. 3º da Lei Complementar n. 123/2006 dispõe expressamente que a pessoa jurídica constituída sob a forma de Sociedade por Ações não poderá se beneficiar do tratamento jurídico diferenciado previsto em referida Lei Complementar, para nenhum efeito legal. Pelo fato de o contrato de participação previsto na Lei Complementar n. 155/2016 ser um instituto novo e com poucas evidências práticas de seu uso, acredita-se que não seja aplicável para as Sociedades Anônimas, justamente por conta da disposição expressa na Lei Complementar n. 123/2006.

9 Ressalta-se que tem sido discutida a criação da Sociedade Anônima Simplificada proposta por meio do Projeto de Lei n. 4.303/2012. Caso o projeto seja aprovado, seria possível: (i) criar uma companhia constituída por um único acionista; (ii) obter dispensa de publicação de atos e documentos anteriormente previstos na Lei das S.A.; (iii) que um acionista vote à distância em assembleia-geral; (iv) beneficiar-se do tratamento favorecido previsto na Lei Complementar n. 123/2006;

optar por um desses tipos societários existentes em detrimento da informalidade.

3.2.6. Os modelos societários e o incentivo a novos negócios

Em virtude de toda a exposição anterior, não é surpresa que a constituição formal de seu negócio seja um dos principais dilemas do empreendedor brasileiro ao iniciar suas atividades: afinal, não há, no país, estrutura societária totalmente adequada para uma *startup*. Referida ausência de um tipo societário "ideal" promove não somente a dúvida do empreendedor em relação a qual modelo societário adotar, mas também põe em questão se a constituição, por meio de qualquer um desses tipos, é viável num primeiro momento. Por essa razão, são diversos os casos de *startups* que optam por se formalizar apenas após passada a fase de prova de conceito ou até mesmo *market fit*.

A ausência de formalização, entretanto, não pode ser atribuída apenas à personalidade "dinâmica" do empreendedor. Não é vantajoso para o empreendedor operar na informalidade. As opções de constituição, como visto, são escassas, e não são totalmente adequadas a este relativamente novo modelo de empresa. Sendo escassas as opções praticáveis para fundadores de *startups* e, dentre essas, nenhuma ideal, uma boa parte do problema reside no arcabouço legal brasileiro.

Assim, com base na análise exposta anteriormente e conjugando os principais aspectos positivos das espécies societárias já previstas em nossa legislação, temos que idealmente um modelo voltado à realidade das *startup*s brasileiras deveria, no mínimo, oferecer ao empreendedor e seus investidores os seguintes traços:

a) *uma limitação de responsabilidade exclusivamente nos limites do capital que foi integralizado na sociedade, sem nenhuma possibilidade de extensão além disto – o risco de uma startup já é inerente à natureza de seu negócio, e a incerteza quanto ao limite de desincentiva a atividade empreendedora;*
b) *mobilidade de sócios, permitindo uma entrada e saída mais flexível destes da sociedade, a fim de receber de forma mais confortável e rápida novos investidores;*

---

dentre outras facilidades.

c) estrutura de governança que reconheça o conselho consultivo e que não onere os membros de referido órgão com as mesmas responsabilidades de um administrador, devido à sua incapacidade de executar atos de gestão;

d) possibilidade de se beneficiar de tratamentos tributários diferenciados, como é o caso da opção pelo Simples Nacional;

e) diálogo mais eficiente entre o modelo societário e as modalidades de investimento existentes na atualidade para que aportes de capital possam ser realizados com maior segurança e facilidade, como é o caso de estruturação de investimentos por meio de SCPs, FIPs ou Equity Crowdfunding, inclusive no que tange à emissão de valores mobiliários e títulos de participações;

f) permissão da prestação de serviços como forma de contribuir para a formação do capital social da empresa;

g) constituição e encerramento de atividades da empresa sem burocracia extensa a ser cumprida, dada a incerteza de sucesso de uma startup. Esta é a transformação mais urgente que o direito brasileiro deve realizar, pois as exaustivas etapas e os custos – tanto pecuniários, quanto operacionais e pessoais – desestimulam a atividade empreendedora no país.

Estas são apenas sugestões de aprimoramento do sistema jurídico para incentivar a atividade empreendedora, expressas em regras básicas que este tipo societário ideal, ainda utópico, deveria apresentar – o que ainda está muito distante da realidade do Direito Empresarial brasileiro.

Em adição, também seria pertinente que tal modelo societário encontrasse restrições a sua utilização, ou seja, que não pudesse ser adotado por qualquer negócio, mas apenas por *startups*. De qualquer maneira, o benefício oferecido seria influenciado por necessidades de política pública do Governo, motivo pelo qual poderia sofrer algumas alterações. Um exemplo sobre como a política pública poderia influenciar essa diferenciação seria que somente poderiam se valer deste tipo societário empresas com as seguintes características: (i) tempo de constituição inferior a um determinado número de anos; (ii) contratação de profissionais de determinado perfil; (iii) investimento em pesquisa e desenvolvimento; (iv) atividades voltadas à inovação; (v) a empresa não pode ser produto de uma fusão, cisão, incorporação, *spin-off* ou pertencente a um grupo econômico com faturamento superior a determinado limite, dentre outros critérios que reflitam os objetivos buscados pela política de incentivo a *startups* no país.

Essas restrições fariam com que a implantação de tal modelo cumprisse o objetivo de ser um tipo societário voltado especificamente às *startups* e que não fosse indevidamente utilizado por empresas já consolidadas e desenvolvidas, esgotando o seu ideal e esvaziando a ideia de fomento ao empreendedorismo inovador. Afinal, após certo grau de desenvolvimento da *startup*, não há problemas encontrados na sua transformação em algum tipo societário existente.

Por enquanto, o que resta ao empreendedor de uma *startup* no Brasil é ponderar os riscos, as vantagens e desvantagens de cada estrutura societária já existente - mas não desistir de constituir formalmente seu negócio.

3.3. ACORDO DE SÓCIOS

É muito comum que os indivíduos envolvidos com a formação da empresa não vislumbrem situações indesejadas na relação que terão como sócios. Não é típico, por exemplo, que os fundadores de uma *startup* se reúnam para debater como a empresa deve seguir na hipótese de falecimento de um deles ou mesmo quando determinado integrante deseje abandonar a empreitada em razão de mudança de cidade ou país. O acordo de sócios, então, é um documento firmado entre estes para prever quais serão as regras básicas que devem ser seguidas enquanto perdurar o vínculo societários desses indivíduos.

Dessa forma, tais acordos visam proteger os sócios e garantir a continuidade da empreitada. Trata-se de beneficiar a continuidade da *startup* muitas vezes em detrimento de interesses individuais dos fundadores. Portanto a celebração de um acordo de sócios pode ser concebida como uma das primeiras medidas de caráter institucional que pode impactar diretamente o sucesso ou insucesso da *startup*. Além disso, eventuais litígios, que infelizmente podem ocorrer ao longo de algumas jornadas, podem ter suas consequências mitigadas se existirem acordos de sócios bem elaborados.

Preliminarmente, é importante ressaltar que o Código Civil não aborda o instituto do acordo de sócios (neste caso, quotistas). Por outro lado, a Lei n. 6.404/76 (Lei das Sociedades Anônimas) prevê o acordo de acionistas, especialmente em seu art. 118. Diante de tal fato, ressalta-se que o acordo de quotistas aplicável às Sociedade Limitadas é, portanto, um espelhamento do acordo de acionistas. Por isso, diante da adoção desse documento, o contrato social de uma Sociedade Limitada deve prever a aplicação supletiva das regras vigentes para a Sociedade por Ações (mais especificamente, a Lei n. 6.404/76) para que o documento ofereça maior segurança no âmbito desse tipo societário. Por fim, é muito comum que os próprios acordos de quotistas também façam menção à aplicação supletiva dos preceitos da Lei das S.A. para os acordos de quotistas.

Cabe mencionar que o acordo de sócios não é um documento obrigatório, mas muito recomendável para empreendedores. Tal instrumento acaba se mostrando um importante elemento da sobrevivência da empresa em situações mais delicadas. Um acordo de sócios costuma delinear as regras de relacionamento entre si, hipóteses de venda de participação societária (como *tag along*, *drag along* e direito de preferência) e os mecanismos de operacionalização desses institutos, regras para convocação de reuniões ou assembleias e a maneira de exercício de votos, determinação dos órgãos societários e a forma de seu funcionamento, matérias que demandam determinados quóruns de votação, diluição resultante de investimentos e mecanismos antidiluição (*full ratchet* e *weighted average*), distribuição do capital social, como serão reguladas hipóteses de *down round*, composição e membros dos órgãos societários, direitos, hipóteses de eventos de liquidez e a consequente distribuição dos proventos, obrigações de reporte dos administradores, dentre outros. Assim, esse documento prevê uma série de questões estipuladas ou tratadas de forma simplificada no contrato social ou estatuto social uma vez que se trata de um documento privado (diferentemente do contrato social ou estatuto social que se tornam públicos uma vez registrados na Junta Comercial) e que não será analisado pelos vogais da Junta Comercial.

É importante ressaltar que as explicações realizadas neste texto em referência ao acordo de sócios podem ser aplicáveis tanto ao acordo de quotistas quanto ao acordo de acionistas. Apesar disso, fazemos referência específica ao acordo de quotistas, uma vez que se acredita que a Sociedade Limitada é o tipo societário mais adequado para a constituição inicial de uma *startup*, conforme mencionado anteriormente.

Dito isso, o ideal é que o acordo de sócios vincule a totalidade da participação societária da sociedade. Dessa forma, na medida em que novos integrantes venham a ingressar na sociedade - novos investidores ou colaboradores que recebem suas participações com base no contrato de *vesting*, por exemplo –, estes estarão obrigados ao acordo de sócios em vigor. Também é importante que conste no contrato social a previsão de que esse documento deverá respeitar o previsto no acordo de sócios, pois assim se evita qualquer problema decorrente da interpretação de disposições legais que sejam aplicáveis somente quando houver previsão no contrato social, como é o caso do art. 1.057 do Código Civil em que, apenas na "omissão do contrato", o sócio estaria apto a ceder suas quotas a terceiros ou sócio sem aprovação de titulares representantes de mais de ¼ do capital social da sociedade.

É interessante também estabelecer uma hierarquia de prevalência do acordo de sócios perante o próprio contrato social da *startup*, já que podem existir divergências entre as previsões contidas em cada documento. Pelo fato de ser um documento privado, já que não vai a registro obrigatório na Junta Comercial, e por ter um processo de alteração mais simples do que o contrato social, o acordo de sócios deve prevalecer em caso de divergência entre os documentos. Apesar disso, caso os sócios desejem, o acordo pode ser levado a registro na Junta Comercial, conforme entendimento extraído do art. 32, inciso II, alínea *e* da Lei n. 8.934/94, inclusive para que o ato tenha publicidade e seja oponível a terceiros se as partes assim o desejarem. A título de exemplo da potencial divergência entre o que pode constar no contrato social e no acordo de sócios, o mesmo art. 1.057 do Código Civil prevê que, na omissão do contrato social, o sócio pode ceder sua quota, total ou parcialmente, a quem seja sócio, independentemente de audiência dos outros, ou a estranho, se não houver oposição de titulares de mais de um quarto do capital social. Conforme analisaremos a seguir, uma das cláusulas típicas de acordos de quotistas diz respeito exatamente à forma como as transações de alienação ou cessão de quotas deve ocorrer e poderá alterar a forma pela qual referida operação seria desenvolvida caso fosse regida apenas pela Lei ou pelo contrato social. Assim, uma vez celebrado o acordo de sócios contendo referida cláusula, as futuras operações envolvendo eventuais transferências de qualquer natureza, por qualquer sócio, passam a estar regulamentadas por este.

Antes de ingressarmos em algumas cláusulas fundamentais neste tipo de acordo, é importante ressaltar que a sua regra geral se encontra prevista no art. 118 da Lei das Sociedades por Ações. O referido artigo prevê o tratamento das seguintes temáticas neste acordo: *a*) compra e venda de ações; *b*) preferência para adquiri-las; *c*) exercício do direito a voto; e *d*) poder de controle. Apesar disso, esse rol não é taxativo, de forma que o acordo de sócios poderá versar sobre outros temas que desejem as partes. Uma parte da doutrina, contudo, afirma que neste caso a sociedade não será obrigada a obedecer a ele, ainda que estejam presentes os requisitos de sua validade (Eizirik, 2003). No caso específico das Sociedades Anônimas é imprescindível que ocorra a averbação referente à existência do acordo de acionistas no livro de registro de ações para que este acordo seja oponível a terceiros.

Passemos, enfim, à descrição de cláusulas particularmente relevantes para a celebração desses acordos no contexto das *startups*. Conforme mencionado, o texto abordará especificamente as questões referentes às Sociedades Limitadas. Apesar disso, é possível que as cláusulas sejam aplicadas também a Sociedades Anônimas, de acordo com as normas específicas para esse tipo de sociedade previstas na Lei das Sociedades Anônimas.

Uma das cláusulas mais relevantes do acordo de sócios diz respeito ao direito de preferência. É importante notar que tal direito já decorre de previsão legal, conforme disposto no art. 1.057 do Código Civil. A Lei das Sociedades Anônimas, no entanto, somente oferece direito de preferência aos acionistas existentes na hipótese de subscrição de ações para aumento de capital e não no caso de alienação de participação societária a terceiros. Apesar de encontrar previsão específica no Código Civil, tal cláusula no acordo de sócios objetiva detalhar tais procedimentos, e em algumas hipóteses criar maiores restrições com a finalidade de proteger sócios ou o próprio núcleo de gestão da *startup*. Outra possibilidade interessante em tais cláusulas é o estabelecimento recíproco de opções de compra sobre a totalidade das quotas de determinado sócio na hipótese de serem objeto de arresto, sequestro, penhora judicial ou qualquer outra medida constritiva e tal constrição não ser levantada. Trata-se, portanto, de proteger a sociedade frente a qualquer problema particular de um sócio que poderia impactar a continuidade da *startup*.

Além disso, é importante que a cláusula de preferência estabeleça que tal direito não se aplica quando a alienação e/ou transferência das quotas for realizada para qualquer pessoa jurídica, fundo de investimentos e/ou outro veículo de associação, inclusive *joint-ventures*, consórcios, sociedades em conta de participação, de que um sócio venha a participar, já que isso ocorre geralmente de hipóteses de planejamento tributário e planos de reorganização societária. Conforme analisaremos posteriormente, tem sido cada vez mais usual que investidores institucionais condicionem seus aportes à criação de *holdings offshore* em outros países, como os Estados Unidos, especialmente em Delaware pois este Estado possui leis bastantes favoráveis a empresas. Também é possível que este direito se manifeste contratualmente como *Right of First Refusal* (ROFR) ou *Right of First Offer* (ROFO), mas recomendamos a leitura da explicação realizada no Capítulo 2 deste livro.

Outras cláusulas como o voto afirmativo, previsão de participação no Conselho de Administração ou Conselho Consultivo, direitos de conversão, mecanismos antidiluição, *tag-along, drag-along*, período de *lock-up*, não concorrência, direito de veto, previsão de eventos de liquidez e a preferência na liquidação, participação ou não participação no saldo dos proventos resultantes de um evento de liquidez, a disposição de parcela do capital social para criação de um *stock option pool* para incentivo a colaboradores e previsões relativas a contratos de partes relacionadas, todas também tratadas no Capítulo 2 deste livro, são comuns e necessárias nesse tipo de acordo.

É importante destacar que o acordo de sócios pode ser uma decorrência do contrato de investimento, mas nada impede ou desincentiva que esse acordo seja realizado entre os fundadores da *startup*. Os instrumentos utilizados para formalizar os aportes de capital de qualquer natureza em uma *startup* (investidores-anjo, fundos etc.) muitas vezes possuem cláusulas que exigem a celebração de um acordo de sócios no momento em que o investidor ingressar na sociedade (seja de forma direta ou após a conversão de um título de dívida, como, por exemplo, o mútuo conversível). Assim, o contrato de investimento costuma conter também os direitos mínimos que este acordo deverá garantir àquele investidor especificamente, devendo o acordo de sócios ser criado ou alterado de acordo com referido instrumento de investimento celebrado entre as partes antes do aporte efetivo realizado pelo investidor.

3.4. *OFFSHORES*

Em algum momento do ciclo de vida de uma *startup*, pode ser necessária a abertura de uma *holding offshore*, ou seja, uma estrutura empresarial fora do país que possua participação societária na empresa brasileira. Normalmente, isso ocorre quando há a necessidade ou o desejo de captar recursos no exterior. Nesse sentido, é frequente a escolha de regiões que possuam tributação favorecida ou paraísos fiscais, na concepção da legislação brasileira, para a constituição dessas *offshores*. São comuns para esse tipo de estrutura as regiões de Luxemburgo, Holanda, Ilhas Cayman, Chipre, Malta, dentre outros. Um local bastante utilizado para montagem de referida estrutura é o estado de Delaware, nos Estados Unidos, em virtude das normas, jurisprudência e tributação vantajosa às empresas incorporadas na região.

É importante notar que a criação de tais *offshores* são permitidas pela legislação brasileira. Contudo é preciso observar que, desde a publicação da Instrução Normativa n. 1.634/2016, da RFB, passou-se a se exigir a identificação do beneficiário final das empresas nacionais e estrangeiras (*Ultimate Beneficial Owner – UBO*) que vierem de alguma forma operar no Brasil. O objetivo de tal exigência é justamente contribuir para o combate à corrupção e lavagem de dinheiro, visto que muitas vezes tais *offshores* foram utilizadas com propósitos ilícitos. Por essa razão, é comum que bancos solicitem referida informação dentro de suas políticas de KYC (*know your customer*, que significa "conheça seu cliente" em tradução livre). Caso uma empresa não cumpra com referido requisito, os bancos costumam interromper as transações da conta bancária da empresa até que ela o faça.

Ainda em referência aos tributos, é importante ressaltar que regiões consideradas de tributação favorecida (ou, em certos casos, paraísos fiscais) são conhecidas pelo Fisco brasileiro e, por isso, possuem tratamento específico nas normas referentes a tributos incidentes sobre operações realizadas com empresas nelas localizadas.

Assim, especificamente no âmbito das *startups*, as *offshores* são empresas estrangeiras, estabelecidas em outros países com o objetivo de receberem aportes de fundos de investimento, muitas vezes gerando maior proteção legal para tais investidores institucionais ou, ainda, que podem ser utilizadas para fins de planejamento tributário. Outra razão para esse tipo de estrutura de captação de recursos financeiros é limitar os riscos trabalhistas e tributários envolvidos com as operações realizadas pelas *startups*. Dessa maneira, resta mitigada a contaminação dos sócios financiadores pelos riscos assumidos pela operação da *startup*.

Em tal mecânica, as *holdings offshore* atuam como veículos que permitem que o aporte dos investidores institucionais ocorra. Dentre os principais benefícios para a constituição de *offshore*, destacamos:

a) **Minimizar os tributos**: registrar uma empresa *offshore*, pode, legalmente, minimizar as obrigações fiscais de um negócio, e esta é muitas vezes a principal razão para a incorporação de uma empresa *offshore*. Sociedades não residentes são muitas vezes isentas ou desfrutam de níveis baixos de tributação, dependendo do país de sua constituição. Garantir que não haja conflito com as obrigações fiscais no país ou jurisdições onde a empresa atua é essencial.

b) **Sigilo**: sociedades não residentes, em alguns países, não são obrigadas a publicar informações financeiras ou detalhes referentes a diretores e acionistas em registros públicos.

c) **Responsabilidade reduzida**: as obrigações legais que quaisquer conselheiros ou diretores de uma empresa *offshore* possuem são muitas vezes reduzidas, quando comparadas às obrigações legais previstas pela legislação brasileira.

d) **Proteção de patrimônio**: para aqueles com interesses comerciais internacionais, uma empresa *offshore* pode ser valiosa como um veículo para a proteção de patrimônio tais como propriedade intelectual ou investimentos imobiliários.

e) **Custos baixos de manutenção**: o processo de criação de uma empresa *offshore* pode ser relativamente rápido e simples, podendo apresentar custos baixos de manutenção e vantagens competitivas em relação às estruturas oferecidas no Brasil.

f) **Baixa exigência de capital**: registrar uma empresa *offshore* pode exigir um mínimo de capital, porém, em certas jurisdições, não há de fato nenhum capital exigido para o registro.

g) **Diminuir o risco-país**[10] **(Risco-Brasil):** em virtude da relativa instabilidade econômica, política e até mesmo por conta da cor-

---

10 O risco-país mede o grau de risco que um país representa para o investidor estrangeiro. Conforme o Banco Central do Brasil, o risco-Brasil é um conceito que busca expressar de forma objetiva o risco de crédito a que investidores estrangei-

rupção apresentada no Brasil, características típicas de países em desenvolvimento, a criação de uma estrutura *offshore* é capaz de tranquilizar investidores quanto a cenários de instabilidade.

Não é a intenção desta obra discorrer de forma detalhada a respeito de tipos societários estrangeiros. Assim, trataremos brevemente das principais características de alguns tipos de estruturas *offshore* normalmente utilizadas por brasileiros: a *International Business Company*, a *Limited Liability Company* e o *Trust*. Antes de prosseguir, no entanto, reforçamos que esta obra não recomenda, em hipótese alguma, o uso de *offshores* para fins ilícitos ou simplesmente para desviar a tributação para países estrangeiros; seu uso somente é aconselhável quando for necessário e obrigatório que uma empresa seja constituída no exterior para operações de investimento, por exemplo, desde que totalmente dentro dos parâmetros legais e em obediência às normas brasileiras.

3.4.1. *International Business Company (IBC)*

Uma IBC pode ser definida como uma empresa internacional que: (i) fornece maior privacidade aos diretores e acionistas, uma vez que seus nomes não se tornam públicos; (ii) oferece maior proteção aos ativos da empresa ou da pessoa física, já que há um sigilo fiscal e bancário relevante, além de este tipo societário oferecer a limitação de responsabilidade pela existência do conceito de personalidade jurídica; e (iii) não pode atuar com a venda de produtos e serviços localmente, devendo restringir-se ao mercado internacional. Esse tipo de empresa costuma estar localizado em países de tributação favorecida ou paraísos fiscais[11]. Por diversas

---

ros estão submetidos quando investem no país. Baseado no risco de solvência e capacidade de pagar dívidas de acordo com os acordos celebrados, algumas agências especializadas avaliam o país e atribuem a ele uma nota (*rating*). Assim, o *rating* fornece aos potenciais credores opinião independente a respeito do risco de crédito da dívida do país analisado. Para a classificação de risco de crédito, as agências de *ratings* recorrem a técnicas quantitativas (análise de demonstrações financeiras e projeções estatísticas) e qualitativas (ambiente externo, questões jurídicas, política e percepções sobre o emissor e seus processos).

11 Exemplos de países que possuem legislação referente a esse tipo societário são Barbados, Belize, Panamá, Ilhas Seychelles, Anguilla, Ilhas Cook, Ilhas Virgens Britânicas e Dominica.

razões, também são comumente utilizados para fins ilícitos, como lavagem de dinheiro[12].

As IBCs possuem diretores, acionistas, capital social e responsabilidade limitada. O que as faz diferentes das companhias habituais é que os diretores e acionistas não necessitam ser de conhecimento público. Normalmente, também se beneficiam de isenções fiscais ou incentivos tributários, não podendo exercer atividades comerciais dentro do país onde estão registradas sob pena de perderem esses benefícios. A exigência legal referente às demonstrações financeiras mantidas pela empresa também é relativamente baixa.

3.4.2. *Limited Liability Company (LLC)*

LLC é uma sociedade que possui responsabilidade limitada. O capital social de referida sociedade é dividido em ações, detidas por seus membros.

Uma característica especial desse tipo de sociedade é poder optar por não ser diretamente tributada, de forma que seus lucros e prejuízos são repassados diretamente aos seus membros e estes são tributados em vez de a sociedade. Uma característica típica é que a gestão da sociedade se organiza por meio de um acordo, o Acordo Operacional.

3.4.3. *Trust*

De acordo com a Conferência Internacional de Haia para o Direito Privado, o termo *trust* se refere a uma relação jurídica criada *inter vivos* ou após a morte, por uma pessoa (o outorgante, *settlor* ou *trustor*) quando determinados bens forem colocados sob controle de um curador (*trustee*) em favor de um beneficiário ou para alguma finalidade específica[13].

---

[12] O Parlamento Europeu inclusive elaborou um estudo sobre lavagem de dinheiro em que menciona o uso de IBCs como "shell-companies" para viabilizar as atividades de lavagem de dinheiro, disponível em: <www.europarl.europa.eu/RegData/etudes/STUD/2017/595371/IPOL_STU%282017%29595371_EN.pdf>. Acesso em: 26 ago. 2017.

[13] A definição decorre da Convenção sobre a lei aplicável ao *trust* e a seu reconhecimento, de 1º de julho de 1985, realizada pela Conferência Internacional de Haia para o Direito Privado, disponível em: <www.hcch.net/en/instruments/conventions/full-text/?cid=59>. Acesso em: 26 ago. 2017.

O *trust* possui as seguintes características: (i) os bens constituem um fundo separado e não são parte do patrimônio do curador; (ii) a propriedade dos bens confiados ao curador permanece em nome do curador; (iii) o curador tem poderes e deveres, em respeito aos quais ele deve gerenciar, empregar ou dispor de bens em consonância com os termos do *trust* e os deveres especiais impostos a ele pela lei.

Assim, o curador deve gerir os bens de forma a preservar seu valor e garantir que esses bens sejam distribuídos aos seus beneficiários no momento oportuno. Essa gestão dos bens é realizada de acordo com as vontades do outorgante, consubstanciadas em um contrato.

3.5. ASPECTOS TRABALHISTAS

3.5.1. Contrato de prestação de serviço *vs.* CLT

Conforme exposto nos itens anteriores, o cenário de incerteza é uma característica inerente das *startups*, especialmente nos primeiros estágios. Assim sendo, no início da empresa, ainda que a hipótese seja boa e o time bem estruturado, não há como afirmar se a ideia proposta, a base da empresa, terá realmente um resultado positivo.

Tais incertezas do caminho implicam algumas consequências básicas. Há uma tendência grande no sentido de que as *startups early-stage* reflitam sobre o vínculo estabelecido com seus colaboradores nesse momento de insegurança da empresa. De um lado, o fundador da *startup* tem uma grande responsabilidade pois existe um risco de o negócio falir e as pessoas que estiverem participando do projeto ficarem sem emprego por essa razão. De outro, o mesmo fundador da *startup* precisa pensar em sua proteção, pois, ao contratar pessoas, ele passa a correr risco pessoal, diante da possibilidade de desconsideração da personalidade jurídica no campo trabalhista, o que não é incomum. Dessa forma, chega-se à conclusão prática de que faz pouco sentido constituir uma *startup* e já iniciar as atividades com vínculos celetistas. É de se notar nesse sentido que a legislação brasileira, marcada por características da era industrial que lhe deram origem, é de difícil adaptação à realidade das *startups*.

Contudo, é importante ter em mente que, do ponto de vista trabalhista, vigora o princípio da primazia da realidade, que preconiza que deve valer o que realmente acontece em detrimento do que está escrito. Assim, a verdade dos fatos impera frente a qualquer documento. No âmbito do direito trabalhista, concebe-se que, uma vez presentes os requisitos formadores do vínculo empregatício, os quais constam no artigo 3º da Consolidação das Leis do Trabalho, independente do que dispõe o instrumento de contratação com um colaborador, poderá o colaborador obter sucesso em uma eventual reclamação trabalhista. Além disso, é importante notar que a Justiça Trabalhista, em muitas hipóteses acaba decidindo que os requisitos do vínculo estão presentes mesmo quando isso não parece ser muito claro. Ainda assim, tal aspecto comporta uma análise mais detalhada.

Em que pese a questão do lucro extraordinário que algumas *startups* conseguem produzir em determinado ponto de sua jornada, é interessante notar quantas operam ao longo de meses e até anos sem nenhum faturamento. Nos primeiros estágios o modelo de negócio sequer está validado, impondo que os integrantes se proponham a resolver um determinado problema sem ter a mínima ideia de como isso vai resultar em uma forma de obter recursos nos próximos estágios. Durante todo esse período, a *startup* se sustenta aos custos do investidor. É bastante frequente que o investidor, após determinado tempo sustentando uma *startup*, opte por não o fazer mais tendo em vista a remota possibilidade de que ela passe a se tornar lucrativa. Nessa hipótese, resta cancelado o sonho de criação do produto daquela *startup* e todos os envolvidos naquele projeto passam a ter que se direcionar a novas formas de se sustentar.

Façamos apenas uma ressalva sobre a reforma trabalhista que entrou em vigor pela Lei n. 13.467/2017: nesta obra, que durante sua edição teve o início da vigência de referida lei, optamos por não discutir muitos dos temas implantados na reforma – inclusive os concernentes às *startups*. Essa decisão se dá pelo fato de não ter sido possível presenciar, até o fechamento do texto, quais seriam os desdobramentos das regras alteradas. Por isso, consideramos conveniente tratar desses assuntos em edições futuras, quando a base doutrinária e jurisprudencial já tiver sido minimamente consolidada.

Feitas essas considerações, passamos à análise dos requisitos tradicionais para a configuração do vínculo empregatício, seguidos de observações das particularidades que envolvem as *startups*. De qualquer forma, é possível que tais características, em regra, não sejam adequadas ao conceito de *startups*. Ainda assim, a CLT, em seu art. 3º, estabelece que se considera empregado toda pessoa física que presta serviços de natureza não eventual a empregador, sob a dependência deste e mediante salário. Cabe mencionar que o vínculo empregatício, segundo o que dispõe a melhor doutrina trabalhista, é caracterizado quando estão presentes quatro características básicas inerentes à relação de emprego, quais sejam: (i) habitualidade ou não eventualidade; (ii) onerosidade; (iii) subordinação; e (iv) pessoalidade.

A habitualidade indica que a prestação dos serviços não é eventual. Portanto, para que reste caracterizada a relação de emprego é imprescindível que o trabalho não seja eventual, mas sim contínuo, caracterizando uma regularidade no desenvolvimento da atividade em benefício da *startup*. Quanto à dinâmica das *startups*, é comum que alguns colaboradores, diante dos baixos valores de remuneração oferecidos durante as primeiras etapas da empresa, exerçam funções para complementação de renda em outros lugares. Apesar disso, em determinado momento, passa a ser necessário que alguma pessoa seja dedicada exclusivamente ao projeto que está sendo desenvolvido, principalmente para captação de recursos de terceiros. Para investidores, ter uma pessoa dedicada exclusivamente à *startup* no início de suas atividades é um elemento crucial na tomada de decisão sobre realizar um investimento.

Neste momento cabe analisarmos um elemento importante da relação de emprego, qual seja a jornada de trabalho. Em geral, o modelo tradicional da jornada não é condizente com a dinâmica das *startups*, tipicamente estruturadas de maneira mais informal e com menor controle de horário. No entanto, no âmbito do direito trabalhista, o controle no horário de trabalho do empregado, especialmente no que se refere a entrada, saída, almoço, dentre outros, é uma premissa básica para a caracterização da habitualidade e subordinação, que será analisada logo abaixo. Considerando que os colaboradores estão dedicando seus esforços quase que de uma forma voluntária quando se trata de uma *startup* que se encontra no início de suas atividades, não há qualquer identificação de hipossuficiência do colaborador em relação à *startup*. No máximo, poderíamos falar em uma relação simbiótica – se a *startup* tiver bons resultados, o colaborador terá um resultado bastante favorável para si, e a *startup* não chegará a esse patamar sem a ajuda desse colaborador. Nesse estágio inicial, é comum que a "jornada" do colaborador ocorra quando este tiver tempo, geralmente após o expediente de seu outro trabalho ou nos intervalos que ele possui ao longo do dia, até que seja possível a dedicação exclusiva ao projeto.

Por sua vez, a onerosidade é a constatação de que em contrapartida aos serviços prestados o colaborador irá receber valores financeiros. Portanto há uma relação de dependência do empregado em relação ao seu empregador. Por conta do pouco recurso financeiro disponível, é comum que em *startups* iniciantes o valor de remuneração seja significativamente baixo e, por isso, seja complementado com a oferta de uma promessa de participação societária, denominada *vesting*. Muito embora a onerosidade esteja presente também nas *startups*, caso a contraprestação não seja necessariamente financeira, pois determinado colaborador pode receber apenas uma promessa de participação societária (*equity*) na *startup*, este terá maiores dificuldades para demonstrar o vínculo empregatício. Isso porque em tese, apesar de possuir direito a uma participação societária na *startup*, o empregado não assume os riscos inerentes da empreitada empresarial. Esse risco é assumido por investidores e fundadores da *startup*. Dessa forma, conforme preconiza a doutrina de Direito do Trabalho, nas hipóteses de insucesso, caberá somente ao empregador arcar com tais consequências.

Neste ponto, é interessante notar uma dinâmica importante das *startups*. Muito se comenta do ambiente jovial dessas empresas, mas isso se deve não apenas pela questão da afinidade com tecnologia que os jovens aparentemente possuem. Pelo fato de não terem disponibilidade financeira para pagar salários vultosos, geralmente essas empresas somente conseguem atrair pessoas mais jovens, dispostas a correr o risco e a aceitar salários mais baixos. Diante disso, as *startups* necessitam criar uma série de formas de incentivo para que o colaborador queira trabalhar lá: a informalidade típica quanto às vestimentas faz com que o colaborador não seja obrigado a gastar seu salário na compra de ternos, gravatas, *tailleurs* e outras roupas caras, além de se sentir mais à vontade; horários flexíveis fazem com que o colaborador não tenha as amarras tradicionais quanto à sua jornada, de forma que consegue aproveitar melhor seu dia; o fato de existir uma certa informalidade conforme mencionado até o momento faz com que as pessoas tenham um relacionamento mais próximo, dentre outros elementos que podem ser criados para incentivar uma pessoa a trabalhar na *startup*, ainda que receba um salário baixo. Dessa maneira, cria-se uma dinâmica única e típica do ambiente de *startups* que não encontra respaldo ainda no Direito Trabalhista.

A subordinação está presente quando o empregador mantém o empregado sob suas ordens e comando. Assim, quando um determinado indivíduo se submete ao comando de outro na execução do trabalho, poderemos notar a subordinação. Tal característica, no entanto, é uma das que resta mais desqualificada no cotidiano das *startups*. Não existe uma hierarquia tão clara nas *startups*, principalmente pelo nível de autonomia concedido aos colaboradores. Em regra, tais estruturas contam com ambientes de maior liberdade, estruturas horizontalizadas em que há a necessidade de maior legitimidade das escolhas, mesmo por parte dos fundadores. Alguns autores que analisam o fenômeno do pós-capitalismo, como é o caso de Paul Mason (2017), expressam que "estamos assistindo à ascensão espontânea de produção cooperativa: estão aparecendo bens, serviços e organizações que não mais respondem aos ditames do mercado e da hierarquia gerencial" (Mason, 2017).

Apesar disso, *startups* de maior porte possuem claramente um órgão de administração, uma governança corporativa, dentre outros elementos de hierarquia, mas preservando a autonomia das pessoas que colaboram com o projeto. Por essa razão, é sempre importante diferenciar a dinâmica das *startups early stage* daquelas que se encontram no *growth stage*.

O último requisito a ser mencionado é a pessoalidade, aspecto que está presente quando a prestação assumida pelo empregado é intransferível, não sendo possível solicitar que outra pessoa a execute. Ou seja, se uma determinada *startup* contrata uma agência de marketing para ajudá-la com a divulgação do seu produto, sem necessariamente especificar qual profissional deverá executar tal tarefa, estará afastada a pessoalidade. O mesmo ocorre com uma *software house*, para a qual as *startups* costumam delegar a criação do primeiro protótipo do produto a ser desenvolvido. No entanto, se esses prestadores de serviço contratam um determinado profissional especialista para lidar exclusivamente com aquela *startup* – ou seja, um serviço que não pode ser delegado para outros profissionais – aparentemente o risco passa a ser mais relevante. Diante disso, vale reiterar que apenas a pessoalidade não é elemento caracterizador do vínculo empregatício, devendo vir acompanhado das outras características que realmente trazem a qualificação do vínculo empregatício.

Diante da dinâmica tradicional das atividades laborais, as decisões de tribunais trabalhistas costumam ser exageradamente a favor do empregado, e isso implica um risco natural de que os elementos acima mencionados possam representar, de alguma maneira, um risco para as *startups*. No entanto, caso os quatros requisitos expostos anteriormente não estejam presentes, ou mesmo sua existência seja questionável, é possível a celebração de contratos de prestação de serviço.

Assim, muitas *startups* optam pela celebração de contratos de prestação de serviço em detrimento de contratos de trabalho, ainda que isso signifique assumir um risco quanto à justiça trabalhista. A justificativa dessas empresas é que, apesar de ser um procedimento em desacordo com a legislação brasileira de Direito do Trabalho, os custos envolvidos na contratação via CLT são incompatíveis com a realidade de *startups*. Cabe aos advogados das *startups* ponderar qual o contrato mais adequado, considerando a atividade realizada e o vínculo estabelecido com aquele colaborador. Se presentes os requisitos de relação empregatícia, sempre deve ser recomendada a contratação CLT.

Em uma fase inicial, a *startup* não possui um poder de atratividade de colaboradores, exceto pela afinidade que estes terão com o projeto a ser desenvolvido. Todos os recursos financeiros que a *startup* possui devem e serão gastos no desenvolvimento do produto ou serviço a ser colocado à disposição do mercado. Esse tipo de pensamento está claro para todos que se envolvem nesses projetos e, por isso, parte de um real consenso entre eles. Dessa maneira, torna-se importante buscar estabelecer contratos que descaracterizem eventuais relações trabalhistas ou societárias, ainda que as considerações expostas anteriormente a respeito de posicionamentos recorrentes da Justiça do Trabalho sejam infelizmente uma realidade.

Neste sentido, apresenta-se um fenômeno que não é estranho à realidade brasileira: a "pejotização". No entanto, diferentemente do que ocorria no setor tradicional da economia, nas *startups* pode haver uma justificativa plausível para que isso ocorra sem a infração de normas trabalhistas: como mencionado, na contratação de pessoas jurídicas pelas *startups*, muitas vezes realmente não estão presentes os requisitos para configuração do vínculo empregatício. No entanto, caso essa relação se desvirtue para resultar em uma verdadeira relação de emprego, a Lei e a Justiça devem amparar os direitos daquele que se encontra em uma relação que, de fato, não corresponde à realidade.

Quando de fato forem legalmente recomendáveis os contratos de prestação de serviço, quatro cláusulas parecem ser as mais relevantes a serem inseridas nesses instrumentos que caracterizam os primeiros colaboradores das *startups*. São elas a cláusula de não competição (*non-compete*), não aliciamento, cláusula de confidencialidade (*non-disclosure*) e a transferência de propriedade intelectual ou direitos autorais.

A cláusula de *non-compete* ambiciona proteger a *startup*, caso o colaborador venha a se desvincular do projeto de alguma maneira. Em geral, estabelece-se um período em que os prestadores de serviço, após o término da relação contratual, não possam, direta ou indiretamente, participar, iniciar, integrar ou cooperar, em qualquer nível comercial de qualquer empresa, projeto, negócio, sociedades ou companhias que atuem nos mesmos ramos de atividade em que a *startup* em virtude do *know-how* adquirido ou das informações confidenciais apresentadas a eles. O ideal para tanto é que fique especificado de forma muito clara o objeto da empresa, não pairando dúvidas, assim, a respeito dos limites de abrangência da cláusula. Para isso, torna-se essencial que se estipule um período específico de vigência e a territorialidade da cláusula. Por não se tratar de uma relação de trabalho, não é necessário remunerar o período de não concorrência[14].

---

14 Em contratos de emprego, consolidou-se o entendimento da jurisprudência no sentido de que a cláusula somente é válida caso haja a remuneração do empregado pelo período de não competição. Nesse sentido, o Agravo de Instrumento em Recurso de Revista do Tribunal Superior do Trabalho n. 2127-30.2011.5.02.0070 apresenta os requisitos para que uma cláusula desse tipo seja válida: "a jurisprudência desta Corte tem se firmado no sentido de que, conquanto a estipulação de cláusula de não concorrência cinja-se à esfera de interesses privados do empre-

O não aliciamento, por sua vez, prevê que o prestador de serviço, em determinado período de tempo, não pode contatar, direta ou indiretamente, qualquer cliente da *startup*, visando induzi-lo a deixar de ser cliente da empresa ou reduzi-lo a escopo de trabalho. Além disso, tais cláusulas também buscam inviabilizar tentativas de induzir empregados, consultores, diretores e outros colaboradores a deixarem de prestar serviço à *startup*.

A cláusula de confidencialidade, por outro lado, visa obrigar que os colaboradores mantenham sigilo e não divulguem a terceiros informações privilegiadas que digam respeito à *startup*. Em geral, tais obrigações permanecem vigorando por um determinado período de tempo, mesmo após o fim da prestação dos serviços.

Por fim, a cláusula relacionada à propriedade intelectual visa inviabilizar qualquer questionamento futuro a respeito dos direitos referentes a determinadas criações dos colaboradores. Assim, os mesmos em geral atestam nos contratos de prestação de serviço que declaram e reconhecem para todos os fins de direito que os serviços serão executados, elaborados e desenvolvidos por ordem e conta da *startup*, razão pela qual, todas as ideias, criações, desenhos, métodos, escritos, trabalhos, materiais, customizações, desenvolvimentos, edições, documentação, diagramas, fluxogramas, dados técnicos, procedimentos, *softwares*, código fonte e código objeto, documentação, especificações, bem como suas eventuais atualizações e/ou alterações que resultarem ou vierem a ser produzidos em decorrência da prestação dos serviços serão de exclusiva titularidade da *startup*, valendo o mencionado contrato de prestação de serviço como cessão e transferência definitiva de todos os direitos autorais patrimoniais incidentes sobre os mesmos, de acordo com a Lei n. 9.610/98, Lei de Direitos Autorais, e com a Lei n. 9.609/98, Lei de Proteção da Propriedade Intelectual de Programa de Computador.

---

gador e do empregado, imprescindível para o reconhecimento da validade de tal ajuste a observância a determinados requisitos, dentre os quais: a estipulação de limitação territorial, vigência por prazo certo e vantagem que assegure o sustento do empregado durante o período pactuado, bem como a garantia de que o empregado possa desenvolver outra atividade laboral".

3.5.2. *Gig-Economy*

A questão do risco trabalhista torna-se especialmente importante para determinadas *startups* quando se menciona o segmento de *gig-economy* ("economia de bicos"). *Startups* do tipo *marketplace* se caracterizam por conectar duas pontas: o tomador de serviços e o prestador de serviços. No entanto, sob este modelo, a *startup* não deve interferir na contratação realizada entre esses usuários, limitando-se a fazer o necessário para intermediar o contato e o pagamento realizado entre eles para criar uma maior confiança entre essas partes, diminuindo assim os custos de transação que tipicamente haverá em uma relação tradicional de contratação (Nybø, 2017). Dessa maneira, tem-se uma plataforma eletrônica em que tomadores de serviço podem oferecer demandas pontuais (bicos) a prestadores de serviço, remunerando-os de acordo com os anúncios realizados por referidos prestadores de serviço. Diante desse modelo de negócios, há uma infinidade de casos judiciais que buscam estabelecer o vínculo trabalhista dessas empresas com as pessoas que ofertam seus serviços por meio das plataformas digitais criadas pelas *startups* operadoras de *marketplaces.*

O segmento *gig-economy* geralmente inclui duas formas de trabalho, oferecidas geralmente pelos *marketplaces*: *crowdwork*, no qual as pessoas desenvolvem trabalhos por meio de plataformas *online*; e aplicativos *on-demand*, nos quais a demanda por determinados serviços é canalizada por um aplicativo criado por *startups* que colocam padrões mínimos de qualidade na seleção das pessoas que ofertam serviços por meio de suas plataformas (De Stefano, 2016). Essa nova dinâmica permite a contratação de pessoas por frações de horas, de forma que essas pessoas podem executar tarefas pontuais e tornam a contratação muito mais escalável, ajustada à demanda identificada pelo contratante e, teoricamente, sem a criação de vínculo trabalhista. Ao mesmo tempo, a contratação em muitos casos é aleatória devido aos mecanismos proporcionados pela plataforma eletrônica, sendo possível contratar qualquer pessoa cadastrada no *marketplace* apta a executar o trabalho, de forma a excluir a questão da pessoalidade na prestação do serviço. Em alguns casos a escolha decorre de uma decisão do tomador de serviços, em outras a própria plataforma direciona a oferta para o tomador que decidirá aceitar ou recusar o serviço.

Assim, é importante notar que os ofertantes desse tipo de serviço possuem características de trabalhadores autônomos: não há horários predeterminados e as pessoas podem oferecer seus trabalhos quando quiserem nas plataformas. Isso pode inclusive resultar na oferta de trabalhos que, de outra forma, não existiriam (De Stefano, 2016).

Diante disso, para garantir a essência da relação mencionada acima, os *marketplaces* devem promover as contratações e alinhar seus termos de uso de acordo com a dinâmica efetivamente estabelecida entre as partes. Dessa forma, os contratos estabelecidos com as partes envolvidas nessa relação não podem se contradizer ou ser incongruentes com a prática de um *marketplace*, pois nesse caso haveria a possibilidade de essa prática vir a efetivamente criar um vínculo trabalhista ou mascarar uma relação trabalhista. Os contratos dessas plataformas devem refletir a essência do *gig-economy*, caso contrário existiria de fato uma potencial relação de emprego estabelecida entre as partes. Quanto maior a interferência dos *marketplaces* na forma de condução do trabalho, maior a chance de haver uma descaracterização da proposta original do que seria o *gig-economy* para se constituir, em verdade, em uma relação que pode se aproximar mais da relação trabalhista. Portanto o alinhamento da prática com os termos de uso e a contratação entre as partes torna-se essencial para descaracterizar a relação de emprego entre aqueles que ofertam os serviços nas plataformas, aqueles que os contratam e o próprio *marketplace*.

Atualmente, há diversos casos, principalmente no setor de *e-hailing*, em que se discute o vínculo empregatício, uma vez que algumas plataformas tendem a criar normas de conduta, desconto de índice de reputação em virtude de determinadas ações tomadas por um prestador de serviço, a significativa dependência financeira do prestador de serviço da atividade desenvolvida por meio da plataforma, dentre outras características que acabam resultando em um questionamento maior do vínculo jurídico criado entre o prestador de serviço e a plataforma que oferta o *marketplace*.

3.5.3. *Vesting*

O *vesting*, tal como o popular *stock option*, é um mecanismo de incentivo utilizado comumente em *startups*. Ocorre que, numa empresa, nem sempre os incentivos dos colaboradores estão alinhados com aqueles dos donos do negócio. Em muitos casos, os donos do negócio precisam delegar a administradores o poder de tomada de decisão sobre o negócio. É nesse ponto que entra a "Teoria dos custos de Agência". Segundo Jensen e Meckling (1976), uma relação de agência é um contrato por meio do qual uma ou mais pessoas (os principais) contratam uma pessoa (o agente) para prover serviços em seu nome, o que envolve delegar a autoridade de tomar decisões ao agente. Considerando que o agente e o principal são maximizadores de utilidade de acordo com a teoria econômica, nem sempre o agente agirá no interesse exclusivo do principal. Para lidar com esse problema, o principal pode criar incentivos para que o agente aja da maneira como o principal espera, além de monitorar suas atividades.

Dessa maneira, temos que o *vesting* pode ser entendido como um mecanismo desenvolvido exatamente para diminuir o custo de agência do principal. No caso da *startup*, o principal pode ser tanto o fundador quanto um investidor, dependendo da sua estrutura. De outro lado, o agente pode ser um colaborador contratado para administrar o negócio ou participar de alguma forma da *startup* em um cargo relevante. Assim, o *vesting* surge como uma maneira de alinhar os interesses dos agentes com os interesses dos principais, por meio da oferta de participação societária a esses agentes, desde que cumpridas certas condições.

O *vesting* consiste em uma promessa de participação societária, estabelecida em contrato particular com colaboradores estratégicos, que objetivam estimular a expansão, o êxito e a consecução dos objetivos sociais da *startup*. Em regra, tais indivíduos são eleitos pelos dirigentes da sociedade. Em virtude do número de colaboradores eleitos para integrar referido plano de incentivo e por conta das épocas em que estes passam a integrar o plano, podem ser previstas no *cap-table* da empresa as datas referentes a cada contrato de incentivo outorgado a colaboradores, a composição do capital social e a participação societária de acordo com cada rodada de investimento realizada e a outorga de participação aos colaboradores. Assim, podem ser outorgadas participações e condições diferentes para cada colaborador, sem que seja perdido o controle dos sócios e futuros sócios daquela sociedade.

A primeira – e talvez mais importante – observação a respeito do *vesting* é quanto à sua natureza: o *vesting* não possui natureza salarial[15]. Trata-se da outorga de uma opção de compra de participação societária a preços preestabelecidos, condicionada ao cumprimento de metas e/ou decurso de tempo. O valor dessa participação societária depende de questões mercantis e, por essa razão, não possui natureza salarial. Não se trata de uma contrapartida pelo trabalho desempenhado por um empregado.

Como bem se sabe, a legislação brasileira veda a integralização de capital social por prestação de serviços nas Sociedades Limitadas (art. 1.052, CC/2002) e nas Sociedades Anônimas (art. 7º, Lei n. 6.404/76). Assim, se não houver a efetiva compra dessa participação, o novo sócio não poderá integrar o quadro societário da *startup*. Por essa razão, o *vesting* opera sempre por meio de uma opção de compra. Esse conceito sana o questionamento realizado por Oliveira e Ramalho (2016), que consideram impraticável o *vesting* em uma Sociedade Limitada, cuja integralização de capital social por meio da prestação de serviços é vedada pela legislação brasileira. Uma vez estabelecido que o *vesting* é uma opção de compra de ações ou quotas e não uma espécie de contrapartida salarial – e que, consequentemente, o direito adquirido pelo colaborador é de subscrição futura de participação societária – este contrato se torna perfeitamente possível para a realidade das Sociedades Limitadas. De qualquer forma, reforçamos que

---

15 De acordo com os Embargos de Declaração em Recurso de Revista do Tribunal Superior do Trabalho n. 2843-80.2011.5.02.0030, o Tribunal Superior do Trabalho reconhece que o *vesting* e o *stock option* não possuem natureza salarial devido ao seu caráter mercantil, uma vez que não há garantia de obtenção de lucro: "Em que pese a possibilidade da compra e venda de ações decorrer do contrato de trabalho, o trabalhador não possui garantia de obtenção de lucro, podendo este ocorrer ou não, por consequência das variações do mercado acionário, consubstanciando-se em vantagem eminentemente mercantil. Dessa forma, o referido direito não se encontra atrelado à força laboral, pois não possui natureza de contraprestação, não havendo se falar, assim, em natureza salarial. (...) Ressaltou-se inexistir a correlação estabelecida pelo acórdão regional entre a prestação dos serviços e o ganho no resgate das ações. O Eg. TRT desconsiderou que o mencionado 'incremento de suas ações no mercado financeiro' (fl. 222) não decorre apenas do atingimento de metas e dos esforços do trabalhador, mas de variáveis ínsitas ao mercado financeiro, como a oferta, a procura, as expectativas, a conjuntura econômica, as questões políticas e fiscais, etc. É precisamente essa constatação – ignorada pelas instâncias ordinárias – que revela a natureza mercantil da vantagem, afasta o caráter salarial e permite a aproximação com a categoria das 'Stock Options'".

a vedação de integralização de capital social por meio de prestação de serviços também é feita às Sociedades Anônimas; dessa forma, independentemente do tipo societário adotado pela *startup*, o *vesting* deverá ser uma opção de compra outorgada ao colaborador.

Além disso, devido aos baixos salários pagos por *startups* nas fases iniciais de suas atividades, o *vesting* figura como um mecanismo de atração de colaboradores. Adicionalmente, também se tornou um instrumento de retenção de talentos.

O *vesting* pode ser estruturado de duas maneiras principais: (i) por metas; e/ou (ii) por decurso de tempo. No *vesting* outorgado de acordo com as metas atingidas pelo colaborador, este passa a adquirir o direito de exercício da opção de compra conforme atingidas as metas preestabelecidas em contrato (*milestones*). No *vesting* outorgado por decurso de tempo, o colaborador deve permanecer determinado período na empresa para então poder exercer a opção de compra de sua participação societária. Dessa maneira, no segundo caso, existe uma clara preocupação com a retenção de talentos dentro da empresa, enquanto a primeira hipótese foca mais na entrega de resultados. Por essa razão, é imprescindível verificar qual o objetivo que a *startup* deseja atingir com a criação de um mecanismo de incentivo como o *vesting*.

Assim, o contrato de *vesting* opera tipicamente por meio de uma cláusula de condição suspensiva. Como mencionado, essa condição suspensiva pode operar por meio de (i) decurso de tempo; e/ou (ii) metas preestabelecidas. Atingida a condição imposta em contrato, o beneficiário adquire o direito de exercer a opção de compra da participação societária que lhe foi outorgada. Nesse sentido, este tipo de contrato costuma prever um período probatório para que o direito de *vesting* passe a vigorar, denominado *cliff*. Durante o período de *cliff* o colaborador encontra-se em um período probatório, durante o qual não terá nenhum direito outorgado caso resolva sair ou seja dispensado pela *startup*. O padrão adotado pelo Vale do Silício e, consequentemente, importado pelo Brasil, consiste em oferecer normalmente um ano de *cliff period* e quatro anos de *vesting*, de forma que após um ano o colaborador terá direito à aquisição da participação societária outorgada proporcionalmente ao longo de quatro anos.

Outro ponto relevante a ser analisado nos contratos de *vesting* diz respeito à fatia a ser disponibilizada a um colaborador. Geralmente, no momento de constituição ou no momento em que ocorre a entrada de um investidor, a *startup* separa uma porcentagem de sua participação societária a ser dedicada para fins de criação desse mecanismo de incentivo. A esse bloco de participação societária dá-se o nome de *option pool* ou *talent pool*. Este *pool* costuma variar de 5% a 20% da participação societária da *startup* e não sofre diluições nas rodadas de investimento subsequentes. Dessa maneira, a *startup* continua sempre *com* a capacidade de oferecer o *vesting* para seus colaboradores.

Deve-se dar especial atenção às cláusulas que elencam as hipóteses de saída do beneficiário do *vesting* do quadro de colaboradores da *startup*. Para isso, foram desenvolvidas duas cláusulas: (i) *good leaver*; e (ii) *bad leaver*. A cláusula de *good leaver* costuma prever situações em que o colaborador se retira da *startup* por motivos razoáveis, mantendo uma boa relação com a *startup*, de forma que na eventualidade de ocorrer um evento de liquidez, este passará a receber os valores proporcionais à participação social que lhe foi outorgada pelo contrato de *vesting*. De outro lado, a cláusula *bad leaver* tem um caráter punitivo para aqueles colaboradores que deixam a *startup* por motivos de demissão pelo empregador por justa causa, dentre outros casos em que há algum tipo de desídia entre o colaborador e o empregador, de forma que na eventualidade de um evento de liquidez o colaborador terá direito apenas ao valor contábil da participação societária que adquiriu ou, ainda, a própria *startup* pode ter o direito de recomprar a participação societária outorgada a preço do valor contábil. A decisão referente à saída do colaborador como *good* ou *bad leaver* geralmente é tomada pelos administradores da *startup*.

Tendo em vista a natureza do *vesting*, que torna o colaborador um potencial sócio, é imprescindível ainda que o instrumento que outorga esse direito preveja a obrigatoriedade de aderência do beneficiário aos termos do acordo de quotistas ou de acionistas da *startup*.

Pela mesma razão, é comum que o contrato de *vesting* preveja a possibilidade de exercício da opção de compra apenas em casos de evento de liquidez. Eventos de liquidez são eventos em que, de alguma maneira, a participação societária da *startup* passa a adquirir algum tipo de liquidez: (i) dissolução da sociedade; (ii) investimento de terceiros na sociedade; (iii) aquisição, fusão ou cisão; (iv) venda de ativos relevantes da *startup*, dentre outros. Dessa maneira, evita-se que o beneficiário possa, de alguma maneira, exercer o direito de voto ou adquirir direitos típicos de minoritários e, consequentemente, prejudicar de alguma forma o andamento dos negócios desenvolvidos pela *startup* de acordo com o interesse dos fundadores ou investidores. Portanto, quando o colaborador adquire plenamente os direitos outorgados por meio do *vesting*, geralmente se torna sócio apenas por um curto período de tempo e com a única finalidade de receber benefícios financeiros da participação societária outorgada.

Ao longo da história, foram criados outros mecanismos de incentivo para este mercado tal como as *phantom shares*[16] e *restricted stock units*, que limitam a participação societária efetiva e focam mais nos benefícios financeiros decorrentes dessa outorga. Nenhum deles, contudo, é perfeito para *startups*. O *vesting* como opção de compra ainda é a opção mais segura para o oferecimento desse tipo de benefício.

Nos Embargos de Declaração em Recurso de Revista do Tribunal Superior do Trabalho n. 2843-80.2011.5.02.0030 toda a dinâmica referente ao *vesting* foi apresentada em um caso brasileiro, abarcando questões essenciais desse tipo de contrato e as implicações jurídicas decorrentes dele:

> (...) de acordo com as regras do Plano das Incentive Shares, ao qual o autor anuiu e aderiu para poder participar (...) o autor tinha uma expectativa de ganho vinculada a condições temporais para o resgate das unidades, dentre as quais, a perda do direito na hipótese de demissão voluntária. (...) o autor se demitiu antes de completar três anos de trabalho e, portanto, não faz jus ao pagamento pretendido (TST, ARR 2843-80.2011.5.02.0030, Data de Julgamento: 18/11/2015, Relatora Ministra Maria Cristina Irigoyen Peduzzi, 8ª Turma).

Diante das peculiaridades do Direito brasileiro, sabe-se que instrumentos estrangeiros não podem simplesmente ser importados sem a necessária adequação, o que pode resultar em problemas como o descrito no argumento abaixo, no mesmo caso mencionado anteriormente:

---

16 Conforme os Embargos de Declaração em Recurso de Revista do Tribunal Superior do Trabalho n. 2843-80.2011.5.02.0030, "phantom shares (...) envolvem a criação de unidades virtuais outorgadas ao empregado, com resgate sujeito a um prazo de carência, sendo que cada Ação de Incentivo daria ensejo a dividendos ou equivalentes iguais a uma Ação Nominativa (...)".

> A toda evidência, percebe-se que esse pagamento instituído pela ré (aleatório, sem critério e discricionário) trata-se de cláusula meramente potestativa, isto é, produz efeito por exclusiva vontade de uma das partes contratantes. Não somente isso viola a natureza jurídica comutativa do contrato de trabalho, ou seja, destrói a equivalência das obrigações contratuais na medida em que não estabelece critérios para pagamentos. A cláusula meramente potestativa é vedada pelo ordenamento jurídico brasileiro, na forma do artigo 122 do Código Civil, aplicado subsidiariamente por força do artigo 769 da CLT. Disso, é nulo de pleno direito (artigo 9º da CLT) condicionar pagamento em decorrência da prestação de serviços no âmbito do contrato de trabalho ao mero arbítrio do empregador (relembrando: aleatório, sem critério e discricionário, segundo a própria ré). Por consequência (e ainda pelas mesmas razões), inválida a cláusula que determina a perda das ações não resgatadas no caso de pedido de demissão (Regulamento de Unidade de Ações de Incentivo juntada pela ré). Não há motivo juridicamente justificável de o empregado permanecer com as ações em caso de dispensa sem justa causa e pedido de demissão. Em outras palavras, se o empregador dispensar o empregado este ficaria com as ações e, se pedir demissão, perde as ações referentes ao ano que trabalhou para o empregador (TST, ARR 2843-80.2011.5.02.0030, Data de Julgamento: 18/11/2015, Relatora Ministra Maria Cristina Irigoyen Peduzzi, 8ª Turma).

Ademais, a própria escolha pelo mecanismo de decurso de tempo ou metas preestabelecidas tem implicações jurídicas relevantes, conforme se pode extrair do trecho abaixo:

> (...) se o objetivo (...) era incentivar o trabalhador a permanecer na empresa e contribuir para o êxito das atividades desta, não poderia a ré efetuar tal pagamento de forma discricionária. Em se tratando de método de incentivo à produtividade, a retenção indevida de parte dos valores conquistados justamente em razão deste incentivo, fere de morte a necessária comutatividade do contrato de trabalho: o trabalhador atua de forma a atingir as metas estabelecidas pelo empregador, envidando esforços para o incremento de suas ações no mercado financeiro, mas corre o risco de, ao final da competência respectiva, não ser remunerado pelos valores auferidos, em razão da aludida discricionariedade e liberalidade. E mais, vê-se obrigado a abrir mão de seu direito legalmente previsto de romper o contrato de trabalho, para que não corra o risco de perder a remuneração daquilo que já contribuiu – com o seu trabalho – para o incremento da atividade empresarial (TST, ARR 2843-80.2011.5.02.0030, Data de Julgamento: 18/11/2015, Relatora Ministra Maria Cristina Irigoyen Peduzzi, 8ª Turma).

Inclusive, a cláusula de *bad leaver* foi discutida em referido caso sob a acusação de ser ilícita, no entanto o juízo optou pela manutenção de sua licitude apesar das relevantes discussões tecidas acerca desse mecanismo:

> (...) a cláusula que determina a perda das ações pelo trabalhador que se demite antes do termo final de 03 (três) anos, é inválida por representar retenção indevida de parcela incrementada também em decorrência da prestação de serviços do reclamante. Não bastasse isso, o critério estabelecido no regulamento, que permitia a alteração unilateral e a qualquer tempo da forma de cálculo e pagamento da parcela, fere de morte a alteridade contratual impossibilitando inclusive o atingimento do próprio objetivo do pagamento respectivo, que é fomentar a atividade do trabalhador. (...) esta C. Turma concluiu ser lícita a cláusula que prevê a perda das Ações de Incentivo pelo empregado que pedir demissão antes de decorridos três anos contados da promessa de sua concessão, ao fundamento de que o direito de resgatar as ações somente se materializa em direito subjetivo após o final do prazo de carência fixado pelo plano (TST, ARR 2843-80.2011.5.02.0030, Data de Julgamento: 18/11/2015, Relatora Ministra Maria Cristina Irigoyen Peduzzi, 8ª Turma).

Por fim, o julgado ainda esclarece o conceito de *vesting*:

> A metodologia de incentivo em comento envolve a concessão de uma cota virtual de ações resgatáveis após determinado período de tempo, denominado "vesting", desde que atendidas as condições previstas em regulamento. Tem-se que o direito de resgatar as ações somente se materializa em direito subjetivo após o final do prazo de carência fixado pelo plano (TST, ARR 2843-80.2011.5.02.0030, Data de Julgamento: 18/11/2015, Relatora Ministra Maria Cristina Irigoyen Peduzzi, 8ª Turma).

Diante das peculiaridades do sistema normativo trabalhista brasileiro, muitas *startups* têm optado por criar uma estrutura de *holding* no exterior e ofertar o mecanismo de *vesting* nessas estruturas, em vez de criar esse incentivo nas empresas brasileiras.

3.6. O NOVO DIREITO DO TRABALHO: DIREITO DO COLABORADOR

Em um ambiente de modernidade líquida[17], conceito construído

---

[17] Para Bauman, a modernidade líquida é um momento de incertezas, de rápidas mudanças, em que a sociedade é incapaz de manter a mesma forma. "Os fluidos se movem facilmente. Eles 'fluem', 'escorrem', 'esvaem-se', 'respingam', 'trans-

pelo sociólogo Zygmunt Bauman (2001), o Direito – que é uma linguagem, um mecanismo, uma ciência, que conseguiu se adaptar e sobreviver aos diferentes momentos da sociedade humana – certamente terá que ampliar suas características de flexibilidade de maneira substancial nos próximos anos, visto que as certezas se esvaziam com uma velocidade cada vez maior. Os debates legislativos e as decisões judiciais, por exemplo, nunca tiveram prazos de validade tão curtos. E a tendência é apenas de aceleração de tal movimento. Nesse cenário, a segurança jurídica, paradigma essencial para uma pacificação social está exposta, assim como toda a sociedade humana está inserida em uma vida de incertezas.

A exploração da mão de obra era um dos elementos essenciais do fundamento da economia durante a era industrial. A era da informação, no entanto, quebra essa lógica, destruindo o conceito marxista de mais-valia. O trabalho braçal cada vez mais será feito por máquinas, sendo reduzido ao custo de equipamento, manutenção e energia. Dessa maneira, o ser humano passa a ser cada vez mais valorizado por sua capacidade cognitiva, o que impossibilita uma exploração econômica nos moldes dos padrões estabelecidos desde a Revolução Industrial. Portanto, um código que consolida as leis do trabalho datado de 1943 não parece ser adequado à nova ordem econômica mundial. Apesar de a Lei n. 13.467/2017 trazer conceitos importantes de inovação a este conjunto de regras, como é o caso do regime de teletrabalho, bastante comum no caso das *startups*, a alteração pontual de artigos de referido Código não é suficiente para lidar com a dinâmica atual do mercado de trabalho e, tampouco, revela-se preparada a lidar com as mudanças no porvir.

---

bordam', 'vazam', 'inundam', 'borrifam', 'pingam', são 'filtrados', 'destilados'; diferentemente dos sólidos, não são facilmente contidos – contornam certos obstáculos, dissolvem outros e invadem ou inundam seu caminho. Do encontro com sólidos emergem intactos, enquanto os sólidos que encontraram, se permanecem sólidos, são alterados – ficam molhados ou encharcados. A extraordinária mobilidade dos fluidos é o que os associa à ideia de 'leveza'. Há líquidos que, centímetro cúbico por centímetro cúbico, são mais pesados que muitos sólidos, mas ainda assim tendemos a vê-los como mais leves, menos 'pesados' que qualquer sólido. Associamos 'leveza' ou 'ausência de peso' à mobilidade e à inconstância: sabemos pela prática que quanto mais leves viajamos, com maior facilidade e rapidez nos movemos. Essas são razões para considerar 'fluidez' ou 'liquidez' como metáforas adequadas quando queremos captar a natureza da presente fase, nova de muitas maneiras, na história da modernidade" (Bauman, 2001).

Assim, sugere-se que o Direito do Trabalho seja substituído por uma lógica de direito do colaborador. Tal constatação parte basicamente de uma única nova característica: os indivíduos que empregam sua força de trabalho e dessa forma contribuem para a geração de lucro para as empresas atuais, possuem uma autonomia que não era observada em modelos anteriores.

O indivíduo neste novo mundo passa a ter um posicionamento de colaborador do negócio, inclusive tendo sua remuneração muitas vezes relacionada com o sucesso do negócio a ser desenvolvido e uma rotina de flexibilidade de tempo que não justifica a aplicação da legislação trabalhista tradicional. Logicamente, esse tipo de entendimento não se aplica às empresas que ainda funcionam sob uma lógica antiquada e, por isso, tal sugestão não deve ser aplicada a esses negócios. É de se notar, neste sentido, que a legislação brasileira é muito intervencionista e, em certa medida, arcaica para lidar com *startups*, dificultando muitas vezes o desenvolvimento de práticas inovadoras que já são utilizadas em diversas partes do globo – muitas das quais atraem grande interesse por parte dos colaboradores, notadamente dos indivíduos denominados de *millennials*. Segundo Cramer (2014), os responsáveis pela criação do termo "millennials", Howe and Strauss (1991), identificaram que essa geração estaria comprometida em construir novas instituições sociais em vez de destruí-las, como era o ímpeto da geração anterior. Sem a evolução do arcabouço jurídico, essa evolução torna-se impossível. Esse ímpeto de construção torna-se ainda mais relevante após a crise de 2008, já que essa geração necessita retomar a estabilidade econômica.

A reorganização do trabalho deve ocorrer em dois sentidos. A primeira faceta de mudança diz respeito à diminuição da verticalização econômica das empresas. Grupos econômicos horizontalizados dão espaço para um maior número de empresas, de dimensões menores e mais especializadas. Essa economia horizontalizada põe em xeque as estruturas amplamente hierarquizadas. Planos de carreira e estabilidade de emprego já se apresentam como lembranças de um ambiente de trabalho que cada vez mais se encontra em desuso.

Além disso, em uma ordem econômica em que o conhecimento passa a ter cada vez mais valor, as capacidades intelectuais adquirem maior relevância quando comparadas com a simples força de trabalho. Exatamente por essa razão se observa a importância que os investidores passam a dar para a figura do fundador de determinada empresa. Pelo mesmo motivo, cada vez mais se discute a criação e aplicação da inteligência artificial, já que o conhecimento passou a ser o principal ativo das empresas.

Assim, em uma nova dimensão de automação e robótica, a exploração simples da mão de obra é substituída por ambientes de mão de obra amplamente especializada. Nesse sentido, o Direito do Trabalho atual ainda faz sentido para atividades condizentes com o século passado, mas não é nada adequado às novas modelagens que proliferam nos diversos segmentos da economia da informática. Conforme mencionado anteriormente, no âmbito de dinâmicas disruptivas, em regra estamos diante de práticas mais relacionados com parceria e menos com subordinação.

Muitas vezes a demanda por mudanças não parte só do segmento empresarial, mas também dos próprios colaboradores. Isso implica constatar que o Direito do Trabalho precisa se adequar sob pena de ser compreendido como razão de atraso social.

Outro aspecto a ser analisado diz respeito à utilização das plataformas tecnológicas como forma de exploração econômica. Mercados de *marketplace*, *on-demand*, *online-to-offline (O2O)*, dentre outros, resultam em novas dinâmicas de trabalho. As novas aplicações tecnológicas oportunizam a estruturação de diversos micronegócios e economia autônoma. Assim, a ausência de vínculo empregatício é uma marca das novas dinâmicas, cabendo um próprio questionamento a respeito da existência ou não de relação de trabalho. A zona cinzenta que se coloca entre uma relação eminentemente civil e trabalhista é o que enseja a reflexão de que uma nova categoria, que aqui definimos como Direito do colaborador, se insere. Parece relevante que haja uma proteção para ambos os lados, empresas e indivíduos que se relacionam em dinâmicas criadas por *startups* que disponibilizam plataformas tecnológicas para viabilizar contratações.

3.7. FINANCIANDO UM NOVO CAPITALISMO: PRIMEIRAS REFLEXÕES DA NOVA RELAÇÃO ENTRE CAPITAL E TRABALHO

Como dito, vivemos um período de transição entre o fim da era industrial, pautada em uma cultura de consumo que se iniciou com a Revolução Industrial, e a ascensão da era da informação, que tem por marco inicial a popularização da internet.

As diferentes plataformas tecnológicas estão alterando as cadeias produtivas e de comércio, horizontalizando mais as relações. Nesse contexto, as grandes corporações tradicionais passam a dar espaço para novos grupos empresariais tecnológicos que, por sua vez, criam ecossistemas enormes que comportam profissionais liberais e empresas de menor porte. Verticalizar não faz mais sentido, e a grande palavra da primeira metade do século XXI é "conexão". Vivemos na "sociedade em rede", tema exaustivamente trabalhado pelo professor Manuel Castells (1999).

Tal mudança social e econômica implica a valorização da figura do *Venture Capital*, estrutura que tem no investidor Peter Thiel um bom exemplo. Nesse novo contexto, a perspectiva de comprar empresas que levaram décadas para se consolidar, fazer adequações de custos, valorizar, vender ou usufruir dos resultados não faz o menor sentido. O conceito passa a ser adquirir plataformas tecnológicas, preferencialmente as monopolistas – conforme bem orienta o próprio Thiel (2014) – e aumentar múltiplos simplesmente com o aumento da base de usuários, tração, e a descoberta e/ou a execução de mecanismo de rentabilização.

Assim, se antes o advogado do comprador deveria buscar os riscos existentes a partir de *due diligences* gigantes, muitas vezes com foco em empresas com décadas de operação e história, agora a questão é analisar potenciais riscos em modelagens inovadoras nunca antes testadas. Se antes o ativo de uma empresa era baseado no ativo imobilizado e seu fundo de comércio, agora deve-se buscar proteger a base de usuários, propriedade intelectual (marca e patentes) e *software*. Trata-se de proteger ativos mais líquidos e mais intangíveis.

Estamos diante de uma nova dimensão de capitalismo, mais pautada no ser humano que tem a capacidade de enxergar e conduzir a empresa até o futuro. Esse "capitalismo informacional", como definiu Manuel Castells (1999), deve ser muito bem compreendido pelos advogados que buscam contribuir com momento tão particular da sociedade.

Referências do Capítulo

AKALP, N. *LLC vs. S Corp:* Which Is Right for Your Startup. 2012. Disponível em: <www.mashable.com/2012/02/17/small-business-incporporation/#1UUiYTj1rEqw>. Acesso em: 9 set. 2016.

BANCO CENTRAL DO BRASIL. *Risco País.* Série Perguntas Mais Frequentes. Disponível em: <https://goo.gl/GCV8gx>. Acesso: em 21 ago. 2017.

BAUMAN, Z. *Modernidade Líquida.* Rio de Janeiro: Jorge Zahar Ed., 2001.

BLACK JUNIOR, L. S. *Why Corporations Choose Delaware.* Delaware Department of State, Division of Corporations, 2007.

CASTELLS, M. *A Sociedade em Rede.* 8. ed. São Paulo: Paz e Terra, 1999. v. 1.

CHANDER, A. How Law Made Silicon Valley. *Emory Law Journal.* Atlanta, v. 63, Issue 3, 2014, p. 639-694.

COELHO, F. U. *A Sociedade Limitada no Novo Código Civil.* São Paulo: Saraiva, 2003.

COELHO, F. U. *Curso de Direito Comercial*: Direito de Empresa. 20. ed. São Paulo: Saraiva, 2016. v. 2.

COELHO, G. T.; GARRIDO, L. G. Dissecando o contrato entre startups e investidores anjo. In: JÚDICE, L. P.; NYBØ, E. F. (Orgs.). *Direito das Startups.* São Paulo: Juruá, 2016. p. 115.

CRAMER, R. *Millenials Rising:* Coming of Age in the Wake of the Great Recession. Texto apresentado em simpósio. New America, 2014, p. 11-16.

DE STEFANO, V. *The rise of the "just-in-time workforce":* On-demand work, crowdwork and labour protection in the "gigeconomy". International Labour Office, Inclusive Labour Markets, Labour Relations and Working Conditions Branch. Genebra: ILO, 2016.

DUENING, T. N.; HISRICH, R. D.; LECHTER, M. A. *Technology Entrepreneurship:* Taking Innovation to the Marketplace. Oxford: Elsevier, 2015.

EIZIRIK, N. Acordo de Acionistas – Arquivamento na Sede Social – Vinculação dos Administradores na Sociedade Controlada. *Revista de Direito Mercantil,* n. 129, Ano XLII, janeiro-março, 2013, p. 45-51

FGV. *Negócios de impacto social:* Da estrutura da Empresa Nascente a sua aproximação com o Poder Público. São Paulo: 2014.

FLACH, P.; SILVA, L. L. Debêntures: O que são, sua regulamentação e utilização por Sociedades Limitadas. In: JÚDICE, Lucas Pimenta; NYBØ, Erik Fontenele (Orgs.). *Direito das Startups.* São Paulo: Juruá, 2016. p. 147.

IBGC. *Código das Melhores Práticas de Governança Corporativa.* Instituto Brasileiro de Governança Corporativa. 5. ed. São Paulo: IBGC, 2015.

JENSEN, M. C.; MECKLING, W. H. Theory of the Firm: Managerial Behavior, Agency Costs and Ownership Structure. *Journal of Financial Economics,* n. 3, 1976, p. 305-360.

JÚDICE, L. P.; NYBØ, E. F. Natureza jurídica do *vesting*: como uma tradução errada pode acabar com o futuro tributário e trabalhista de uma startup. In: ______. (Orgs.). *Direito das Startups.* São Paulo: Juruá, 2016. p. 39.

MARTINS, F. *Curso de Direito Comercial*. 40. ed. Rio de Janeiro: Forense, 2016.

MASON, P. *Pós-capitalismo:* um guia para o nosso futuro. São Paulo: Companhia das Letras, 2017.

MEIRA, S. L. *Novos Negócios Inovadores de Crescimento Empreendedor no Brasil*. 1. ed. Rio de Janeiro: Casa da Palavra, 2013.

NYBØ, E. F. Memorando de entendimentos para pré-constituicão de uma startup. In: JÚDICE, L. P.; ______ (Orgs.). *Direito das Startups*. São Paulo: Juruá, 2016. p. 29.

NYBØ, E. F. A Regulação do mercado de aplicativos de táxi. In: FREITAS, R. V.; RIBEIRO, L. C.; FEIGELSON, B. *Regulação e Novas Tecnologias*. Belo Horizonte: Fórum, 2017.

OLIVEIRA, F. V.; RAMALHO, A. M. O contrato de vesting. *Revista da Faculdade de Direito da UFMG*, n. 69, jul./dez., 2016, p. 183-200.

PETRY, R. C. Análise Jurídica da Carga Tributária Brasileira: um Quadro Geral dos Tributos no Brasil. *Revista de Estudos Tributários*. Porto Alegre, v. 16, n. 93, set./out., 2013.

REBELO, N. S. *A Sociedade Empresária e a Captação de Recursos de Private Equity e Venture Capital*: Estudo Interdisciplinar Do Financiamento Empresarial. Porto Alegre: Buqui, 2013. Kindle Version.

SALAMA, B. M. *O fim da responsabilidade limitada no Brasil:* História, Direito e Economia. São Paulo: Malheiros, 2014.

SALOMÃO FILHO, C. *O novo direito societário*. 3. ed. São Paulo: Malheiros, 2002.

SILVA, L. L. Governança Corporativa para *startups*. In: JÚDICE, L. P.; NYBØ, E. F. (Orgs.). *Direito das Startups*. São Paulo: Juruá, 2016. p. 69.

THIEL, P. *Do Zero ao Um:* o que aprender sobre empreendedorismo com o vale do silício. Rio de Janeiro: Objetiva, 2014.

VERÇOSA, H. M. D. *Curso de Direito Comercial*. 2. ed. São Paulo: Malheiros, 2010, v. 2.

VERÇOSA, H. M. D. *Curso de Direito Comercial*. 2. ed. São Paulo: Malheiros, 2010, v. 3.

Capítulo 4

Aspectos jurídicos do *valuation* de *startups*

4.1. Valuation*; 4.1.1 Determinação do valor da empresa; 4.1.2. "Unicórnios" e "decacórnios"; 4.1.3.* Pre-money vs. post-money*; 4.2.* Valuation *em investimentos; 4.2.1. Rodadas de investimento (séries); 4.2.2. Ponto de partida: o primeiro* valuation *da empresa; 4.3. Cláusula antidiluição em acordos de sócios; 4.3.1. Desconto; 4.3.2. Desdobramento de ações; 4.3.3.* Down round *em Sociedades Limitadas; 4.3.4 Cessão de quotas ou ações; 4.4. Diminuindo os efeitos da diluição em um evento de aumento de capital; 4.5. Troca de ações (*exchange of shares*); 4.6.* Shotgun clause*; 4.7. A importância da* due diligence *para o* valuation*; 4.7.1. Responsabilidade sobre informações do negócio; 4.7.2. Ônus da* due diligence.

4.1. *VALUATION*

Um dos pontos essenciais na temática jurídica que envolve uma *startup* é a avaliação do valor da empresa, também conhecido como *valuation*. Esse cálculo é bastante relevante para o mercado de *startups*, pois é este valor que será utilizado em rodadas de investimento, indicará a potencial prosperidade de uma *startup* e o quanto a empresa está crescendo, balizará o interesse dos investidores e mostrará seu apreço no mercado.

Dessa forma, o *valuation* é um fator de grande relevância para o cotidiano de uma *startup*. Quanto o investidor terá de pagar por 10% da empresa? Em um contrato de *vesting*, qual o valor total da empresa considerado no momento do exercício da opção de compra? Estas são questões que somente podem ser respondidas após se aferir o valor total da empresa – o que é juridicamente bastante relevante, pois o método de cálculo utilizado por vezes necessita constar em contrato, por exemplo.

Assim, antes de considerarmos alguns aspectos jurídicos do *valuation*, devemos elucidar a questão primordial que paira sobre esse tema: como normalmente esse valor é calculado.

4.1.1. Determinação do valor da empresa

Como observado, o *valuation* é o "valor", o "preço", da empresa. Contudo a principal dúvida a respeito dessa questão é: como determinar o valor de algo tão complexo como a organização de uma corporação? Ainda que *startups* sejam empresas relativamente simplificadas (em termos de organização) quando comparadas às empresas tradicionais, esta não é uma tarefa fácil.

Imaginemos um exemplo prático: para determinar o valor de um café vendido em um pequeno bar, podemos levar em consideração vários fatores, alguns mais e outros menos relevantes para o preço final que deve ser praticado. A energia elétrica gasta pelo bar e o salário dos funcionários, por exemplo, afetam todos os produtos do estabelecimento; já o valor do grão e a manutenção da máquina são itens primordiais para o oferecimento daquele produto. Logo, o segundo grupo de custos impacta muito mais do que o primeiro. Assim, o preço final do café levará em conta o seu custo específico de produção, somado a uma parcela bastante diluída dos custos fixos e gerais do bar.

Por razões óbvias, a questão se torna muito mais complexa quando se trata de uma empresa. Essa organização possui diversos ativos de muitas naturezas que podem ser considerados em seu valor. Além disso, também possui passivos, de variadas periodicidades, que devem ser contabilizados nesse cálculo. Logo, o que deve ser considerado para a determinação do valor de mercado de uma empresa? O quanto ela lucra? Seu capital integralizado? Os bens tangíveis que possui? Nem sempre a resposta é simples.

Sendo assim, partimos da premissa de que existem alguns métodos para a determinação do valor da empresa. Não há um melhor ou pior: há o *que é correto para determinado momento* ou *determinada finalidade*. O *valuation* da *startup* pode ser utilizado para um contrato de investimento, por exemplo, ou para a determinação de quanto certo sócio receberá em um contrato de *vesting*. Assim, as metodologias mais comuns para se fixar o valor de uma *startup* são: (i) fluxo de caixa descontado; (ii) múltiplos de mercado; ou (iii) valor patrimonial. As três modalidades, no entanto, encontram dificuldades ao serem aplicadas a *startups*, já que elas não são empresas tradicionais como aquelas utilizadas para a criação desses modelos.

A princípio, o **demonstrativo de fluxo de caixa** é um instrumento de gestão financeira que projeta para o futuro as entradas e saídas de recursos financeiros de uma empresa. O método de fluxo de caixa descontado, por sua vez, utiliza a mesma lógica para estipular o valor presente do fluxo de caixa da empresa de acordo com a habilidade da empresa em gerar caixa no futuro. Isso é feito por meio da aplicação de uma taxa de desconto (por isso o nome "descontado") que representará o risco do empreendimento e custo de capital (Koller; Goedhart; Wessels, 2005). Por essa razão, quando aplicado a *startups*, a taxa de desconto costuma variar entre 20% a 40% por conta do risco que esse tipo de empresa representa. Esse método pode ser utilizado para avaliar *startups* pois consegue apresentar ao investidor a capacidade de geração de lucro e a necessidade de investimento do negócio. No entanto, ao ser aplicado em estágio muito inicial (*early stage*), esse método pode não ser o mais adequado ou pode resultar em valores muito baixos já que a *startup* ainda estaria na fase de prova de conceito ou validação, sem informações suficientes para esse tipo de avaliação (Festel; Wuermseher; Cattaneo, 2013). Nesse caso, não seria possível estipular corretamente o valor da empresa, sendo o resultado da análise apenas uma estimativa ou palpite (Messica, 2008).

A metodologia de **múltiplos de mercado**, por sua vez, consiste em fazer uma relação entre um indicador do desempenho da empresa com alguma outra variável a partir dos dados de empresas similares. Para esse cálculo são usados os valores médios das empresas similares a serem analisadas (Koller; Goedhart; Wessels, 2005). O problema dessa abordagem no caso das *startups* é que muitos dos modelos de negócio praticados por essas empresas são disruptivos e possuem pouco tempo de vida, motivo pelo qual há grande dificuldade em encontrar empresas similares com informações suficientes a serem levantadas. Desse modo, ainda que as empresas sejam parecidas em termos de modelo de negócio, o resultado provavelmente não será preciso; se mesmo em segmentos tradicionais empresas podem ter variações que alteram o resultado, no mercado de *startups* a dificuldade pode ser bem maior.

Por fim, a metodologia baseada no **valor patrimonial** consiste na análise do balanço patrimonial da empresa, tendo como base seus ativos e o desconto do valor dos passivos. Como geralmente os ativos de uma *startup* são intangíveis (código fonte, marca e fundo de comércio), cujos valores são difíceis de mensurar, uma análise deste gênero dificilmente consegue ser aplicada com sucesso a este tipo de empresa.

Como visto, nenhum desses processos é perfeito para o cálculo dos valores de uma *startup,* pois são idealizados para empresas tradicionais nas quais os critérios levados em conta são presentes com maior consistência. Dessa forma, apesar de serem ferramentas práticas, o cenário do mercado de *startups* é sensivelmente diferente. Nesse contexto, lidamos com empresas cujo grau de incerteza e assimetria informacional é bastante alto. Diante desse panorama, Sahlman (1990) considera que os contratos de investimento tipicamente firmados por *venture capitalists* são reflexos, além dos problemas relacionados ao risco, dessa impossibilidade em se estabelecer um valor preciso da empresa a ser investida.

Para o autor, consequentemente, tais contratos compartilham características similares, considerando: (i) o estágio do compromisso de capital e a possibilidade de abandono por parte dos empreendedores; (ii) o uso de sistemas de compensação diretamente ligados ao processo de aumento de valor da empresa; (iii) maneiras de forçar a administração da empresa a distribuir os proventos do investimento. De acordo com o autor, o contrato de investimento típico em *startups,* portanto, busca mitigar as incertezas dos negócios, que impactam diretamente seu *valuation,* com cláusulas de compensação, como a própria natureza de sua convertibilidade[1], mecanismos de desconto e preferência em liquidações, por exemplo (Sahlman, 1990).

4.1.2. "Unicórnios" e "decacórnios"

Até pouco tempo atrás, *startups* com *valuation* estimado em mais de um bilhão de dólares eram raras e, por isso, criou-se o nome de

---

1 O contrato típico de investimento em *startups* é um contrato conversível, ou seja, aquele que não garante ao investidor a participação societária direta, e sim um título que permita a sua conversão em participação (*equity*) se alcançadas algumas condições, como tempo e metas, por exemplo. No caso do autor, falava-se em *convertible notes,* que são documentos utilizados nos Estados Unidos. No Brasil, instrumentos semelhantes são os contratos de mútuo conversível, tratados com detalhes em capítulo próprio sobre investimentos, nesta obra.

"unicórnio" para aquelas que conseguiam atingir este patamar. Tratava-se de um mito, algo surreal e pouco observado no mercado. No entanto, a partir de 2014, esse número aumentou, de forma que foi necessário criar um novo termo para *startups* promissoras e que atingiam, enfim, um *valuation* de 10 bilhões de dólares: os "decacórnios".

A origem do termo unicórnio é atribuída à Aileen Lee (2013), fundadora da Cowboy Ventures, para nomear empresas privadas de tecnologia avaliadas em mais de um bilhão de dólares. Por conta do grande número de unicórnios surgidos a partir de 2014, foi necessário criar um novo termo para classificar as figuras mitológicas do mercado de *startups* e, assim, surgiu o termo "decacórnio" para se referir àquelas startups com *valuation* superior a 10 bilhões de dólares.

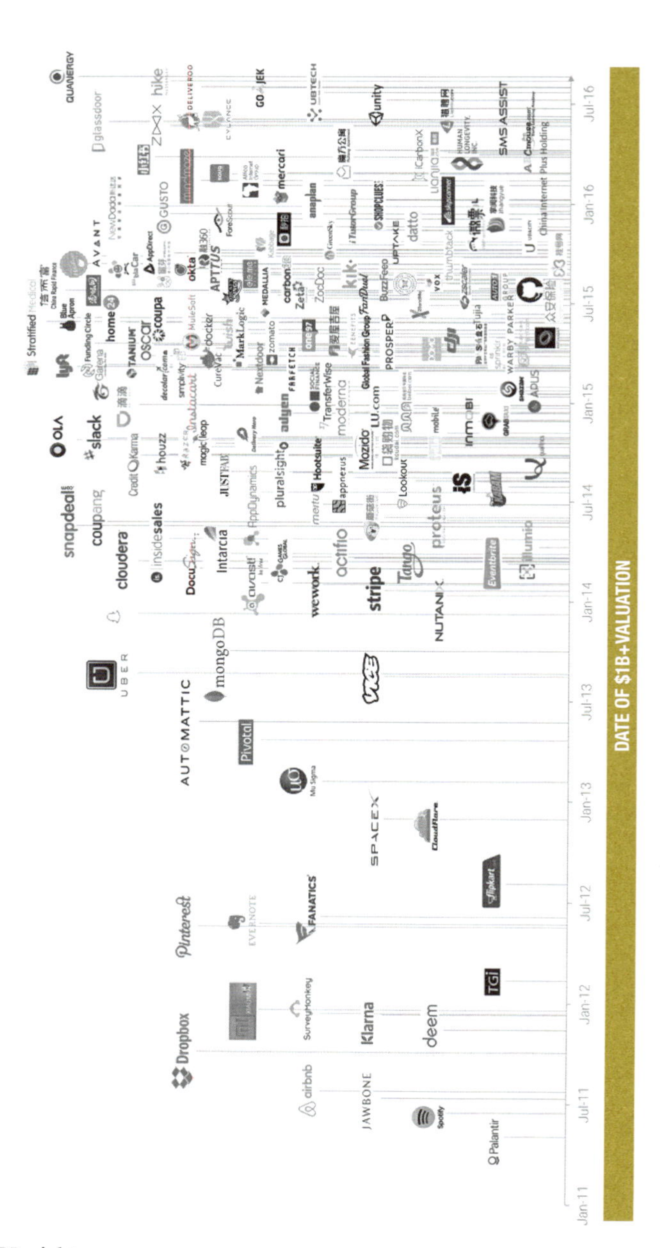

Fonte: *CBInsights*

Apesar da aparente prosperidade das *startups* na lista dos unicórnios e, principalmente, dos decacórnios, existe um problema por trás disso. Conforme a acepção do termo, são companhias avaliadas em mais de um bilhão de dólares na mão de acionistas e investidores privados. Se for seguida a curva normal de financiamento desse tipo de companhia (conforme figura abaixo), o próximo passo para grande parte dessas *startups* seria o financiamento a partir de um oferta inicial pública (*Initial Public Offering* – IPO), por meio da qual a *startup* torna-se uma empresa de capital aberto listada na bolsa de valores.

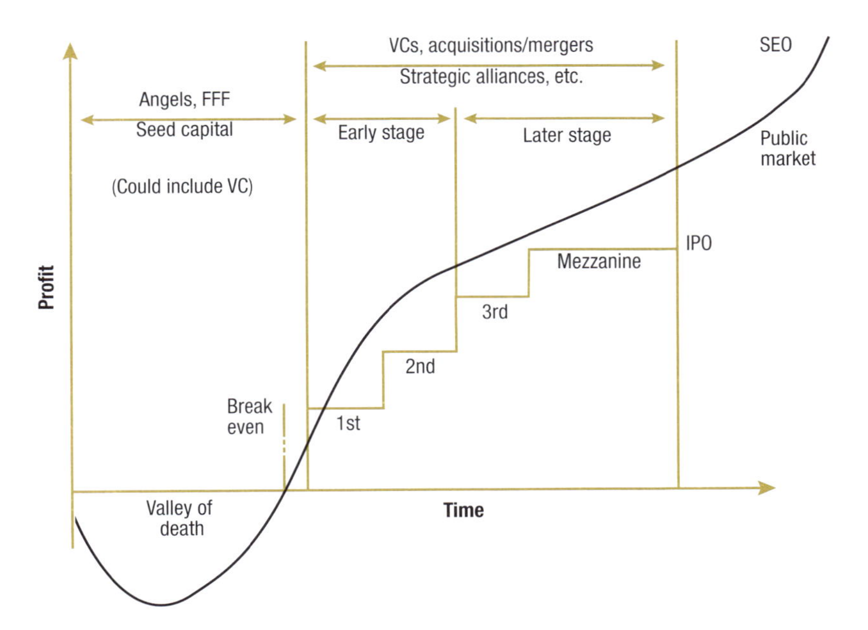

Fonte: Cumming e Johan (2009)

A figura acima, já trabalhada com detalhes no Capítulo 2 desta obra, demonstra como uma *startup* se financia desde o início de suas atividades. Inicialmente ela passa por um período denominado "Vale da Morte" momento em que não possui receitas para se sustentar e, por isso, necessita de capital de terceiros para se financiar. Esse período é bastante delicado.

De acordo com a Fundação Dom Cabral (2014), 25% das *startups* brasileiras morrem em período inferior a um ano, 50% em até 4 anos e 75% em até 13 anos. Além do tempo, outro fator relevante para o Vale da Morte é a possibilidade da operação negativa, em que os custos cobrem as receitas. De acordo com a mesma pesquisa, quando o capital investido nas empresas cobre seus custos operacionais pelo período de dois meses a um ano, a chance de sua descontinuidade é: *a*) 3.2 vezes maior do que das *startups* cujo capital investido mantém seus custos operacionais por apenas 1 mês; e *b*) de 2 a 2.5 vezes maior do que das *startups* cujo capital investido mantém seus custos operacionais por mais de um ano. Logo, este é o período de maior mortalidade das *startups*, uma vez que se não forem bem-sucedidas na captação de capital de terceiros, não possuem meios de continuar.

Em seguida, após atingir o ponto de equilíbrio entre suas despesas e receitas (*breakeven*), a *startup* passa por rodadas de investimento com fundos de *venture capital*, *private equity*, fusões e aquisições, tendo então acesso a operações estruturadas (mezanino) até chegar, então, a uma oferta pública na bolsa de valores.

No entanto, desconfia-se que muitas dessas *startups* não queiram dar este passo justamente por conta do *valuation*. Em um ambiente privado elas conseguem garantir o constante aumento do *valuation* por meio de rodadas privadas de investimento, porém nada garante que ao efetuar uma oferta pública isso se manterá. Surge, então, um dos principais medos dessas figuras míticas: o *downround*. Esse é um evento em que determinada *startup* participa de uma nova rodada de investimento, levantando capital a um valor (*valuation*) mais baixo do que a rodada de investimentos anterior havia creditado à companhia (Hall; Woodward, 2007). Ou seja, quando comparada com a rodada de investimentos anterior, a nova rodada resultou em uma diminuição do *valuation* atribuído à *startup*.

Ao se tornar pública, a *startup* estará sob escrutínio público, sujeita a análises de diversos investidores e analistas que poderão indicar que aquela não se trata de uma empresa avaliada exatamente com o valor que ela divulga. Assim, seria necessário diminuir o *valuation* para entrar no mercado de negociação pública de ações. Além disso, pode ser que, no momento da primeira oferta de ações da companhia no mercado, poucos queiram comprar os títulos, de forma a tornar essa manobra um fracasso. Em virtude disso, entende-se que muitas *startups* segurem esse próximo passo de seu ciclo de financiamento para garantir uma entrada mais sólida nesse tipo de mercado.

Entretanto, recentemente um "unicórnio" se aventurou nessa estratégia. Em 2017, o mercado foi surpreendido com um IPO bem-sucedido do Snapchat, que captou 3,4 bilhões de dólares por meio da oferta de ações em bolsa de valores. No processo, uma grande dúvida do mercado dizia respeito a como uma empresa que se tornou moda entre adolescentes conseguirá lucro suficiente para pagar dividendos com seus serviços de fotografia e vídeos por mensagem. No IPO, as ações da empresa, colocadas à venda a um preço inicial de US$ 23,50 a US$ 24,50 por ação, tiveram uma movimentação que resultou em preços de até US$ 19,54 por ação[2]. Além disso, após a oferta das ações em bolsa de valores, notou-se que um dos investidores que participou da Série F da companhia recentemente avaliou as ações que detém a um valor abaixo daquele utilizado como referência para a rodada de financiamento em que participou[3] – o que indica a fragilidade do *valuation* inicialmente atribuído à Companhia.

4.1.3. *Pre-money vs. post-money*

Até este momento foi desenhado o pano de fundo econômico, estratégico e de mercado sobre o *valuation* de uma empresa, para que seja possível analisar o factual impacto deste termo do ponto de vista jurídico.

Como mencionado acima, sob uma ótica jurídica o termo *valuation* definirá o valor da captação de investimento e, portanto, o valor dos títulos mobiliários (ações ou quotas) a serem emitidos pela *startup*. Esses valores estarão em contratos e outros documentos legais. Assim, é comum constarem as referências ao *valuation* em documentos legais, tais como acordos de acionistas, *term sheets* e contratos (como, por exemplo, um memorando de entendimentos ou um contrato de investimento). Nesses instrumentos, o *valuation* aparece principalmente de duas formas: *pre-money* ou *post-money*.

---

2 Conforme informações disponíveis em <www.marketwatch.com>. Acesso em: 7 maio 2017.

3 Informações sobre o *valuation* atribuído ao Snapchat, em artigo da *Mashable*, disponível em <www.mashable.com/2015/11/10/snapchat-tech-*valuations*/#DlklZYyTgsqT>. Acesso em: 7 maio 2017.

Entende-se como *pre-money* aquele *valuation* atribuído à *startup* de forma a desconsiderar o valor que a empresa possui nesta operação de investimento. Ou seja, trata-se do valor da *startup* antes de realizado o investimento que um investidor pretende efetuar. De outro lado, entende-se como *post-money* o *valuation* atribuído à *startup* já contabilizando o aumento na valorização da companhia após efetuado o potencial investimento (Lobo; Potenza, 2016). Dessa forma, em uma mesma rodada de investimento, o *valuation post-money* será normalmente maior quando comparado com um *valuation pre-money*. Essa questão faz grande diferença no momento de redação dos documentos legais, pois influenciará o preço unitário das ações ou quotas da *startup*, eventuais direitos econômicos dos investidores e fundadores da *startup*, dentre outros. Um exemplo prático do uso dessa terminologia em contratos pode ser verificado nos acordos de sócios, uma vez que preveem que a compra da *startup* somente pode ocorrer mediante um *valuation* de determinado valor, geralmente calculado na forma *pre-money*.

4.2. *VALUATION* EM INVESTIMENTOS

A principal função do *valuation* de uma *startup* é estimar o seu valor num processo de captação de recursos. Nesse contexto, os investidores visam adquirir uma parcela da empresa, a um determinado valor. Para saber o valor desta parcela, portanto, é necessário que o valor total daquela empresa seja estipulado.

Esse valor será descrito no contrato e pode ser pré ou pós-fixado – de acordo com a valorização da empresa no decorrer do tempo –, como vimos anteriormente. Juridicamente, contudo, algumas considerações devem ser feitas, uma vez que muitas vezes o *valuation* da empresa é algo estimado pelas partes, como o preço de um bem de mercado. Para proteger as partes, o direito incide sobre essas relações, determinado como esses mecanismos devem ser praticados contratualmente.

Traçaremos a partir de agora algumas situações possíveis no processo de investimento, que mostram os desdobramentos jurídicos e contratuais do conceito e método de *valuation* adotados em cada relação existente entre o investidor e o empreendedor. Para compreender o processo de investimento em um espectro mais amplo, sugere-se a leitura preliminar do Capítulo 2 da presente obra, que trata dos aspectos jurídicos do investimento em *startups*. Apesar de haver tal capítulo próprio, entretanto, traçaremos aqui algumas considerações que foram ali abordadas, para um melhor entendimento do tema aqui tratado.

4.2.1. Rodadas de investimento (séries)

Como abordado no Capítulo 2 desta obra, o investimento em *startups* ocorre em rodadas ou séries. Iniciado normalmente por uma rodada de FFFs, investidores-anjo ou fundos sementes, as rodadas futuras vão crescendo em volume investido, complexidade contratual e objetivos.

Isto impacta o *valuation* consideravelmente. Uma vez que a empresa vai crescendo, a regra geral é que seu *valuation* também seja cada vez maior. Portanto, para novos investidores, uma determinada porcentagem da empresa será cada vez mais cara. Em outras palavras, quanto mais tardia a rodada de investimento, maior será o valor de 10% da empresa para os investidores ingressantes, por exemplo.

4.2.2. Ponto de partida: o primeiro *valuation* da empresa

Quando o investidor aborda uma *startup* pela primeira vez, um dos principais questionamentos que faz é o quanto deverá investir naquela empresa – e quanto da empresa está comprando. A determinação desse valor, como observamos, é uma questão que pode ser meramente negocial ou estimada entre as partes. Dessa forma, o contrato de investimento é o documento que firmará o entendimento de qual *valuation* foi considerado no momento do fechamento daquele aporte da capital.

É por isso que é tão importante a compreensão do conceito de investimento em rodadas. Num primeiro momento, pode ser dispensável a estipulação de um valor pré-fixado do quanto em porcentagem da empresa aquele capital aportado pelo investidor representa. Por exemplo: na Série A é possível que as partes concordem que o investimento seja realizado sem maiores discussões sobre o valor da *startup* e que, posteriormente, numa Série B, o investidor da Série A adquirirá os mesmos direitos e *valuation* que o investidor da Série B. Ou seja, o dinheiro é investido e a briga sobre o *valuation* fica para a próxima rodada de investimento, a ser realizada por outro investidor.

Além da evidente vantagem relacionada ao momento da empresa em que o investimento acontece, esse cenário tem outros pontos positivos. O investidor Série A terá a conversão de seu investimento em participação societária a um valor maior do que teria caso o *valuation* fosse feito durante as negociações do próprio investimento (ou seja, na mesma Série A), já que a Série B partirá de um *valuation* maior – uma vez que o investimento anterior já foi feito e teoricamente a empresa "vale mais". O lado negativo desse mecanismo, no entanto, é que um investidor de Série B pode não concordar e não ter interesse em efetuar um investimento sabendo que um investidor de Série A adquirirá os mesmos direitos tendo "pago menos". Nesse sentido, a capacidade de negociação é o que vai determinar o sucesso ou não de uma Série B.

Para operacionalizar tal mecânica, é muito comum oferecer ao investidor da Série A um desconto na aquisição de sua participação societária após a conversão. Em outras palavras: o investidor da Série A, após converter seu mútuo em participação societária, teria direito a uma participação que levasse em conta o *valuation* estipulado na Série B ou subsequente. É uma compensação, um prêmio, concedido por ter acreditado na empresa em um estágio menos promissor, pois a *startup* ainda não havia se valorizado tanto. Na prática, o que ficaria em aberto no contrato de investimento seria o valor da participação a ser adquirida após a conversão. Assim, os contratos normalmente trazem fórmulas semelhantes a esta para o cálculo da participação societária que será adquirida pelos investidores no momento da conversão:

$$\textit{Valor da participação após a conversão} = \frac{\textit{Valor do aporte (corrigido)}}{\textit{(Valuation da próxima rodada – desconto preestabelecido entre as partes)}}$$

Além desse procedimento, também foi desenvolvida uma outra forma de proteção do investidor da Série A, denominada de *cap*. O *cap* é um teto e indica que o *valuation* da Série B não pode ser maior do que um valor preestabelecido pelo investidor da Série A. Trata-se de um mecanismo de proteção, pois o investidor da Série A garante desde o início o limite até o qual aceita ser diluído numa próxima rodada de investimento.

Supondo a seguinte situação: o investidor Série A realiza um investimento de R$ 1.000.000,00 hoje e acredita que isso pode lhe render aproximadamente 50% de participação da *startup*. Se na Série B um novo investidor investe o valor de dez milhões, a participação esperada pelo investidor Série A poderá cair para uma participação muito menor na *startup*. Dessa forma, o mecanismo de *cap*, em que se coloca o limite de *valuation* da *startup* a ser utilizado em próximas rodadas, somado ao desconto na aquisição da participação favorece esse investidor Série A para que este mantenha uma posição similar àquela que imaginava que teria quando realizou o seu investimento.

Estas são algumas considerações importantes sobre o *valuation* e o processo de investimento. É importante destacar que estabelecer o valor de uma empresa não é uma tarefa fácil e pode ser ainda mais complicada para uma *startup* em rodadas iniciais de investimento. Entender os conceitos e as implicações de um *valuation* menor ou maior é primordial para que o investimento seja feito sem surpresas.

4.3. CLÁUSULA ANTIDILUIÇÃO EM ACORDOS DE SÓCIOS

O *valuation* também pode ser o responsável pela diluição ou não dos sócios de uma *startup*. Quando uma *startup* emite novas ações ou quotas, caso os sócios existentes não utilizem seu direito de preferência (*preemptive right*) em subscrever novos títulos, estes serão diluídos. Ou seja, a participação deles, que antes valia determinada porcentagem em relação ao total de títulos emitidos pela *startup*, deixará de ter o mesmo valor, sendo diminuída a sua participação em relação a este total – já que numa nova emissão de títulos, o total aumenta.

Para evitar essa "perda" de participação, geralmente os acordos de quotistas ou acordos de acionistas contêm uma cláusula de antidiluição (*full ratchet* ou *weighted average*).

Como regra geral, esse tipo de cláusula determina as formas pelas quais o sócio controlador ou um novo investidor deve compensar o sócio minoritário ou sócios existentes contra eventual diluição de sua participação após determinadas operações societárias, tais como aumentos de capital a *valuations* menores do que a rodada da qual participou o sócio da *startup* ou quando o controlador vende sua participação acionária por preço inferior ao pago pelo acionista minoritário em seu investimento original (O'Donnel e Comissaris, s.d.).

Este tipo de cláusula pode ser operacionalizado de diversas formas, sendo as formas descritas abaixo algumas das alternativas utilizadas no mercado.

4.3.1. Desconto

No caso de uma Sociedade Anônima, é possível prever no acordo de sócios a conversão das ações preferenciais em ações ordinárias de forma a compensar a diluição no caso de ocorrência de um *down round* (Lobo; Potenza, 2016). Uma forma de viabilizar esse tipo de cláusula é oferecer ao sócio existente um desconto na aquisição das ações da nova rodada no momento de conversão de suas ações (*full ratchet*). Nessa operação, o preço de conversão das ações preferenciais anteriores à rodada é reduzido ao mesmo preço da rodada que resulta na diluição dos antigos sócios. Apesar disso, é importante verificar que um mecanismo como este pode resultar na alteração do controle ou tomada de decisão da empresa, caso a conversão seja suficientemente relevante a ponto de resultar em uma proporção maior de votos decorrentes da recém-conversão (O'Donnell e Comissaris, s.d.), uma vez que, via de regra, ações ordinárias possuem direito a voto e, as preferenciais, não[4].

Outra maneira de recalibrar as participações societárias é a utilização de uma fórmula que calcule a média ponderada da diferença entre uma rodada de investimento e outra, de forma que caso isso ocorra é possível converter as ações preferenciais em ações ordinárias a uma razão que atenda aos requisitos de restituição das porcentagens anteriores (*weighted average*). Assim como o *full ratchet*, o *weighted average* prevê a conversão das ações, porém essa conversão ocorre por meio de um cálculo diferente.

Nesse mecanismo, calcula-se o preço médio ponderado de conversão baseado no valor de investimento anteriormente realizado na *startup* e o preço da ação de referida rodada, bem como o valor do novo investimento proveniente da rodada que resulta em diluição e o consequente novo valor por ação nessa rodada. O novo preço, que sempre será inferior ao preço de emissão das ações após uma rodada de diluição, será dividido pelo preço original de emissão para determinar a razão pela qual ocorrerá a conversão de ações preferenciais para ações ordinárias (O'Donnell e Comissaris, s.d.).

---

4 Apesar disto, é possível atribuir voto a ações preferenciais, principalmente quando o Acordo de Acionistas prevê diferentes Classes de ações.

4.3.2. Desdobramento de ações

Outro mecanismo a ser utilizado no caso de Sociedades Anônimas seria o desdobramento de ações, por meio do qual uma ação é desdobrada em outras ações, a um preço que mantenha o seu valor.

Para que isso seja possível, assim, coloca-se como balizador do preço das ações a diferença entre a rodada de investimento classificada como *down round* e o preço das ações logo antes do *down round*.

4.3.3. *Down round* em Sociedades Limitadas

Os mecanismos apresentados anteriormente dizem respeito a procedimentos que podem ser tomados no caso de Sociedades Anônimas. Para o caso de parte das *startups*, no entanto, não podem ser aplicados nesses termos, uma vez que podem estar constituídas sob a forma de Sociedade Limitada.

Nesse caso, é possível alterar o valor nominal das quotas para efetuar ajustes necessários em virtude da entrada de um novo investidor que resulte em um *down round*.

4.3.4. Cessão de quotas ou ações

Independentemente do tipo societário adotado pela *startup*, é comum que *venture capitals*, aceleradoras e similares também criem mecanismos para evitar sua diluição. Em determinados casos, aceleradoras têm inserido cláusulas em seus acordos de opção de compra que obrigam os próprios fundadores a transferir suas quotas ou ações ao investidor caso este seja diluído para uma participação inferior a determinado patamar.

A questão enfrentada aqui diz respeito ao desenvolvimento da *startup* investida. Ao estabelecer uma cláusula de não diluição, o investidor pode tolher novas iniciativas de levantamento de capital, pois: *a*) a não diluição representa um problema ao fundador, como apontado acima; *b*) a não diluição pode ser inclusive incômoda a novos investidores, que enxergam nos investidores já presentes um benefício gratuito.

Dessa forma, a lógica da não diluição deveria ser evitada e não incentivada, pois vai contra os próprios objetivos de um processo de investimento. Quando cláusulas que limitam novas rodadas de investimento são impostas, o empreendedor tende a encontrar dificuldades

– logo, a sua empresa também é prejudicada, pois cresce menos. Ao mesmo tempo, tem a capacidade de reduzir significativamente o retorno possível dos fundadores por meio de mecanismos como o descrito acima. Portanto a cláusula de não diluição traz um questionamento importante: é melhor ter uma "fatia maior de um bolo menor" ou uma "fatia menor de um bolo maior"?

Essa pergunta deve ser respondida no momento da negociação do investimento. É importante destacar que, no ecossistema, os objetivos das rodadas de capital devem ser priorizados.

Portanto esse mecanismo é extremamente danoso ao fundador, uma vez que sofrerá os efeitos da diluição em dobro e tem um preço fixo (geralmente o valor nominal da ação ou quota) para efetuar a transferência desses títulos ao investidor. É imprescindível que o fundador tenha ciência dos termos e efeitos das cláusulas dos contratos que negocia com investidores.

4.4. DIMINUINDO OS EFEITOS DA DILUIÇÃO EM UM EVENTO DE AUMENTO DE CAPITAL

Independentemente dos mecanismos de proteção contratual para evitar a diluição ocasionada por um *down round*, existem outras maneiras de diminuir os efeitos de diluição societária.

Tradicionalmente, a lei já procura lidar com essa questão. Assim, tanto no caso das Sociedades Limitadas, quanto no caso das Sociedades Anônimas, existe a previsão legal de direito de preferência em rodadas de aumento de capital, justamente para que o sócio atual tenha a oportunidade de manter sua posição na participação do capital social da empresa, sem que seja diluído. Para reforçar, a Lei das Sociedades Anônimas prevê expressamente que não poderá haver diluição injustificada dos acionistas em uma rodada de aumento de capital (art. 170, § 1º da Lei n. 6.404/76).

Como neste item será abordado um mecanismo aplicável para Sociedades Anônimas, as referências a artigos, aqui, estão relacionadas à Lei que regula este tipo societário, qual seja a Lei n. 6.404/76. Uma das formas adotadas em Sociedades Anônimas para diminuir os efeitos da diluição em uma rodada de aumento de capital é a emissão de novas ações a valores mais altos do que aquelas ações já emitidas. Assim, o investimento realizado não resulta em emissão correspondente de novas ações de forma a ocasionar uma diluição relevante dos acionistas. A maneira de efetuar essa manobra é por meio do aumento do preço da ação.

Dessa forma, um valor X que compraria 100 ações da empresa a seu preço atual passaria a comprar apenas 10 ações da empresa a um valor 10X. Essa possibilidade está prevista, inclusive, no art. 12 da Lei n. 6.404/76. Ou seja, serão emitidas poucas ações da empresa, porém com valores altos.

Para que isso seja possível, no entanto, é necessário seguir algumas regras previstas na lei. Em primeiro lugar, as ações da companhia não poderão ter valor nominal, pois caso o tenham, todas as ações deverão ter o mesmo valor (art. 11, § 2º). Dessa forma, caberá à Assembleia Geral ou ao Conselho de Administração, caso exista, a determinação do valor das ações em uma emissão (art. 14).

Em segundo lugar, a fixação do preço das ações em uma emissão deverá ter embasamento em pelo menos um dos seguintes itens (art. 170, § 1º): (i) perspectiva de rentabilidade da companhia; ou (ii) o valor do patrimônio líquido da ação. Seria possível também adotar o valor da cotação em bolsa das ações, porém sabemos que no Brasil a cotação em bolsa de ações emitidas por *startups* é raríssima. Assim, a proposta de aumento de capital deverá esclarecer qual o critério adotado e justificar os aspectos econômicos que determinaram a sua escolha. Seria relativamente simples, portanto, utilizar o mecanismo da rentabilidade esperada da companhia utilizando projeções futuras de seus rendimentos para justificar referida emissão.

Além disso, é possível seguir outra estratégia que consiste em atrasar os efeitos da diluição, de forma que os acionistas atuais da *startup* poderiam utilizar referido período para angariar recursos para investir na empresa e manter sua porcentagem de participação no seu capital social. Conforme o art. 14, parte dos recursos a serem investidos na companhia podem ser destinados à reserva de capital, de forma a não gerar a emissão de novas ações, evitando assim a diluição. Apesar disso, esses valores deverão ser utilizados ao final de um exercício social, para: resgate ou amortização de ações existentes (art. 44); compensação de prejuízos do exercício; resgate, reembolso ou compra de ações; resgate de partes beneficiárias; incorporação ao capital social; pagamento de dividendos a ações preferenciais (art. 200).

Além de todas as medidas elencadas até este ponto, também é possível que o acordo de sócios ou de acionistas estabeleça que uma nova rodada de investimento não poderá ser realizada abaixo de determinado valor, assim evitando uma hipótese de *down round*. Em princípio, também seria possível prever a manutenção de determinada porcentagem a um investidor até um evento de liquidez[5], porém isso pode ser prejudicial à obtenção de novas rodadas de financiamento da *startup*.

4.5. TROCA DE AÇÕES (*EXCHANGE OF SHARES*)

Como mencionado anteriormente, é comum que durante a fase de obtenção de escala uma *startup* passe a efetuar operações de fusão e aquisição. Inclusive, como descrito neste capítulo, essa é uma das razões que ensejam a realização de uma rodada de investimentos do tipo Série C, por exemplo.

Em virtude da ausência de fundos para efetivamente adquirir seu concorrente, uma prática bastante comum entre as *startups* é que aquela que possui mais recursos ou um *valuation* maior ofereça como parte da consideração pela compra de sua concorrente as suas ações ou quotas para que a *startup* adquirida venha a se tornar sócia.

Ou seja, o que efetivamente ocorre é uma troca de ações ou quotas para viabilizar uma aquisição. Nessas ocasiões o *valuation* desempenha um papel essencial, uma vez que determinará o montante a ser pago em dinheiro de uma *startup* para outra (caso haja), mas também a proporção de ações ou quotas da *startup* compradora a serem ofertadas para os sócios da *startup* adquirida.

4.6. *SHOTGUN CLAUSE*

O *valuation* também terá um impacto expressivo no momento de saída de um sócio. Quando houver um sócio retirante, a empresa

---

5 Um evento de liquidez é entendido como aquele evento que resulta na criação de valores a serem distribuídos entre os donos de títulos representativos do capital social de uma empresa. Um exemplo seria a venda da empresa (fusão ou aquisição), oferta pública de ações em bolsa de valores (O'Donnell e Comissaris, s.d.) ou qualquer outra transação que resulte em uma expressiva geração de recursos capazes de oferecer liquidez aos investimentos realizados pelos investidores da empresa.

deverá levantar um balanço patrimonial especialmente criado para a liquidação da participação daquele sócio, levando em consideração a sua situação patrimonial (art. 1.031 do Código Civil).

Apesar disso, alguns sócios costumam incluir uma cláusula denominada *shotgun* nos seus acordos de sócios. Por meio dessa cláusula, geralmente aplicável nos casos de desentendimento entre sócios e desejo de retirada, um sócio adquire o direito de comprar a participação do outro a um determinado preço e condições caso haja um impasse entre eles não resolvido dentro de determinado período de tempo. O outro sócio, por sua vez, adquire o direito de vender essas ações ou, ainda, comprar as ações do sócio que lhe propôs a compra em primeiro lugar pelo mesmo preço e condições. De qualquer maneira, o resultado final é que um dos sócios sairá da sociedade e o outro permanecerá.

Esse tipo de cláusula pode se tornar um grande problema caso um dos sócios tenha maior poder aquisitivo do que outro. Nessa situação, aquele com maior poder aquisitivo poderá lançar uma oferta inferior ao real *valuation* da *startup* sabendo que o outro sócio não terá fundos suficientes para comprar a sua participação societária.

Contudo essa disparidade pode ser mitigada. Uma maneira de limitar tal efeito seria estipular um *valuation* mínimo para garantir que a oferta feita pelo investidor com maior poder aquisitivo não seja irrisória, ainda que aquele com menor poder aquisitivo não tenha fundos para adquirir a participação do outro sócio de acordo com referido *valuation*.

4.7. A IMPORTÂNCIA DA *DUE DILIGENCE* PARA O *VALUATION*

Antes de uma operação de fusão e aquisição (M&A) de empresas ou preliminarmente a um processo de investimentos, é comum que a parte compradora ou investidora efetue uma análise – uma verdadeira auditoria – de todas as informações da empresa-alvo da aquisição, processo ao qual se dá o nome de *due diligence*. Tratamos de forma mais detalhada desse procedimento no Capítulo 2 deste livro. Aqui, analisaremos sua importância para o *valuation* da empresa.

Essa auditoria, dependendo do que constatar, pode ser uma razão para que as partes envolvidas na transação revejam ou ajustem o *valuation* da empresa a ser adquirida ou investida, com base em passivos revelados ao longo do processo e que, inicialmente, não haviam impactado o *valuation* que o comprador ou investidor estava disposto a pagar pela empresa-alvo. Assim, antes de ingressar num processo de M&A ou investir em uma *startup*, é importante que sejam tomadas todas as precauções possíveis. Exemplos da relação entre *due diligence* e *valuation* podem inclusive ser encontrados no Judiciário:

> Em defesa, os embargantes, afirmaram que (...) os executados não cumpriram com sua parte no contrato, haja vista (...) que omitiram a existência de inquérito civil em trâmite perante o Ministério Público, bem como em decorrência de irregularidades financeiras da empresa. (...) As tratativas prévias entre as partes por e-mail dão o tom de negociações, discernimento e o conhecimento dos promitentes compradores quanto ao valor de mercado do estabelecimento (fls. 163/164), como traduz o Relatório da "Due Diligence Ecomotion", que, em cenário desfavorável, os riscos do negócio aos compradores não iria haver (TJSP, Apelação n. 1118133-87.2014.8.26.0100, Relator Hélio Nogueira, Dj. 04/08/2016).

Apesar de existir a necessidade da boa-fé pré-contratual, sob a qual entende-se que uma parte tem o dever de informar quaisquer questões que possam afetar negativamente o negócio proposto entre as partes que desejam efetuar uma transação, a parte compradora/investidora também tem o ônus de minimamente verificar a veracidade daquilo que lhe foi apresentado. A *due diligence* se mostra mais uma vez, portanto, como um mecanismo bastante eficiente para prever contingências.

4.7.1. Responsabilidade sobre informações do negócio

Em princípio, a ausência de boa-fé no momento preliminar da contratação pode resultar na invalidade do contrato por motivos de erro ou dolo, mas também é objeto de responsabilização civil. Dessa maneira, como um contrato pressupõe a livre disposição da vontade das partes, e a vontade de uma das partes tem como principal influência as informações que ela possui daquele negócio jurídico que se pretende celebrar, a parte que possui referida informação capaz de influenciar a decisão a ser tomada pela outra parte tem o dever de informá-la (Soder, 2013). Caso não o faça, sob a lógica do art. 422 do Código Civil, a parte tem responsabilidade objetiva por não ter agido com boa-fé. Assim, quaisquer prejuízos decorrentes da celebração daquele negócio jurídico poderão ser objeto de responsabilidade civil pela violação de referida norma, conforme pode se depreender das regras gerais de responsabilidade civil.

Aquele que, por ação ou omissão voluntária viola direito e/ou causa dano a alguém, tem o dever de repará-lo, assim como tem o dever de reparar aquele que gera dano por ato ilícito (arts. 186 e 927 do Código Civil). Neste caso, a omissão de informação essencial às negociações ainda numa fase em que inexistente o contrato é um ilícito civil e causa dano, motivo pelo qual há o dever de reparação quando ausente a boa-fé na fase pré-contratual. Note-se que sob essa ótica, a boa-fé é objetiva, de forma que o simples fato de não informar já resulta na ausência de boa-fé e, consequentemente, na necessidade de reparação do dano causado a partir de referida conduta.

Tratando exatamente sobre a compra e venda de uma empresa em que uma informação crucial para o negócio não foi revelada pela parte vendedora à parte compradora, o juiz Hamid Bdine tratou sobre a boa-fé objetiva pré-contratual:

> (...) era ônus dos vendedores, de acordo com a boa-fé objetiva, indicar pormenorizadamente as opções realizadas na administração da Integral, incluindo-se as estratégias adotadas a título de elisão fiscal. (...) não se pode concluir que a conduta dos autores tinha como objetivo verdadeiro forjar um passivo, mas era dever deles informar aos vendedores as estratégias adotadas. (...) Os vendedores feriram sua obrigação implicitamente estabelecida no contrato quando não informaram pormenorizadamente todas as estratégias adotadas na administração da Integral Saúde, mesmo que não houvesse dúvidas de que se tratava de regular planejamento tributário (TJSP, Apelação n. 1066058-37.2015.8.26.0100, Rel. Hamid Bdine, Dj. 15/03/2017).

4.7.2. Ônus da *due diligence*

Por outro lado, apesar do dever de informação sob as regras da boa-fé objetiva no caso acima, também cabe ao comprador tomar as precauções mínimas no momento de adquirir a empresa, por meio de uma *due diligence*. Como mencionado anteriormente, não basta simplesmente que uma parte tenha o dever de informar corretamente a outra sobre as questões do negócio a ser celebrado. Entende-se que, se uma parte está interessada em celebrar um negócio jurídico e necessita formar sua opinião para tanto, deve tomar ao menos o mínimo de cuidado e se esforçar minimamente para que seja possível chegar a essa decisão. Dessa maneira, caberia ao comprador também demonstrar que tomou todos os cuidados possíveis para que o negócio jurídico fosse celebrado, fazendo-o de maneira informada.

> Por outro lado, como já dito anteriormente, também caberia aos compradores realizar a due diligence antes da finalização do negócio, porque também detinham o ônus de adotar cautelas suficientes para que pudessem aferir a correta situação da empresa (TJSP, Apelação n. 1066058-37.2015.8.26.0100, Rel. Hamid Bdine, Dj. 15/03/2017).

Por essa razão, caso o comprador com o ônus de realizar a *due diligence* não o tenha feito, poderá ter prejudicado seu direito de reaver valores eventualmente pagos por um *valuation* inflacionado da empresa-alvo de uma aquisição que não levava em consideração passivos que, de outra forma, poderiam ter sido descontos do valor de aquisição caso houvesse sido tomado o mínimo de cuidado no momento da transação.

Referências do Capítulo

BUSSGANG, J. Raising startup capital – Case Study. *Harvard Business Review*, Cambridge, 2014.

COOTER, R. Innovation, Information and The Poverty of Nations. *Florida State University Law Review*, v. 33, 2005, p. 373-394.

CUMMING, D.; JOHAN, S. A. *Venture Capital and Private Equity Contracting:* an International Perspective. Burlington: Elsevier, 2009.

FESTEL, G.; WUERMSEHER, M.; CATTANEO, G. Valuation of Early Stage High-Tech Start-up Companies. *International Journal of Business*, n. 18, v. 3, 2013, p. 217-231.

FUNDAÇÃO DOM CABRAL. *Causas da Mortalidade de Startups Brasileiras.* Belo Horizonte: Fundação Dom Cabral, 2014.

HALL, R. E.; WOODWARD, S. E. *The Quantitative Economics of Venture Capital.* 2007. Disponível em <www.web.stanford.edu/~rehall/QEVC012707.pdf>. Acesso em: 7 maio 2017.

KOLLER, T.; GOEDHART, M.; WESSELS, D. *Valuation:* Measuring And Managing The Value Of Companies. 4. ed. Nova Jersey: John Wiley & Sons, 2005.

LEE, A. *Welcome to the Unicorn Club:* Learning From Billion-Dollar Startups. Disponível em: <www.techcrunch.com/2013/11/02/welcome-to-the-unicorn-club/>. 2013. Acesso em: 7 maio 2017.

LOBO, C. A.; POTENZA, G. P. Investimentos Venture Capital e Private Equity: Considerações práticas e jurídicas. In: BOTREL, S.; BARBOSA, H. *Finanças corporativas:* Aspectos Jurídicos E Estratégicos. São Paulo: Atlas, 2016.

MESSICA, A. The Valuation Of Cash-Flowless High-Risk Ventures. *Journal of Private Equity,* v. 11, n. 2, 2009, p. 43-48.

O'DONNELL, M. J.; COMISSARIS, A. T. *The Venture Capital Anti-Dilution Solution.* Disponível em: <http://goo.gl/TjcV6G>. Acesso em: 8 maio 2017.

SAHLMAN, W. A. The Structure and Governance of Venture-Capital Organizations. *Journal of Financial Economics,* n. 27, 1990, p. 473-521.

SALAMA, B. M. *O fim da responsabilidade limitada no Brasil:* História, Direito e Economia. São Paulo: Malheiros, 2014.

SODER, R. M. Responsabilidade Pré-Contratual no Código Civil Brasileiro: Apontamentos. *Revista Magister Direito Empresarial, Concorrencial e do Consumidor,* v. 48, 2013, p. 81-99.

Capítulo 5

Startups e propriedade intelectual

5.1. Considerações preliminares; 5.2. Propriedade intelectual das start-ups*; 5.2.1. Propriedade industrial; 5.2.1.1. Marcas; 5.2.1.2. Patentes; 5.2.1.3. Registro de* software*; 5.3. Marco Legal da Ciência, Tecnologia e Inovação.*

5.1. CONSIDERAÇÕES PRELIMINARES

Os aspectos jurídicos que permeiam as atividades das *startups* não se limitam apenas aos atos de constituição societária e de alavancagem de capital para o desenvolvimento pleno de suas atividades. *Startups,* como exposto anteriormente (v. Capítulo 1 da presente obra) oferecem produtos ou serviços em processo de inovação disruptiva (Bower; Christensen, 1995). Isso significa dizer que tais entidades tendem a lançar no mercado produtos e serviços totalmente inéditos e que potencialmente poderão quebrar paradigmas já consolidados.

Essa gama de produtos e serviços absolutamente diferentes, característicos das inovações disruptivas, geralmente apresentam reflexos particulares do ponto de vista da propriedade intelectual. Observa-se que tais tecnologias, no momento de seu surgimento, não necessariamente são melhores que as anteriores; são tipicamente mais baratas, simples, menores e, frequentemente, mais convenientes (Christensen, 1997).

Desta forma, o aparecimento de tecnologias inovadoras que impactam expressiva parte de determinado mercado já consolidado – ou até criam novos mercados – possui consequências jurídicas relevantes. Por esse motivo, a criação de novos serviços e produtos demanda um sistema de proteção à propriedade intelectual eficiente. *Startups* necessitam de marcos legais capazes de proteger a autoria do desenvolvimento de seus produtos ou serviços, uma vez que são totalmente novos; por exemplo, temos as patentes, que na realidade das *startups* servem como armas importantes para a atração de investimentos e para aumentar as chances de uma futura venda de toda a empresa (Schielman; Graham, 2010).

Considerando que *startups* são empresas peculiares, cujos ativos mais valiosos possuem características de intangibilidade, resta a seguinte indagação: sob quais aspectos podemos considerar a proteção de sua propriedade intelectual? O presente capítulo intenciona analisar como o direito brasileiro lida com as consequências jurídicas de produtos e serviços inovadores produzidos por *startups*, sob a ótica do direito de propriedade intelectual.

5.2. PROPRIEDADE INTELECTUAL DAS *STARTUPS*

Ativos intangíveis, de acordo com Lev (2005) são fontes incorpóreas de benefícios futuros. Em outros termos, esses bens são itens valiosos de propriedade de determinada empresa, que não possuem concepção física ou tocável. Um prédio de propriedade de uma empresa, por exemplo, é um ativo tangível; o conhecimento adquirido ao longo de sua vida, contudo, é um bem intangível. Por conta da natureza inerente das *startups*, cujo valor está concentrado no oferecimento de um produto ou serviço inovador e altamente especializado, é comum afirmar que os ativos intangíveis são, dessa forma, os bens mais valiosos de tais empresas (Peneder, 2012).

A propriedade intelectual é um exemplo de ativo intangível. De acordo com Duening, Hisrich e Lechter (2015), esta pode ser considerada como bem intangível que resulta da criatividade, inovação, *know-how* e reputação de determinada empresa. Assim, quando considerada sob a ótica das *startups*, a propriedade intelectual pode ser tida como uma de suas bases para uma vantagem competitiva; é, dessa forma, uma das responsáveis pelo sucesso de uma empresa nascente (Duening; Hisrich; Lechter, 2015).

> PI [Propriedade Intelectual] é particularmente importante para *startups* e empreendimentos emergentes. Para um negócio ser bem-sucedido, ele precisa possuir vantagem competitiva; algum de seus aspectos – sua operação, produto ou serviço – precisa ser (ou, pelo menos, parecer para o mercado) como unicamente melhor ou diferente, em comparação com os mesmos aspectos das empresas concorrentes. Isto é particularmente verdade para uma empresa *startup* em um mercado com competidores já estabelecidos (e bem financiados). Um sucesso sólido demanda uma vantagem competitiva bem sustentada. Tal vantagem competitiva, em

> empresas de tecnologia, quase sempre deriva de certa forma de PI. Sem a base legal apropriada para proteger direitos de PI, entretanto, os competidores estarão aptos a legitimamente se apropriarem ou copiarem as peculiaridades [das empresas *startups*] e a vantagem competitiva se perderá (Duening; Hisrich, Lechter, 2015, tradução nossa[1]).

Deste modo, é imprescindível destacar a significativa relevância da proteção de propriedade intelectual para *startups*. Em relação a produtos ou serviços oferecidos, seu diferencial é essencialmente a inovação propriamente dita. Logo, protegê-lo é de suma importância para que uma empresa neste ponto não tenha seu produto ou serviço copiados por outra empresa já consolidada, o que ocasionaria uma perda precoce irreparável à *startup* e uma dificuldade ainda maior que *startups* enfrentariam para serem competitivas no mercado.

Para Celia Lerman (2015), a estratégia de uso do sistema de patentes afeta diretamente o crescimento econômico das *startups*. Por meio de dados obtidos em pesquisa empírica, conclui que empresas que protegeram a propriedade intelectual relacionada a seus serviços ou produtos em estágios iniciais estiveram mais aptas a receber financiamento total de suas atividades (Lerman, 2015). Em adição, a pesquisa demonstra que a maioria das *startups* analisadas realizou o processamento de suas patentes antes mesmo de receber qualquer tipo de financiamento externo – o que demonstra que o bem da propriedade intelectual é altamente valorizado por essas empresas, apesar dos custos considerados como necessários para o processamento de um registro de patente (Lerman, 2015). Assim, é possível perceber a importância de se ter a propriedade intelectual bem pro-

---

1 Texto original: *"IP is particularly important to startup and emerging ventures. For a venture to succeed it must have a competitive advantage; some aspect of the venture—its operations, product, or services—must be (or at least must be perceived in the market to be) unique, better, or distinctive in comparison to that of the competition. This is particularly true for a start-up venture in a market with already established (and well-financed) competitors. Sustained success requires a sustained competitive advantage. Sustainable competitive advantage for technology companies almost always derives from some form of IP. Without the appropriate legal foundation to protect IP rights, however, competitors will be able to legitimately appropriate or copy the feature, and the competitive advantage will be lost."* (Duening; HIsrich, Lechter, 2015)

tegida, visto que tal prática é amplamente valorizada por investidores ao decidirem aportar capital em empresas inovadoras (Lerman, 2015).

Ainda no que tange à realidade das *startups*, Armitage et al. (2016) demonstram que as questões relacionadas à propriedade intelectual dessas empresas não somente são expressas nas patentes que produzem. Ao coletar dados do *Startup Legal Garage*, projeto que atende juridicamente *startups* recém-fundadas na Califórnia, aferiu-se que 64% das empresas aconselhadas apresentavam problemas relacionados à propriedade intelectual de maneira geral, alheios ao patenteamento de novas tecnologias. Desta forma, segundo Armitage et al. (2016) tais problemas apresentados[2] foram: elaboração de Termos de Serviços (50%) ou Políticas de Privacidade (33%), questões de Marca Registrada (21%) e estabelecimento de direitos de cópias, ou *copyrights* (10%).

A propriedade intelectual desempenha papel relevante no desenvolvimento econômico, sendo que o estabelecimento de sistema eficiente que a proteja é fator que leva à atração de novas tecnologias e, consequentemente, o crescimento econômico de determinado país (Barral; Pimentel, 2007). Entretanto não somente a proteção da propriedade intelectual como bem intangível é que deve ser valorizada. Também desempenha papel importante nesse regime a existência de mecanismos de transferência de tecnologia, para promover, assim, o aproveitamento da inovação (Pimentel; Barral, 2007). Em consequência, a proteção ao surgimento de algumas tecnologias específicas, como *softwares*, por exemplo, também tende a impulsionar o desenvolvimento econômico (Areas, 2007).

Ante o exposto, o incentivo à inovação como fator de desenvolvimento econômico é característica intrínseca do sistema de proteção à propriedade intelectual. O Acordo TRIPs (*Agreement on Trade-Related Aspects of Intellectual Property Rights*), ratificado pelo Brasil e em vigor no país pelo Decreto n. 1.355/94, determina em seu art. 7 que:

> A proteção e a aplicação de normas de proteção dos direitos de propriedade intelectual devem contribuir para a promoção da inovação tecnológica e para a transferência e difusão de tecnologia, em benefício mútuo de produtores e usuários de conhecimento tecnológico e de uma

---

2 Porcentagem obtida em relação ao total de empresas atendidas pelo projeto.

forma conducente ao bem-estar social econômico e a um equilíbrio entre direitos e obrigações.

Observa-se que promover a inovação é objetivo primário do sistema de proteção da propriedade intelectual. Portanto é inegável que a propriedade intelectual desempenha papel relevante nas atividades das *startups* que, por sua natureza, introduzem em mercados consolidados produtos ou serviços inovadores. Diante de tais considerações, cabe questionar: em termos operacionais, como se dá a devida proteção à propriedade intelectual dessas empresas?

A resposta para essa questão é o que se pretende expor no presente item. Os sistemas de proteção à propriedade intelectual são baseados em normas jurídicas. Por assim ser, o Direito se comporta como verdadeiro balizador da proteção à inovação das empresas. Barral e Pimentel (2007) ainda amplificam essa acepção: consideram que o direito à propriedade intelectual, se efetivo, compreende cinco planos: o Legislativo, o Executivo, o Judiciário, os operadores e aplicadores do Direito e os agentes econômicos.

Do ponto de vista jurídico, é possível dizer que o sistema de proteção à propriedade intelectual abarca alguns grandes grupos de direitos, relativos ao objeto que se pretende proteger. De acordo com Severi (2013), são eles: (i) os direitos autorais (relativos às obras artísticas e científicas, dentre outros); (ii) a propriedade industrial (que compreende as patentes, as marcas, modelos e desenhos industriais, as indicações geográficas, o segredo Industrial e a repressão à concorrência); e (iii) programas de computadores ou *softwares*[3]. Ainda segundo a autora, alguns outros objetos também gozam de proteção especializada, como os cultivares, conhecimentos tradicionais e topografias de circuitos fechados, por exemplo (Severi, 2013).

Voltando à realidade das *startups*, é preciso delimitar em que pontos a propriedade intelectual tange esses negócios. No entanto, há que se fazer a ressalva inicial de que a depender da atividade executada por determinada empresa, algumas considerações específicas deverão ser elucubradas. Nesse sentido, é possível classificar a ativi-

3 Os conceitos doutrinários de programas de computadores e *softwares* não se confundem. Tal diferenciação é abordada oportunamente neste mesmo capítulo.

dade de determinada *startup* tendo por fundamento critérios que consideram o setor em que a empresa atua.

Para citar alguns exemplos: há expressiva parcela das *startups* que se destacam por oferecerem serviços de tecnologia, conhecidas como *Tech Companies* (Armitage et al., 2016). Dentro do setor de tecnologia, entretanto, podem haver subgrupos, tais como *startups* de biotecnologia, as *BioTech Companies* (Armitage et al., 2016) ou de serviços de tecnologia aplicados ao setor financeiro, conhecidas como *FinTech Companies* (Timms, 2015). Outro exemplo de setor em que há expressões da atividade de *startups* é o setor de transportes de passageiros. No entanto, para se estudar a propriedade intelectual de determinada *startup*, a análise deve ser mais ampla: cabe aqui compreender o que será, de fato, protegido pelo sistema legal de propriedade intelectual. Nesse sentido, podem se proteger as marcas da empresa, bem como os elementos relacionados ao produto ou serviço da *startup*.

No que diz respeito às marcas, salienta-se que é inegável que estas são um dos fatores mais relevantes para tais empresas. É impossível ignorar o impacto que o "nome" ou até mesmo a logomarca, ou o logotipo, possuem para grande parte dessas empresas. A respeito do produto ou serviço das *startups*, é interessante destacar que, além de inovador, este é concretizado por meio do desenvolvimento de um objeto ou de meios para utilização desse objeto (sistema). Ou seja, o produto/serviço da *startup* pode ser representado tanto por um *hardware* ou um *software*. Para melhor compreender a diferença entre ambos, a seguir é expressa simples conceituação dos termos:

> O hardware é a parte física integrada por placas de vídeo, memórias, processadores, chips e tudo mais que o usuário pode tocar. Podemos chamar de corpo da máquina e é aplicada tanto para computadores, notebooks, celulares, câmeras, robôs e mais.
>
> Já o software pode ser entendido como a "mente" que comanda a máquina, composta por elementos que não são palpáveis. Ele é formulado por meio de códigos e combinações para funcionar da maneira ideal. Então, os sistemas operacionais, como Windows, Mac OS, Android, iOS são softwares, cada um formulado à sua maneira (Mannara, 2015).

Assim, o desenvolvimento de novos produtos ou serviços pela *startup* pode promover tanto a entrada de um novo objeto material no mercado (*hardware*), quanto um objeto imaterial, intangível, que torna possível a utilização do anterior (*software*). Para que não reste dúvida, ainda que a *startup* ofereça serviço, e não produto, este pode, ao menos, depender de um *software* para operar – como um aplicativo de celular, por exemplo[4]. Logo, mesmo que a *startup* seja baseada em serviços e não produtos em si, é possível dizer que seu objeto muitas vezes necessita de um veículo para ser explorado, seja este determinado *hardware* ou *software*.

Entender a diferença entre esses conceitos é fundamental para o estudo da proteção da propriedade intelectual aplicada às *startups* no Brasil. Isso porque a legislação do país apresenta regimes completamente diferentes aos objetos em questão – enquanto o *hardware* tipicamente é protegido por institutos e normas de propriedade industrial, o *software* possui regime próprio[5]. Logo, se as *startups* podem produzir tanto *hardware* quanto *software*, estas devem atentar para o fato de que a proteção a estes bens no Brasil se dá de maneira totalmente distinta.

Para estudar a proteção à propriedade intelectual de *startups* no Brasil, dessa forma, subdividir-se-á o presente item nos dois pontos que seguem: primeiro, serão tratados os aspectos relacionados com a propriedade industrial em geral; num segundo momento, das marcas; posteriormente os temas relacionados com as patentes; e, por fim, como o *software* é protegido pelo ordenamento jurídico brasileiro, especialmente no que tange à sua autoria.

---

4 Para facilitar a compreensão, seguem exemplos: dentre empresas que oferecem um produto inovador no formato de *hardware:* a Foldimate é uma *startup* israelense que desenvolveu um eletrodoméstico que lava, seca, passa e dobra roupas (v. https://foldimate.com); dentre empresas que oferecem produtos inovadores em formato de *software:* a Mais Leitos é uma *startup* brasileira que criou um *software* de gestão de hospitais, calculando uma média de internações e evitando permanência desnecessária ou desaconselhável de pessoas internadas (v. www.maisleitos.com.br/); já dentre empresas que oferecem serviços que operam necessariamente através de um *hardware* ou um *software*: a Reboque.Me permite que usuários busquem caminhões guincho nas redondezas caso tenham algum problema com o próprio carro (www.reboque.me).

5 É necessário ressalvar que os conceitos técnicos-doutrinários de *softwares* e programas de computadores não equivalem. Para fins de compreensão prática, aqui não se faz tal diferenciação, que será abordada no item 5.1.1.2 do presente trabalho.

5.2.1. Propriedade industrial

A propriedade industrial é um dos ramos de proteção à propriedade intelectual no Brasil, paralelamente aos direitos autorais, os programas de computadores, e outros tipos de proteção *sui generis*, ou seja, específicos para certos tipos de objetos (Severi, 2013). No ordenamento jurídico pátrio, a proteção à propriedade industrial é regida pela Lei n. 9.279/96, conhecida como "Lei da Propriedade Industrial" (ou simplesmente LPI). Seu conceito está descrito no art. 2º da mencionada norma, que assim estabelece: a propriedade industrial abarca as patentes, os desenhos industriais, as marcas, as indicações geográficas e a repressão à concorrência desleal (incisos I a V). No entanto, sua origem é de cunho constitucional. O art. 5º da CRFB/88 prevê, em seu inciso XXIX, que a:

> lei assegurará aos autores de inventos industriais privilégio temporário para sua utilização, bem como proteção às criações industriais, à propriedade das marcas, aos nomes de empresas e outros signos distintivos, tendo em vista o interesse social e o desenvolvimento tecnológico e econômico do país.

Assim, nota-se que a proteção à propriedade industrial no Brasil é uma garantia constitucional, e a própria Constituição Federal de 1988 reconhece tal sistema como importante propulsor do desenvolvimento tecnológico do país (Barbosa, 2010).

Na prática, o maior interesse das *startups* na proteção à propriedade industrial diz respeito à concessão de marcas e de patentes, sendo certo que tal objetivo se justifica pelo diferencial competitivo que a proteção da propriedade intelectual oportuniza. Para as marcas, o valor está em ser facilmente identificada. Por sua vez, a patente proporciona segurança contra o uso indevido daquela tecnologia.

Uma vez que as *startups* possuem diferenciais relacionados à característica inovadora de seus produtos ou serviços, a proteção dos aspectos que as distinguem em relação ao restante do mercado é fator de grande importância para os empreendedores.

5.2.1.1. *Marcas*

O nome é um dos primeiros atos de concretização de uma ideia. Nomear algo ou alguém é um ato de individualização e até mesmo de afeto. Um cachorro, por exemplo, é apenas mais um cão até se tornar o "Rex". Com *startups*, a perspectiva é a mesma. O ato de "batismo" da empresa é, em primeira instância, uma forma de tornar a ideia mais concreta e também uma forma de identificação. No primeiro momento, a identificação tem um aspecto interno, para o grupo de fundadores, amigos, familiares, primeiros investidores e parceiros. No entanto, na medida em que o projeto avança, o nome passa a ter um valor mais simbólico, caracterizando dessa forma a empresa ou o produto. Nesse momento a marca passa a ter uma importância muito relevante.

Do ponto de vista do mercado das *startups*, é importante entender a relevância de possuir direitos sobre a sua própria marca, principalmente para investidores. Essa noção esbarra no conceito de ativos intangíveis, apresentado mais cedo neste Capítulo, e seu especial valor para empresas nascentes inovadoras. A possibilidade de identificação com uma marca, principalmente pelos clientes, é um bem muito valioso para a empresa, que consegue destacar-se das demais. Em um exemplo prático: desde sua fundação, o "passarinho" do Twitter é utilizado para sua identificação. Hoje, tornou-se tão conhecido que sistemas operacionais de celulares já adotaram a identidade visual como um botão para acesso rápido às funcionalidades do microblog. Para a empresa, isso é algo extremamente positivo, pois não só os clientes têm acesso rápido aos serviços da empresa, quanto os investidores sabem que aquela marca já se tornou um ícone e é, portanto, automaticamente associada aos serviços da empresa em que investiram.

Dessa forma, se a *startup* busca escalabilidade de seus produtos/serviços, é necessário ter uma marca forte para identificar a origem desses produtos/serviços perante os usuários. Somente dessa maneira o público poderá buscar pelos produtos/serviços ofertados por determinada *startup*, em vez daqueles produzidos ou fornecidos por qualquer outro agente de mercado. Vejamos novamente o exemplo do Twitter: em uma situação hipotética há a empresa XPTO.inc, que oferece um microblog tão bom quanto o Twitter, mas cuja marca não é tão forte. Se um cliente desejar se cadastrar em um microblog e tiver duas opções representadas por suas marcas, o passarinho e o nome XPTO, ele irá escolher o passarinho, pois associa este ao Twitter e já sabe tudo que ele representa.

Ciente dos valores que as marcas possuem, o investidor necessita ter a certeza de que, ao investir em determinada *startup*, esta possui os direitos sobre o elemento identificador da origem desses produtos (ou seja, a marca) para que ela possa explorar a atividade que pretende explorar visando a economia em escala. Por essa razão, a proteção de marca é especialmente relevante no mercado de *startups*.

No Brasil, de acordo com a legislação vigente, a propriedade da marca só é adquirida pelo seu registro no órgão competente. Ou seja, só possui efetivamente os direitos em relação à marca, inclusive de uso exclusivo em todo o território nacional, aquele que procede com os devidos procedimentos burocráticos de depósito junto ao INPI. Dessa forma, a eventual falta de registro ou a perda do direito podem acarretar riscos muito relevantes, dentre os quais se destaca a impossibilidade do uso exclusivo de determinada marca pela *startup*.

O vocábulo "marca", em sua acepção anglo-saxônica (*brand)*, tem origem na palavra escandinava que significa "queimar" — uma vez que a prática de marcar o gado desde a Antiguidade, ou seja, queimar os animais com insígnias que comprovassem a identificação do efetivo proprietário, permitiu que o termo passasse a assumir a significação que hoje conhecemos. Ou seja, marca, em sua raiz etimológica, significa criar distinção de determinado produto, bem ou serviço.

Quem gere os depósitos e consequentes registros de marca no Brasil é o Instituto Nacional da Propriedade Industrial — INPI. Criado em 1970, é uma autarquia federal vinculada ao Ministério do Desenvolvimento, Indústria e Comércio Exterior — MDIC. É o responsável pelo aperfeiçoamento, disseminação e gestão do sistema brasileiro de concessão e garantia de direitos de propriedade intelectual para o mercado em geral. Entre os serviços oferecidos pelo INPI, estão os registros de marcas, desenhos industriais, indicações geográficas, programas de computador e topografias de circuitos, as concessões de patentes e as averbações de contratos de franquia e as distintas modalidades de transferência de tecnologia. Na economia atual, esses direitos se transformam em diferenciais competitivos, estimulando o surgimento constante de novas identidades e soluções técnicas, como mencionamos acima. Feitas essas considerações, resta responder o seguinte questionamento: o que pode ser identificado como marca?

De acordo com o direito brasileiro, são suscetíveis de registro como marca os sinais distintivos visualmente perceptíveis, não compreendidos nas proibições legais. Dessa forma, é considerada marca de produto ou serviço aquela usada para distinguir um produto ou serviço de outro idêntico, semelhante ou afim, de origem diversa. Ou seja, a marca é um meio de informar ao público a origem de determinado serviço ou produto, possibilitando ao público distinguir a origem do mesmo.

Tema de grande importância em relação ao direito marcário diz respeito ao lapso temporal que se observa entre o início da utilização fática da marca e o seu efetivo depósito e posterior registro. Logicamente, é possível que determinada empresa ou indivíduo deposite marca semelhante a signo distintivo que já está sendo utilizado por outrem, mas que por sua vez não procedeu com o regular depósito junto ao INPI. Em tais hipóteses, deve ser ofertada proteção àquela pessoa ou empresa que efetuou o devido depósito. A essa lógica se deu o nome de "princípio da anterioridade" que, inclusive, está previsto na LPI. No entanto, existe uma exceção conferida àquela pessoa ou empresa que, por alguma razão, utilizava o signo distintivo, mas não realizou o pedido de registro. Em tais hipóteses, o usuário da marca sem o devido registro possui o direito de precedência, podendo assim reivindicar os direitos sobre aquele signo distintivo, desde que utilizado por pelo menos seis meses antes do depósito realizado por um terceiro (art. 129, § 6º, LPI). Dessa maneira, o detentor de um direito de precedência possui o direito de anular a marca de terceiro que solicita um registro de um mesmo signo distintivo.

Dentro dessa definição maior de "marca", existe um instituto chamado "marca de certificação", conceituada como aquela usada para atestar a conformidade de um produto ou serviço com determinadas normas ou especificações técnicas, notadamente quanto à qualidade, natureza, material utilizado e metodologia empregada. Além disso, também existe a "marca coletiva", entendida como a que é usada para identificar produtos ou serviços provindos de membros de uma determinada entidade. Por fim, ainda existe a "marca de alto renome", sendo aquela marca que obtém proteção em todos os tipos de atividade, após registrada, por ser uma marca notoriamente conhecida no mercado (art. 123, LPI).

É importante notar que um pedido de depósito de marca é realizado com um escopo determinado, voltado para determinada atividade. Assim, caso a atividade da *startup* não tenha relação com o segmento em que ela busca proteção de marca, não será possível obter a proteção. Da mesma forma, exceto no caso de uma "marca de alto renome", o que é bastante difícil de ocorrer (especialmente no ambiente de empresas que se encontram em uma fase inicial de existência), a marca da *startup* não terá proteção em todos os segmentos do mercado. Isso significa dizer que, caso determinada marca seja depositada por uma *startup*, por exemplo, com a indicação do ramo alimentício, outra empresa que fabrica xampus poderá utilizá-la por se tratar de um segmento não abarcado pela proteção do pedido de registro.

Para as *startups* que ambicionam atuar em outros países, é importante notar que o pedido de registro de marca depositado em país que mantenha acordo com o Brasil ou em organização internacional que produza efeito de depósito nacional, será assegurado direito de prioridade de acordo com os prazos estabelecidos no acordo. Uma maneira de efetuar referido depósito é por meio do registro internacional na Organização Mundial de Propriedade Intelectual (OMPI). Uma vez efetuado o registro por meio dessa modalidade, embora mais custoso do que um simples registro nacional, a marca obterá anterioridade e proteção nas diversas jurisdições aderentes ao Protocolo de Madri. Atualmente, aderem a esse sistema cerca de 98 países.

Possuir o direito de prioridade significa, em termos jurídicos, que a pessoa ou a empresa que solicitou o pedido de depósito de determinada marca tem a possibilidade de reivindicar propriedade sobre a mesma com prioridade em relação àqueles que tiverem efetuado um depósito posterior. Para tanto, será feita no ato de depósito, podendo ser suplementada dentro de 60 dias, por outras prioridades anteriores à data do depósito no Brasil. Além disso, a reivindicação da prioridade será comprovada por documento hábil da origem, contendo o número, a data e a reprodução do pedido ou do registro, acompanhado de tradução simples, cujo teor será de inteira responsabilidade do depositante. E, se não efetuada por ocasião do depósito, a comprovação deverá ocorrer em até quatro meses, contados do depósito, sob pena de perda da prioridade. Por fim, tratando-se de prioridade obtida por cessão, o documento correspondente deverá ser apresentado junto com o próprio documento de prioridade (art. 127, LPI).

Vale dizer que o registro da marca, uma vez concedido, vigorará pelo prazo de dez anos, contados da data da concessão do registro, prorrogável por períodos iguais e sucessivos (art. 133, LPI). Dessa forma, o pedido de prorrogação deverá ser formulado durante o último ano de vigência do registro, instruído com o comprovante do pagamento da respectiva retribuição. E, se o pedido de prorrogação não tiver sido efetuado até o termo final da vigência do registro, o titular poderá fazê-lo nos seis meses subsequentes, mediante o pagamento de retribuição adicional.

Cabe também mencionar que a análise do INPI em relação aos depósitos de marcas não é rápida. Isso ocorre em virtude do *backlog* (acúmulo) que o INPI atualmente possui no registro de pedidos de propriedade industrial. Embora existam diversas iniciativas realizadas pelo INPI para reduzir o referido *backlog*, como forças tarefas, padronização de documentos, possibilidade de efetuar pedidos *online*, dentre outras medidas, o prazo médio entre o pedido e a efetiva manifestação do instituto varia entre três e quatro anos.

Softwares especializados, quando utilizados por profissionais que detêm amplo conhecimento marcário, oportunizam pesquisas vastas e complexas que ajudam a tentar antecipar o posicionamento do INPI. Isso permite saber se o registro objetivado, em determinada classe, terá chances ou não de êxito. Ainda assim, o empreendedor deve estar atento para apresentar eventual defesa em pedido de oposição apresentado por outro empresário em relação a sua marca, e mesmo manter uma dinâmica de constante acompanhamento para fins de apresentação de oposição em relação a eventual depósito que possa colidir com sua marca. Um pedido de oposição é a manifestação de um terceiro quanto ao pedido de marca realizado por determinada pessoa no intuito de impedir que referido direito seja concedido àquela pessoa que solicitou o registro (art. 158, LPI).

O que foi apresentado sobre as marcas até agora é válido tanto para *startups*, quanto para qualquer outra empresa. Contudo, uma questão bastante particular a esta realidade é a utilização de marcas em links patrocinados, o que pode significar práticas parasitárias ou até mesmo concorrência desleal.

Entende-se por "link patrocinado" um serviço de publicidade fornecido pelas principais ferramentas de busca disponíveis no mercado, sendo as mais conhecidas por essa prática o Google e o Facebook. O serviço consiste no leilão de palavras-chave (*Keywords*) relacionadas a atividades empresariais para otimizar a busca dos usuários do serviço de busca de sites que oferecem esse tipo de serviço. Assim, quando o usuário efetua pesquisa por meio do site de busca, este costuma exibir de forma destacada o *banner* do anunciante para que este possa atingir seu público-alvo.

Para além da importância da propriedade sobre a marca para fins de obtenção de investimento ou segurança dos investimentos realizados por investidores em *startup*, a proteção marcária é especialmente importante por conta da prática muito comum no mercado de *startups*: o uso da marca de terceiros em links patrocinados.

O uso da marca de terceiros para a utilização em links patrocinados configura aproveitamento parasitário da marca e, ainda, pode ser considerado prática de concorrência desleal. Basicamente, o parasitismo relacionado aos links patrocinados consiste em uma determinada empresa comprar como palavra-chave para publicidade no site de buscas o nome da marca de seu concorrente. Assim, quando o usuário digitar a marca do concorrente da empresa que efetuou essa estratégia de publicidade, o produto ou serviço da empresa anunciante aparecerá com destaque na página de buscas, em detrimento daquele produto ou serviço de seu concorrente.

O parasitismo é um conceito construído a partir da doutrina e acatado pela jurisprudência. Consiste no ato de a empresa utilizar a marca de terceiro para promover seus próprios serviços e/ou produtos sem a autorização necessária para tanto pelo dono da marca. Essa prática pode ser segregada em duas categorias distintas: (i) a concorrência parasitária; e (ii) o aproveitamento parasitário.

A concorrência parasitária (Lacerda *apud* Manzueto; Dias, 2014) passa a ser percebida quando o agente de mercado efetivamente tira ou busca tirar proveito das realizações de seu concorrente e do nome adquirido por esse concorrente, ainda que não exista intenção de prejudicá-lo. O parasita tende a deixar clara a distinção de seu produto e/ou serviço, de forma que não haveria possibilidade de confusão da clientela, porém aproveita-se dos esforços de *branding* da marca do terceiro. Alguns elementos para defender que existe situação de concorrência parasitária são a existência de concorrência entre os agentes de mercado envolvidos nessa relação e o parasitismo reiterado, não eventual (Lacerda apud Manzueto; Dias, 2014). Apesar disso, não existe definição clara ou requisitos estanques para que a concorrência parasitária seja configurada, de forma que bastaria um único aproveitamento da marca de um concorrente para restar configurada.

Apesar de parecer trivial, para que seja configurada a concorrência parasitária é necessário que o conceito de concorrência esteja presente e, por isso, é necessário analisar os fatores que compõem esse conceito. Para que exista concorrência, os adversários devem estar em território comum, pois de outra forma não poderiam competir entre si para disputar determinada clientela. A disputa por referida clientela deve ocorrer ao mesmo tempo, pois, se assim não fosse, somente seria o caso de um suprir a ausência do outro e dar continuidade no fornecimento de produtos e/ou serviços àqueles que antes eram atendidos por outro agente de mercado. E, por fim, a disputa por clientela deve surgir pela oferta de produto similar ou substituto àquele oferecido por um e por outro agente de mercado.

O aproveitamento parasitário, por outro lado, não tem como requisito que as empresas sejam concorrentes. Nessa situação, o agente de mercado somente se aproveita dos esforços de construção da marca de terceiro, buscando relacionar seu produto e/ou serviço àquela marca sem autorização de seu proprietário.

Por fim, em alguns casos, o aproveitamento da marca de terceiros pode resultar em concorrência desleal. Via de regra, o princípio da livre concorrência inserido na Constituição Federal garante aos cidadãos a possibilidade de agentes econômicos atuarem livremente em determinado mercado de sua escolha, podendo desenvolver suas atividades sem vedações injustificadas. A ideia é que todos os agentes de mercado tenham igual oportunidade de competir no mercado, desde que de forma justa. Ocorre que, para garantir que essa concorrência seja realizada de forma justa, foi necessário definir alguns elementos considerados nocivos ao mercado e que prejudicam a concorrência entre os agentes de mercado. Um desses elementos é a concorrência desleal.

Segundo a LPI, a concorrência desleal pode ser caracterizada quando o agente de mercado utiliza meios fraudulentos para desviar, em proveito próprio ou alheio, clientela de outro agente de mercado.

Em seu texto, a LPI explora diversas hipóteses em que pode ser caracterizado o crime de concorrência desleal (art. 195, LPI). Ainda, assim como no caso da concorrência parasitária, é necessário que o conceito de concorrência entre os agentes de mercado envolvidos em uma relação de concorrência desleal esteja presente para que esta se configure. A concorrência desleal envolvendo *startups* já figurou em alguns processos judiciais no Brasil.

Existem soluções mais criativas e legais para promover o serviço ou produto das empresas no mundo digital, sem que seja necessário ferir direitos de terceiros ou se aproveitar de marcas de terceiros, tal como é a estratégia de *search engine optimization* (SEO). Essa técnica consiste em adotar uma série de medidas gratuitas (ou seja, que não dependem de patrocínio) que fazem com que o site de busca reconheça a relevância de um conteúdo com determinado website oferecendo assim posição destacada de determinado website na página de resultados de busca no momento em que o usuário efetua a pesquisa por determinado conteúdo.

5.2.1.2. *Patentes*

A patente é o título que confere ao seu portador a propriedade de invenção ou modelo de utilidade (Silveira, 2011), conforme preceitua o art. 6º da LPI. Ainda de acordo com a referida lei, para ser patenteável a invenção deve atender a requisitos de novidade, atividade inventiva e aplicação industrial (art. 8º, LPI). Ou seja, a invenção não pode ter sido divulgada anteriormente (não pode se encontrar no chamado "estado da técnica", conforme descrito no art. 11 da r. lei), deve ser obrigatoriamente fruto da atividade de invenção de seu criador e deve ser possível de ser produzida (aplicabilidade industrial).

Os modelos de utilidade, por sua vez, são os objetos de uso prático, ou apenas parte destes, que possuem alguma melhoria em seu uso ou fabricação. Os modelos de utilidade devem apresentar nova forma ou disposição, devem ser frutos de atividade inventiva e também devem ser aplicáveis industrialmente, como as invenções (art. 9º, LPI).

A Lei de Propriedade Industrial ainda elenca o que não pode, de maneira alguma, ser patenteado (art. 10, incisos I a IX):

> I – descobertas, teorias científicas e métodos matemáticos;
> II – concepções puramente abstratas;

> III – esquemas, planos, princípios ou métodos comerciais, contábeis, financeiros, educativos, publicitários, de sorteio e de fiscalização;
>
> IV – as obras literárias, arquitetônicas, artísticas e científicas ou qualquer criação estética;
>
> ***V – programas de computador em si;***
>
> VI – apresentação de informações;
>
> VII – regras de jogo;
>
> VIII – técnicas e métodos operatórios ou cirúrgicos, bem como métodos terapêuticos ou de diagnóstico, para aplicação no corpo humano ou animal;
>
> IX – o todo ou parte de seres vivos naturais e materiais biológicos encontrados na natureza, ou ainda que dela isolados, inclusive o genoma ou germoplasma de qualquer ser vivo natural e os processos biológicos naturais. (grifo nosso).

Nota-se, então, que a legislação exclui expressamente certos itens da possibilidade de concessão de patentes. Merece atenção a impossibilidade de patenteamento de *softwares*, cuja razão será analisada mais adiante.

Dessa forma, a lei permite a concessão de patentes tanto às invenções, quanto aos modelos de utilidade. Em termos práticos, a patente depende de diversas etapas burocráticas, realizadas na esfera administrativa através do INPI. Souza e Prado (2013) esquematizam as etapas que devem ser percorridas para que se possa patentear determinada invenção: (i) estudo do momento correto para se requerer a patente; (ii) a definição do(s) objeto(s) que será(ão) protegido(s) pela patente; (iii) conferência dos requisitos legais de patenteabilidade; (iv) elaboração dos documentos que serão depositados, como os relatórios, reivindicações, desenhos, entre outros, conforme a lei; (v) o preparo dos documentos legais e pagamento das taxas; (vi) depósito do pedido junto ao órgão INPI; (vii) acompanhamento das fases junto ao órgão; e (viii) manutenção da patente, através dos requisitos para tanto, durante sua vigência.

Trata-se de um processo complexo e burocrático, mas que existe para garantir que a concessão seja garantida corretamente ao inventor do objeto – além de estabelecer prazos em que poderá haver manifestação de terceiros. Assim, é possível evitar, por exemplo, que patentes sejam concedidas a requerentes ilegítimos. Entretanto a função da patente também pode ser considerada social: ao concedê-la, o governo exige que sejam publicadas descrições daquele objeto, que poderão servir de base para novas pesquisas e assim promover o desenvolvimento tecnológico mundial (Souza; Prado, 2013).

A concessão de patentes garante ao inventor o direito de impedir que terceiros produzam, usem, vendam ou coloquem à venda e importem produtos que sejam objetos da patente (Silveira, 2011). Ainda são previstos crimes contra a patente de invenção ou modelo de utilidade (arts. 183 e 184, LPI) que abarcam, por exemplo, a fabricação ou a comercialização irregular de produto que seja objeto de patente.

Por fim, existe a previsão de licença[6] de exploração de patentes. Esta pode ser voluntária (art. 61, LPI) ou compulsória (art. 68, LPI). No primeiro caso, o proprietário da patente pode negociar sua exploração com outrem e terá efeito perante terceiros desde que averbada no INPI (art. 62, LPI). No segundo, pode ser concedida caso haja exploração abusiva ou abuso de poder econômico e depende de decisão administrativa ou judicial. Além disso, também são hipóteses de licença compulsória - art. 68, incisos I e II, LPI - a:

> não exploração do objeto da patente no território brasileiro por falta de fabricação ou fabricação incompleta do produto, ou, ainda, a falta de uso integral do processo patenteado, ressalvados os casos de inviabilidade econômica, quando será admitida a importação; ou a comercialização que não satisfizer às necessidades do mercado.

Após a concessão das patentes, é necessário contribuir para sua manutenção. Tal contribuição, na realidade, é chamada de retribuição e se expressa através de taxas anuais (Souza; Prado, 2013). As retribuições deverão ser pagas até o término de vigência da patente (20 anos para invenções e 15 anos para modelos de utilidade), e possuem valores diferenciados, que são calculados com base no estado da patente (se ainda é um pedido ou se já foi concedida), e de acordo com o tempo de concessão ou depósito (os valores anuais aumentam progressivamente).

Em *startups*, muitas das tecnologias exploradas são produzidas por seus funcionários. Nestes casos, algumas considerações são necessárias: segundo Silveira (2011), a lei prevê que a patente pertencerá exclusiva-

---

6 Ressalva-se, porém, que o licenciamento é uma espécie de transferência de tecnologia.

mente ao empregador, caso a criação seja decorrente da função do empregado (por exemplo, previsto no contrato de trabalho). Caso a invenção não faça parte das obrigações funcionais do empregado, mas o empregador tenha cooperado com recursos e meios para sua criação, ele terá direito à metade dos direitos de propriedade e à licença exclusiva de exploração. Além disso, faculta-se ao empregador conceder a participação nos resultados econômicos da invenção ao empregado, caso o contrato preveja a atividade inventiva como decorrente de suas obrigações – mas tal participação não será incorporada a seu salário (Silveira, 2011). Caso o colaborador seja terceirizado, é importante que a *startup* garanta que seja firmado um contrato que ceda à empresa os direitos sobre o que for produzido, para evitar problemas futuros relacionados com a exploração econômica daquela tecnologia. A mesma premissa é válida para o uso de *softwares*, ainda que a natureza de sua proteção seja diferente de patentes, como veremos adiante.

Dessa forma, conclui-se que *startups* que oferecem produtos concretizados através de objetos inovadores, com aplicação industrial e decorrentes de atividade inventiva, podem se valer do sistema de patentes para proteger os direitos de exploração sobre aquele objeto. Entretanto uma ressalva é importante: o sistema de patentes é extremamente custoso, seja por razões burocráticas (visto que são necessárias diversas etapas para a obtenção da patente) seja por razões financeiras (através das chamadas retribuições). Com base no exposto, portanto, é possível depreender que o sistema de proteção às patentes é bem estruturado e eficiente; no entanto, para a realidade das *startups*, procedimentos menos burocráticos e/ou mais baratos seriam de extrema valia para que a proteção à propriedade intelectual atingisse seus objetivos em tal segmento.

5.2.1.3. *Registro de* software

A proteção do *software* no Brasil é o último tema a ser analisado no âmbito das questões afetas à propriedade intelectual na presente obra. A estreita relação entre *startups* e tecnologia implica dizer que, na maioria das vezes, tais empresas tendem a ofertar produtos ou serviços que dependem de um *software* totalmente novo para serem executados.

Preliminarmente, cumpre destacar que aqui se utilizará a definição legal de *software* (ou melhor dizendo, "programas de computador"), que pode ser encontrada no art. 1º da Lei n. 9.609/98, a Lei do *Software*. Tal definição normativa, portanto, dispõe:

> Art. 1º Programa de computador é a expressão de um conjunto organizado de instruções em linguagem natural ou codificada, contida em suporte físico de qualquer natureza, de emprego necessário em máquinas automáticas de tratamento da informação, dispositivos, instrumentos ou equipamentos periféricos, baseados em técnica digital ou análoga, para fazê-los funcionar de modo e para fins determinados.

Nota-se que a lei fala expressamente em *programas de computador*, e não em *software*. Tal diferença, contudo, é técnica e doutrinária. Denis Borges Barbosa (2010a) esclarece que por *software* deveria se entender algo mais amplo que o próprio programa de computador. Na acepção de *software*, desta forma, o programa de computador em si é seu núcleo, mas, dentro deste conceito, também se encontram diversos dados e serviços complementares, como as instruções dirigidas ao usuário, por exemplo (Barbosa, 2010a).

A lei brasileira, portanto, delimitando a abrangência dos efeitos da proteção que visa conferir, estabeleceu seu próprio conceito de programa de computador, como expresso acima. Logo, é possível afirmar que a proteção conferida pelo arcabouço legal brasileiro abarca os programas de computador, sendo que estes, de acordo com o definido, são tidos como a linguagem natural ou codificada que, ao ser instalada em um aparelho físico, é necessária para sua utilização. Tecnicamente, essa definição abrangeria não apenas elementos que caracterizam o *software*, mas também o *firmware* (programa-base), por exemplo (Barbosa, 2010a). Assim sendo, importante foi a iniciativa do legislador em definir especificamente a abrangência da lei, para evitar dúvidas conceituais decorrentes de estudos de outras áreas, alheias ao Direito.

Concluindo esta análise, é possível afirmar que a norma pátria protege especificamente o núcleo do *software* - seu programa de computador - enquanto a documentação que o acompanha, por exemplo, pode ser resguardada unicamente por outras normas, como, *in casu*, a Lei n. 9.610/98 (Direitos Autorais). No entanto, dá-se o nome de Lei do *Software* à lei que protege os programas de computador, o que é tecnicamente errado, mas compreensível em termos práticos.

A própria Lei do *Software* reconhece, em seu art. 2º, que a proteção da propriedade intelectual dos programas de computador será tutelada pelos direitos de autor, equiparando-os às obras literárias. Os direitos de autor (ou Direitos Autorais) são regulados pela Lei n. 9.610/98, devendo, portanto, ser considerado que a proteção do *software* e/ou o programa de computador depende de uma aplicação simultânea da Lei n. 9.609/98 (que estabelece aspectos específicos) e da Lei n. 9.610/98 (que trata dos direitos de autor), sendo que normas contidas nos dois diplomas legais garantem a devida proteção a esses objetos (Areas, 2007).

Destaca-se que as disposições relativas aos direitos morais previstas na Lei de Direitos Autorais (LDA) não devem ser aplicadas à proteção conferida aos autores de programas de computador, por disposição expressa da Lei do *Software* (art. 2º, § 1º). Entretanto, conforme destaca Silveira (2011), a proteção alcança o direito de paternidade e o direito à integridade da obra, caso não haja prejuízo à honra ou reputação do autor, conforme preceitua o próprio art. 2º, § 1º da Lei do *Software*.

A proteção aos direitos do autor do programa de computador, dessa forma, independe de registro (art. 2º, § 3º, Lei do *Software*), o que não significa que este não pode ser realizado. O registro poderá ser realizado, desde que em órgão ou entidade designada pelo Poder Executivo – por enquanto, tal registro é de competência do INPI (Silveira, 2011). Frisa-se, contudo, que esse registro não equivale a uma patente, servindo apenas para "fixar os dados do programa em determinada data e criar a presunção de sua titularidade" (Silveira, 2011).

O fato de a legislação brasileira adotar um sistema que aplica os direitos de autor aos programas de computador leva, de forma errônea, a se pensar que os direitos de propriedade industrial (notadamente, as patentes) são completamente dissociados da realidade de proteção aos *softwares*. A própria redação do texto que equipara os programas de computador às obras literárias permite concluir que a proteção intencionada pelo legislador se restringe ao código operacional do programa, ao dispor a respeito de programas de computador "em si" (Moniz, 2009). Explica-se, em termos práticos: se o *software* estiver atrelado a um *hardware*, ou seja, se o programa fizer parte de um aparelho que dependa de seu funcionamento este poderá ser patenteado ao ser considerado invenção (Di Biasi apud Moniz, 2009). Dessa forma, é possível afirmar que um programa de computador pode ser objeto de patente desde que seja vinculado a um dispositivo e que seja essencial ao seu funcionamento.

Apesar disso, o INPI tem concedido patentes relacionadas ao uso de computadores, mas estas foram requeridas como forma de contornar a proteção pretendida pelo legislador – caracterizando os programas como processos ou métodos industriais (Moniz, 2009). Entretanto é possível inferir que a proteção patentária aos *softwares* viola a finalidade maior da propriedade intelectual (que é promover o desenvolvimento por meio da inovação) e que torna os programas de computador uma verdadeira moeda de troca e instrumentos de capitalização entre as empresas (Moniz, 2009).

A proteção patentária de *softwares*, segundo Moniz (2009) representa grande bloqueio ao acesso ao conhecimento e prejudica o desenvolvimento tecnológico dos países que adotam esse sistema de proteção. O autor enxerga que o direito de autor, tal qual o aplicado no Brasil, é o mais adequado para a proteção da propriedade intelectual relacionada aos programas de computadores.

Outro fator muito importante para as *startups* foi tratado quando falamos de patentes, mas é fundamental relembrá-lo aqui: a cessão. Quando o desenvolvedor contratado pela *startup* de forma terceirizada produz o *software* ou qualquer tipo de código operacional, ele detém automaticamente os direitos sobre ele, uma vez que, como linguagem, são protegidos pelos direitos de autor. Dessa forma, para que as empresas possam explorar economicamente o que foi concebido, é fundamental que seja assinado um contrato de cessão que transfira a titularidade dos direitos atrelados àquele *software* para a *startup*. Por meio deste contrato, o desenvolvedor transfere gratuitamente (pois já recebe ou recebeu o valor pelos serviços) à empresa o código, seus derivados, anexos e todos os direitos referentes àquela produção, normalmente durante prazo indeterminado. Assim, ainda que seja terminado o contrato de prestação de serviços, a empresa terá o direito de utilizar o *software* da forma como quiser.

Por fim, não podemos excluir do estudo a existência de novo modelo de negócios relacionados aos *softwares*, que é sobremaneira relacionado à realidade de uma *startup*: a existência de um *software* livre de proteção de propriedade intelectual. A defesa para esse novo modelo de negócios é baseada na tese de que a abertura do código-fonte de determinado programa de computador promove seu próprio desenvolvimento; o *software* livre, dessa forma, contribui para: *a*) promover a eficiência econômica por reduzir o envio de *royalties* ao exterior pelo pagamento de licenças; *b*) promover maior segurança e estabilidade tecnológica; *c*) ampliar a autonomia e a capacitação tecnológica de uma economia; *d*) tornar independente determinados fornecedores; e *e*) incentivar o acesso democrático ao conhecimento (Silveira apud Moniz, 2009). O *software* livre ainda contribui para reduzir os níveis de utilização de programas originados de pirataria, por reduzir os custos de acesso aos originais (Moniz, 2009). O autor conclui: o *software* livre é uma tendência global, e o Direito deve se adaptar a ela, promovendo, neste sentido, a concorrência e a livre iniciativa (Moniz, 2009).

Desta forma, em termos práticos, percebe-se que a proteção ao *software* e/ou a programas de computador é tema de forte interesse do direito de propriedade intelectual e representa ponto crucial para o desenvolvimento dos negócios das *startups*, que frequentemente se utilizam dos mesmos para oferecerem seus serviços, ou até mesmo possuem como próprio objeto a criação de novos programas.

Ao empreendedor, resta compreender que, juridicamente, as criações relacionadas a programas de computadores de sua empresa serão protegidos pelo Direito Autoral, com regras específicas relacionadas a esses objetos (Lei do *Software*). Além disso, ele deve balancear as vantagens e desvantagens que há em fazer valer a proteção do que produz, uma vez que a realidade do século XXI tem demonstrado que a difusão do conhecimento, a longo prazo, pode ser benéfica para todas as partes, inclusive para os criadores e produtores de *softwares*. Esse processo constitui verdadeira estratégia particular a ser adotada por cada empresa – definir se o que produz ou oferece será protegido é um ponto que pode influenciar a maneira como os negócios serão conduzidos pelo empreendedor.

5.3. MARCO LEGAL DA CIÊNCIA, TECNOLOGIA E INOVAÇÃO

O Brasil reconhece a capacidade que o fomento à inovação possui na promoção de seu desenvolvimento social e econômico. Admite-se que a pesquisa e o desenvolvimento (P&D) de novas tecnologias possui papel importante no progresso do país. Além disso, é notório que a participação das instituições governamentais e acadêmicas no processo de inovação é subsidiário à atuação das próprias empresas, de acordo com o modelo conhecido como Tríplice Hélice – no qual a inovação é fruto de interação e cooperação de três esferas: indústria, universidade e governo (Porto; Costa, 2013). Por tal razão, o país regula o incentivo à inovação, pesquisa científica e tecnológica no ambiente produtivo por meio da Lei n. 10.973/2004, conhecida como Lei de Inovação Tecnológica (Vettorato, 2008).

Referida Lei foi promulgada em 2004 com o intuito de aproximar as chamadas ICTs (Instituições Científicas e Tecnológicas) e o setor empresarial brasileiro (Dias; Garnica, 2013). Nesse condão, a Lei traz mecanismos baseados em três eixos principais: o estímulo à construção de ambientes especializados e cooperativos para a inovação; incentivo à participação de ICTs na inovação; e, por fim, contempla incentivos para que empresas participem do processo de inovação (Vettorato, 2008). Dessa forma, resulta por obrigar cada ICT a manter um NIT (Núcleo de Inovação de Tecnológica), que poderá ser compartilhado com outra instituição (Dias; Garnica, 2013).

Tal aproximação é importante, principalmente, pelo fato de ser necessária a intensificação no processo conhecido como Transferência de Tecnologia (TT), que consiste nas etapas que devem ser percorridas para que haja a possibilidade de produção industrial do que foi descoberto e inventado nas instituições acadêmicas (Dias; Garnica, 2013). A TT pode ser realizada de diversas formas, que perpassam pelo emprego temporário de um acadêmico, consórcio de pesquisa, a injeção de capital minoritário em empresa *spin-off*[7] e até a compra de licença ou patente (Dias; Garnica, 2013).

Entretanto, apesar de tais formas estarem presentes na realidade brasileira, o que acontece na grande maioria das vezes é que esse processo se dá por licenciamento de patentes já registradas - o que não é o ideal, uma vez que existem diversas restrições legais a esse procedimento (Dias; Garnica, 2013).

A intenção da legislação de aproximar a empresa da comunidade acadêmica pesquisadora e desenvolvedora de novas tecnologias,

---

7 Empresa *spin-off* é fundada no meio acadêmico especificamente para o desenvolvimento de determinada tecnologia, a qual poderá ser financiada por uma outra empresa (de maneira minoritária, através de *venture capital*, por exemplo), que será a detentora dos direitos de exploração econômica da pesquisa e/ou invenção desenvolvida.

entretanto, encontrava-se pouco abrangente. A Lei de Inovação Tecnológica não contemplava alguns mecanismos que poderiam perfeitamente ser aplicados às comunidades atingidas, o que se buscou resolver com o chamado Marco Legal da Ciência, Tecnologia e Inovação, representado pela promulgação da Lei n. 13.243/2016, que modifica não somente a Lei de Inovação Tecnológica, mas também outros oito diplomas legais, fortalecendo o ideal de que as empresas e as ICTs devem cooperar de maneira muito mais intensa e profunda no processo de inovação.

O Marco Legal da Ciência, Tecnologia e Inovação promove mudanças bastante expressivas na maneira como se dá a relação jurídica existente entre ICTs e empresas, principalmente quando se trata de cooperações existentes entre entes públicos e privados. Dentre as alterações realizadas, encontram-se: a dispensa de licitação para compra ou contratação de produtos para fins de P&D; a redução de impostos para importação de material de pesquisa; a permissão para professores de universidades públicas em dedicação exclusiva exercerem atividades de pesquisa remuneradas em empresas, aumentando inclusive as horas que poderão ser dedicadas a tais atividades externas às universidades; o compartilhamento de laboratórios e equipes de universidades com empresas; o financiamento e participação da União no capital social de empresas, para promover o fomento à inovação e a resolução de demandas tecnológicas no país; e, por fim, a permissão para que empresas possam manter a propriedade intelectual sobre os produtos e resultados das pesquisas e invenções (Escobar, 2016).

Entre todas as transformações trazidas pelo Marco Legal, destacam-se três que são de extrema importância para a realidade das *startups*. A primeira delas é o maior aprofundamento do chamado acordo de parceria, previsto no art. 9º da Lei de Inovação Tecnológica. Após a publicação do Marco Legal, os acordos de parceria passam a englobar a realização de atividades conjuntas de pesquisa científica e tecnológica que desenvolvam tecnologias, produtos, serviços ou processos. Anteriormente, o desenvolvimento de serviços não era previsto como possível em acordos de parceria – o que limitava a abrangência do dispositivo legal de forma considerável para as empresas que os desenvolvem.

Outro aspecto de considerável importância acrescentado pelo Marco Legal é relativo à propriedade intelectual dos resultados obtidos na pesquisa. O art. 5º da Lei de Inovação Tecnológica, que trata desse ponto, passa a expressamente atribuir a propriedade intelectual do que for produzido e pesquisado às empresas, na forma da legislação vigente e de seus atos constitutivos. Antes, a propriedade intelectual pertencia às instituições detentoras do capital social, na proporção da respectiva participação. Em termos práticos, a questão se complicou a partir do momento em que a propriedade intelectual acabou por pertencer a uma instituição pública – para transferir esse bem à empresa parceira, era indispensável a licitação, em grande parte dos casos. A empresa, dessa forma, corria o risco de contribuir para o desenvolvimento da pesquisa, mas para que a tecnologia criada fosse explorada, dependeria de adquiri-la por meio processos licitatórios, podendo padecer para uma empresa que não participou no processo de P&D daquele produto.

Por fim, temos a inclusão de um maior detalhamento da participação do poder público na criação de "ambientes especializados e cooperativos de inovação", conforme descreve a lei. A inclusão do art. 3º-B, na Lei de Inovação Tecnológica, implica a percepção de que a participação dos órgãos governamentais na implantação de ambientes que atuam no fomento à inovação passa a se dar de maneira muito mais proeminente. Antes de tal inclusão, não havia previsão legal de qual era, efetivamente, o papel do governo na construção de parques tecnológicos e incubadoras, por exemplo.

> Art. 3º-B. A União, os Estados, o Distrito Federal, os Municípios, as respectivas agências de fomento e as ICTs poderão apoiar a criação, a implantação e a consolidação de ambientes promotores da inovação, incluídos parques e polos tecnológicos e incubadoras de empresas, como forma de incentivar o desenvolvimento tecnológico, o aumento da competitividade e a interação entre as empresas e as ICTs.
>
> § 1º As incubadoras de empresas, os parques e polos tecnológicos e os demais ambientes promotores da inovação estabelecerão suas regras para fomento, concepção e desenvolvimento de projetos em parceria e para seleção de empresas para ingresso nesses ambientes.
>
> § 2º Para os fins previstos no *caput*, a União, os Estados, o Distrito Federal, os Municípios, as respectivas agências de fomento e as ICTs públicas poderão:
>
> I – ceder o uso de imóveis para a instalação e a consolidação de ambientes promotores da inovação, diretamente às empresas e às ICTs interessadas ou por meio de entidade com ou sem fins lucrativos que tenha por missão institucional a gestão de parques e polos tecnológicos e de

incubadora de empresas, mediante contrapartida obrigatória, financeira ou não financeira, na forma de regulamento;

II - participar da criação e da governança das entidades gestoras de parques tecnológicos ou de incubadoras de empresas, desde que adotem mecanismos que assegurem a segregação das funções de financiamento e de execução.

A existência de ambientes especializados na inovação é de fundamental importância para a pesquisa e desenvolvimento de novas tecnologias. Porto e Costa (2013) consideram que três competências devem estar presentes na capacidade empresarial para que sejam promovidas inovações radicais: a descoberta, a incubação e a aceleração. Segundo as autoras, a primeira competência é referente à criação, reconhecimento, elaboração e articulação de oportunidades de inovação radical; a segunda, o amadurecimento das oportunidades, permitindo a realização de testes tanto na fronteira tecnológica quanto na mercadológica, sempre dentro do propósito da empresa; a terceira, enfim, refere-se, de acordo com as autoras à promoção das plataformas e obtenção de investimentos, para a construção dos negócios e de suas infraestruturas. Os dois últimos papéis (incubação e aceleração) são muitas vezes feitos com o apoio de instituições dedicadas exclusivamente para este fim - as incubadoras[8] e as aceleradoras[9].

---

8 Um exemplo de incubadora/parque tecnológico exemplar é o SUPERA Parque, localizado em Ribeirão Preto e oriundo de um convênio entre a Universidade de São Paulo, a Prefeitura Municipal de Ribeirão Preto e a Secretaria de Desenvolvimento Econômico, Ciência, Tecnologia e Inovação do Estado de São Paulo. O SUPERA abriga *startups* promissoras por meio de um processo seletivo, oferecendo, no período de incubação toda a infraestrutura e colaboração para o estabelecimento de parcerias, projetos, *networking*, comercialização de tecnologia e obtenção de investimentos, dentre outros aspectos. Até setembro de 2016, 49 empresas faziam parte da carta de apoiadas pela incubadora, dentre as categorias Pré-residentes, Residentes, Associadas e Centro de Negócios, e 22 já haviam se graduado; tais empresas atuavam em diversas áreas, tais como Tecnologia da Informação (TI), Fármacos, Biotecnologia, Equipamentos Médicos, Hospitalares e Odontológicos (EMHO), dentre outros. Estas e mais informações sobre o SUPERA parque podem ser obtidas em http://superaparque.com.br/.

9 A aceleração é feita por meio do oferecimento de "parte do investimento em dinheiro e parte do investimento em consultorias, treinamentos e eventos, bem como sua rede de mentores e contatos de clientes e parceiros em potencial para projetos" (Garrido; Coelho, 2016), em troca da cessão de "determinado percentual de sua participação societária à aceleradora" (Garrido; Coelho, 2016).

Nota-se, portanto, que após a publicação do Marco Legal a União, os Estados, o Distrito Federal, os Municípios, as agências de fomento e as próprias ICTs poderão apoiar a criação, implantação e consolidação desses parques tecnológicos e incubadoras de empresas, atuando como verdadeiros parceiros no fomento à inovação tecnológica. A participação dos entes governamentais neste processo poderá incluir desde a cessão do uso de imóveis para a instalação dos parques, até a própria instituição desses ambientes, propriamente dita.

Desta forma, percebe-se que a publicação do Marco Legal da Ciência, Tecnologia e Inovação visa aprimorar ainda mais a relação colaborativa existente entre o ambiente acadêmico, a esfera governamental e as empresas que de fato explorarão no mercado as pesquisas desenvolvidas. Assim, a promoção da cultura de inovação nas empresas brasileiras depende de algumas estratégias que devem sempre ser objetivadas pelas esferas governamentais e privadas, presentes no ambiente empreendedor. Tais estratégias, de acordo com Porto e Costa (2013), abrangem o estímulo à participação de ICTs no processo inovador; o incentivo à inovação na empresa; o estímulo a projetos de cooperação entre as universidades, os institutos tecnológicos e as empresas; a estruturação de projetos internacionais de desenvolvimento de soluções tecnológicas; e a constante criação e manutenção de incubadoras de empresas e parques tecnológicos.

Diante de tais considerações, é inegável a importância a ser atribuída à Lei de Inovação Tecnológica e do Marco Legal da Ciência, Tecnologia e Inovação. Trata-se, portanto, do marco legal que estimula que essas estruturas e estratégias relacionadas à inovação sejam, de fato, desenvolvidas no Brasil - e promovam, desta forma, o desenvolvimento econômico, o progresso social e o fomento ao empreendedorismo no país.

Referências do Capítulo

AREAS, P. Propriedade intelectual do software: Direito Moral e Desenvolvimento. In: BARRAL, W.; PIMENTEL, L. O. (Orgs.). *Propriedade intelectual e desenvolvimento.* Florianópolis: Fundação Boiteux, 2006. p. 103-128.

ARMITAGE, A.; FRONDORF, E.; WILLIAMS, C.; FELDMAN, R. Startups And Unmet Legal Needs. *Utah Law Review,* v. 2016, n. 4, 2016, p. 575-593.

BARBOSA, D. B. *Tratado da Propriedade Intelectual.* Tomo I. Rio de Janeiro: Lumen Juris, 2010.

BARBOSA, D. B. *Tratado da Propriedade Intelectual.* Tomo III. Rio de Janeiro: Lumen Juris, 2010a.

BARRAL, W.; PIMENTEL, L. O. Direito de Propriedade Intelectual e Desenvolvimento. In:______(Orgs.). *Propriedade intelectual e desenvolvimento.* Florianópolis: Fundação Boiteux, 2006. p. 11-34.

CHRISTENSEN, C.; BOWER, J. Disruptive Technologies: Catching the Wave. *Harvard Business Review*, v. 73, n. 1, January–February, 1995, p. 43–53.

CHRISTENSEN, C. *The Innovator's Dillema:* When New Technologies Cause Great Firms to Fail. Boston: Harvard Business School Press, 1997. Microsoft Reader Version.

DIAS, A. A.; GARNICA, L. A. O processo de transferência de tecnologia. In: PORTO, G. S. (Org.). *Gestão da inovação e empreendedorismo.* Rio de Janeiro: Elsevier, 2013. p. 207.

DUENING, T. N.; HISRICH, R. D.; LECHTER, M. A. *Technology Entrepreneurship:* Taking Innovation to the Marketplace. Oxford: Elsevier, 2015.

ESCOBAR, H. *Marco Legal de Ciência e Tecnologia:* O que muda na vida dos pesquisadores? *Jornal Estadão – Caderno Ciência*, 13 jan. 2016. Disponível em: <http://goo.gl/f12WQb>. Acesso em: 19 set. 2016.

LERMAN, C. *Patent Strategies of Technology Startups:* An Empirical Study. 2015. Disponível em: <http://ssrn.com/abstract=2610433>. Acesso em: 1º maio 2017.

LEV, B. Intangible Assets: Concepts and Measurements. *Enclyclopedia of Social Measurement*, 2005, v. 2, p. 299-305.

MANNARA, B. *Hardware ou Software? Entenda a diferença entre os termos e suas funções.* 2015. Disponível em: <http://goo.gl/7pUKLW>. Acesso em: 15 jul. 2017.

MANZUETO, C. S.; DIAS, F. M. T. *Concorrência Desleal, Concorrência Parasitária e Aproveitamento Parasitário.* Disponível em: < http://goo.gl/bK87vm>. Acesso em: 24 abr. 2017.

MONIZ, P. *Software* livre como alternativa de desenvolvimento de negócio: em busca da Soberania Nacional. In: CARVALHO, P. L. *Propriedade Intelectual:* Estudos em Homenagem à Professora Maristela Basso. 1. ed., 4ª reimpr. Curitiba: Juruá, 2009.

PENEDER, M. Firm Growth, Schumpeterian Entrepreneurship, and Venture Capital. In: CUMMING, D. *The Oxford Handbook of Venture Capital.* Oxford University Press, 2012, p. 1-51.

PORTO, G. S.; COSTA, P. R. Abordagens da Inovação. In: PORTO, G. S. (Org.). *Gestão da inovação e empreendedorismo.* Rio de Janeiro: Elsevier, 2013. p. 60-75.

SCHIELMAN, T.; GRAHAM, S. J. H. Patenting by Entrepreneurs: An Empyrical Study. *Michigan Telecommunications and Technology Law Review*, Ann Arbor, v. 17, Fall, 2010, p. 111-180.

SEVERI, F. C. Introdução à Propriedade Intelectual. In: PORTO, G. S. (Org.). *Gestão da Inovação e Empreendedorismo*. Rio de Janeiro: Elsevier, 2013.

SILVEIRA, N. *Propriedade Intelectual:* Propriedade Industrial, Direito de Autor, Software, Cultivares e Nome Empresarial. 4. ed. Barueri: Manole, 2011.

SOUZA, M. A.; PRADO, F. O. Operacionalização da propriedade industrial. In: PORTO, G. S. (Org.). *Gestão da inovação e empreendedorismo*. Rio de Janeiro: Elsevier, 2013. p. 171.

TIMMS, A. *Financial Technology is Dead; Long Live Fintech. Institutional Investor (America's Edition)*, March, 2015. Disponível em: <http://goo.gl/cjxHwd>. Acesso em: 15 jul. 2017.

VETTORATO, J. L. Lei de Inovação Tecnológica: Os aspectos legais da inovação no Brasil. *Revista Eletrônica do Curso de Direito da UFSM*, Santa Maria, v. 3, n. 3, 2008, p. 60-76.

Considerações Finais

Uma carta ao leitor

Trabalhar com direito aplicado a *startups* não é uma tarefa fácil. De um lado, temos um universo repleto de alegria, propósito, colaboração, informalidade, novas ideias, sonhos e olhos brilhando com ideais de contribuição para um mundo melhor. De outro, temos uma visão crítica e preocupada com problemas jurídicos capazes de ruir com toda essa magia num estalar de dedos.

Quando nos reunimos pela primeira vez para idealizar um livro que consolidasse alguns temas que encontramos ao longo de nossas carreiras acadêmicas e profissionais, nos demos conta de que seria uma missão quase impossível organizar todo esse conhecimento em algumas páginas impressas. Apesar de não ser nenhuma ciência complexa, o atendimento de necessidades jurídicas de *startups* é repleto de detalhes que são particulares à realidade dessas empresas.

Optamos, então, por filtrar os temas jurídicos que consideramos mais pertinentes e sensíveis para esses *players* que vêm se tornando tão importantes para nosso mercado. A ideia foi criar um texto técnico capaz de ser lido não somente por juristas ou advogados, mas também por empreendedores e demais envolvidos no ecossistema de inovação. Uma empreitada que deveria ser feita com base em uma equação hábil a balancear nossa noção prática com o rigor de uma profunda pesquisa de conteúdo.

Não foi e nunca será nossa intenção, portanto, esgotar nossos esforços por aqui. *Blockchain*, criptomoedas, termos de uso e serviço, *cybersecurity*, *big data*, detalhamento de regimes tributários etc., são apenas alguns temas que não foram tratados nesta obra e que são muito importantes para o universo das *startups*. Ainda há muito material para futuras edições deste livro, ou até mesmo para a elaboração de novos títulos. Mesmo que o contexto dessas empresas seja repleto de incertezas, de algo estamos convictos: o nosso trabalho não parará neste texto, em hipótese alguma.

Continuaremos empreendendo esforços para construir materiais que agreguem valor a nosso ecossistema e cumpram seu propósito de capacitar juridicamente os atores desse mercado, de modo a reduzir a mortalidade de *startups* por questões atreladas ao Direito e, consequentemente, promover o desenvolvimento econômico, social e político pela inovação.

Nessas considerações finais, gostaríamos de deixar a você, leitor, algumas sugestões: frequente eventos, entre em contato com os envolvidos da área, pesquise, produza materiais relevantes que contribuam para o crescimento de nosso país por meio do empreendedorismo e não deixe de participar ativamente deste mercado. Contudo, nunca abra mão do comprometimento técnico e da qualidade do que for desenvolvido, pois a responsabilidade de lidar com empresas em contextos tão arriscados é ainda maior.

Também deixamos um convite para que entre em contato com os autores desta obra a fim de discutir os temas aqui tratados - ou até mesmo sugerir novos conteúdos para as próximas edições. Nós três acreditamos em um mundo colaborativo, em que o conhecimento é gerado coletivamente e sedimentado de maneira aberta para o uso de toda a sociedade.

Que este livro seja um diálogo com os sonhos de cada empreendedor que o abrir; que seja uma mina de conhecimento para os profissionais do Direito; que seja uma fonte valiosa de informações para os juristas de todas as naturezas, inclusive pesquisadores. Se esses objetivos forem alcançados, teremos a certeza de que estamos no caminho certo.